5

いちばん
はじめに読む
心理学の本

# 知覚心理学

心の入り口を科学する

北岡明佳 編著

ミネルヴァ書房

図1-5　色の恒常性

　右目は水色（左図），黄色（中央の図），赤色（右図）に見えるが，物理的には左目と同じ灰色（左図），灰色（中央の図），暗い黄色（右図）である。右目はまず左側頭部のビーズの色に描かれ，赤（左図），青（中央の図），緑（右図）のフィルターによって混色されている。つまり，右目が水色，黄色，赤色に見えるということは，フィルターの向こうに存在するであろう「本当の色」を知覚したということになる。

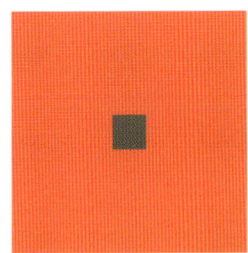  

図1-6　色の対比

　ある領域が他の色領域で囲まれると，その領域に囲んだ色の反対の色が誘導されて見える現象である。左と中央の図の小さい正方形は灰色（図1-5の左図と中央の図の目の色と同じ）であるが，それぞれ水色と黄色が誘導されて見える。右の図の小さい正方形は暗い黄色（図1-5の右図の目の色と同じ）であるが，少し赤味を帯びて見えるかもしれない。本図のような色の対比の基本図形からは，色の恒常性（図1-5）ほどの強い色誘導効果は得られない。（なお，それぞれの図の大きい正方形の色は図1-5のフィルターを通した人物の肌の色とそれぞれ同じである。図1-5の肌の色の方が図1-6の色よりも薄い色に見える理由については，目の色についてと同様の説明ができる。顔の右側の肌の色はまず左側の肌と同じ灰色に描かれ，フィルターによって混色されている。）

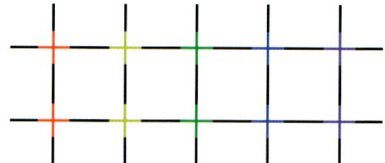

図1-11　ネオン色拡散

　白背景上に黒の格子を描き，その交点の十字を着色すると，その色が背景ににじみ出て，（半）透明な同色のパッチ（円形あるいはダイヤモンド形）が十字のまわりあるいは手前に見える。

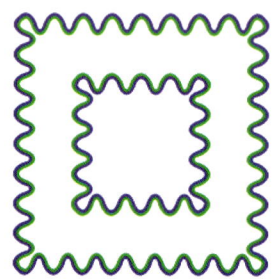

図1-12　ピンナ錯視（水彩錯視）

　白いキャンバスに，紫と黄緑の波線が描かれているだけであるが，黄緑側の余白（回廊部分）に水彩絵の具で黄緑色が描かれたように色づいて見える。

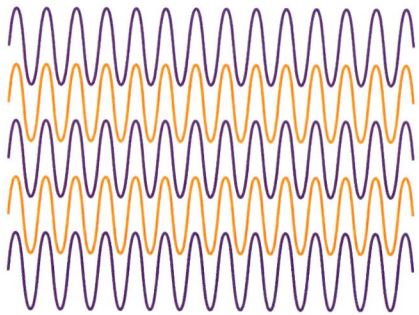

図1-13　宗宮錯視（波線色錯視）

　オレンジ色の波線の背景は白であるが，オレンジ色に色づいて見える。

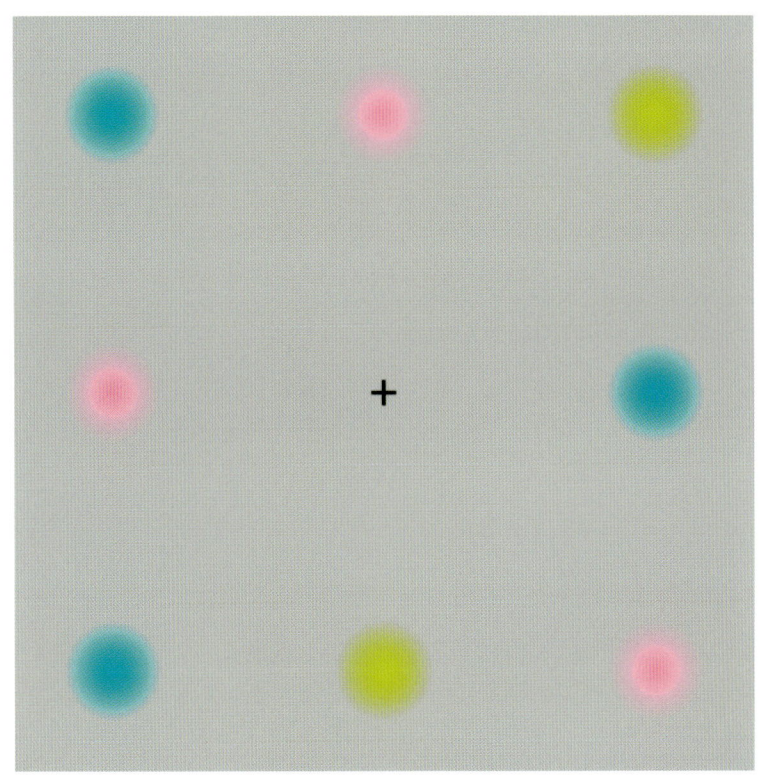

**図 1-15　トロクスラー効果**

中央の固視点に目を固定して周辺視で眺めていると，色のパッチは背景の灰色の中に埋没していくように見える。トロクスラー効果は，周囲との輝度コントラストが低く，滑らかな輝度勾配で周囲と接している小領域に起こりやすい。

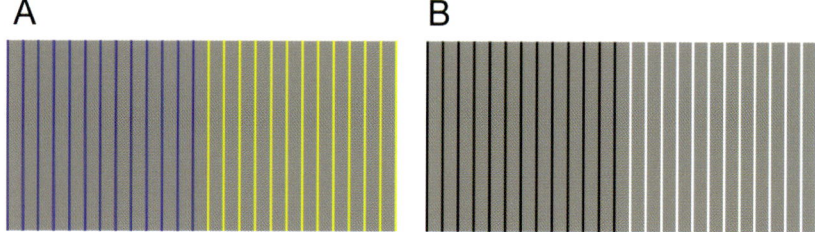

図2-17　色の同化（A）と明るさの同化（B）

灰色はすべて一様だが，Aでは左半分は青味を帯びて見え，右半分は黄色味を帯びて見える。Bでは左半分は暗く，右半分は明るく見える。

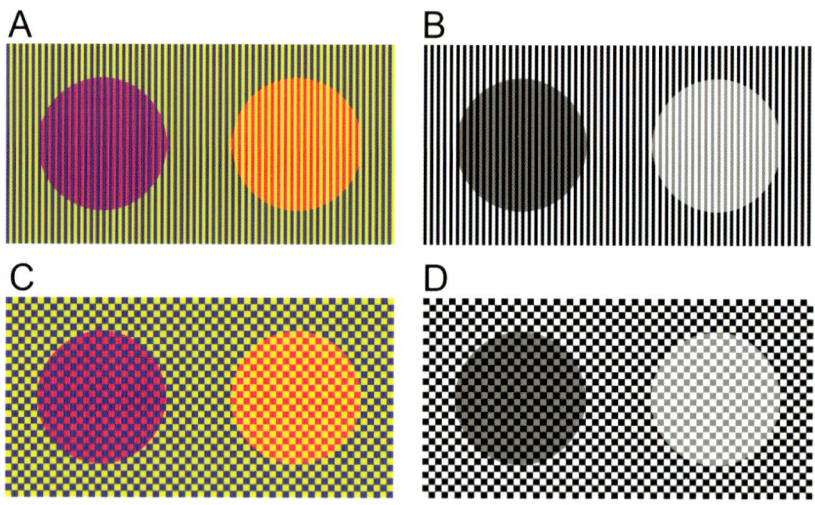

図2-18　同化と対比の両方が含まれる色の錯視と明るさの錯視

本図では，色の錯視の誘導色は青と黄，明るさの錯視では黒と白である。（A）ムンカー錯視。左右の赤丸は物理的には同じ色であるが，左はマゼンタ色（明るい赤紫色）に，右はオレンジ色に見える。（B）ホワイト効果。左右の灰色の丸は同じ輝度であるが，左は暗く，右は明るく見える。ムンカー錯視の明るさのバージョンに相当する。（C）デヴァロイス・デヴァロイス錯視の色バージョン。左右の赤丸は同じ色であるが，左はマゼンタ色に，右はオレンジ色に見える。（D）デヴァロイス・デヴァロイス錯視の明るさバージョン。左右の灰色の丸は同じ輝度であるが，左は暗く，右は明るく見える。詳細は省略するが，図2-16，図2-17の説明を組み合わせることで，これらの錯視が生じる仕組みを説明できる。

図 2 - 21　北岡の作品「蛇の回転」(2003年制作)

　フレーザー・ウィルコックス錯視の最適化バージョンを作品にしたものである。ひとりでに円盤が回転して見える。回転方向は，黒→濃い灰色→白→薄い灰色→黒の方向である。なお，基本錯視は，薄い灰色→黒→濃い灰色の方向に動いて見える錯視と，濃い灰色→白→薄い灰色の方向に動いて見える錯視の 2 種類と考えられる。本図では，青が濃い灰色に，黄緑が薄い灰色に相当する。この錯視が起きない人が人口の 5％程度いることが推定されているが，その理由は未解明である。

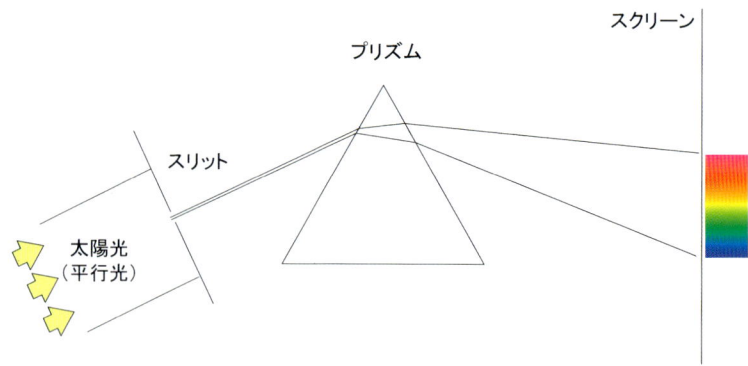

図3-1 プリズムの実験

平行光（太陽光）をプリズムに入射させるとさまざまな波長の光に分解される。

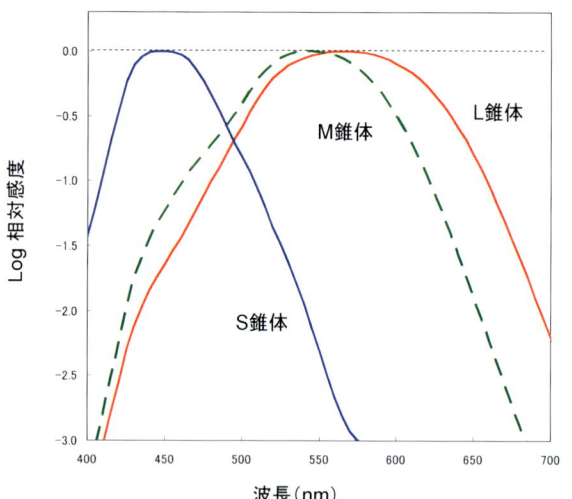

図3-2 錐体分光感度

最大値で正規化した相対分光感度である。
（出所） Smith & Pokorny, 1975

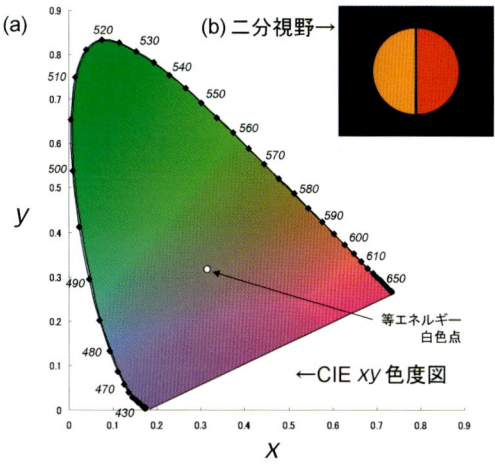

図 3-3　CIE xy 色度図

(a) 色が塗られた領域が実際に見ることのできる光の座標。斜体の3桁の数字はすぐ近くのシンボルの座標値をとる光の波長を示しており，単位は nm（ナノメートル：$10^{-9}$ m）。背景の色は座標と色のおおよその対応関係を説明するためのもので正確ではない。なお，可視光のすべての波長において同じエネルギーの成分を含む光は，通常の視覚の状態では白色に見えることから「等エネルギー白色」と呼ばれる。その光の色度点を「等エネルギー白色点」と呼ぶ。

(b) 二分視野。一般に周辺は暗黒で，円形の領域（視野とよぶ）を半分に分けて用いる。直径は視角2度程度のことが多い。片方の視野には基準光（たとえば，ある波長の光），もう片方に試験光（たとえば，異なる波長の光や，混合光など）を呈示し，試験光の強度や波長の混合などを調整して，両方の視野の色の見えなどを合わせる課題に用いる。たとえば，眼科検査のレイリー均等など，コンピュータ画面ではできない実験において用いられる。

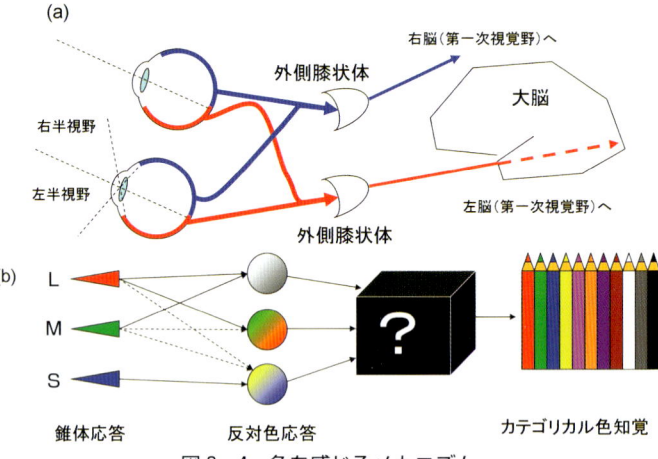

**図3-4 色を感じるメカニズム**

(a)眼球から大脳視覚野までの経路。左右眼の左右半視野がそれぞれ右脳と左脳に分かれ(半交差)処理される。(b)3錐体の応答,反対色過程そして最後のカテゴリー的な色情報の表現はわかっているが,中間レベルの色情報の表現についてはブラックボックスである。錐体直後の実線・点線はそれぞれ興奮性・抑制性の神経結合を示している。

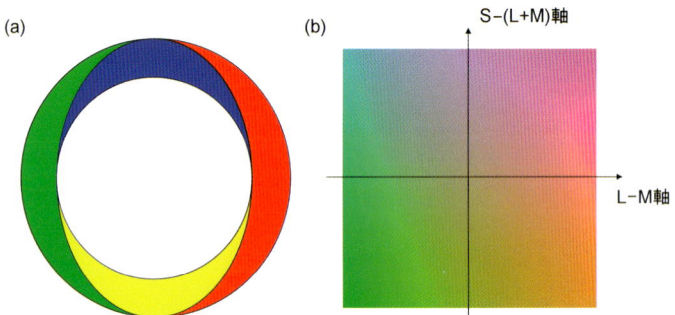

**図3-5 反対色知覚と錐体反対色空間**

(a)ヘリングの反対色説を説明する図。4つの基本となる色があり,その混合によって中間の色を表せるという概念。(b)錐体応答に基づく反対色色空間。横軸はL錐体とM錐体応答の差分,縦軸はおもにS錐体の応答を変化させる方向の色である。

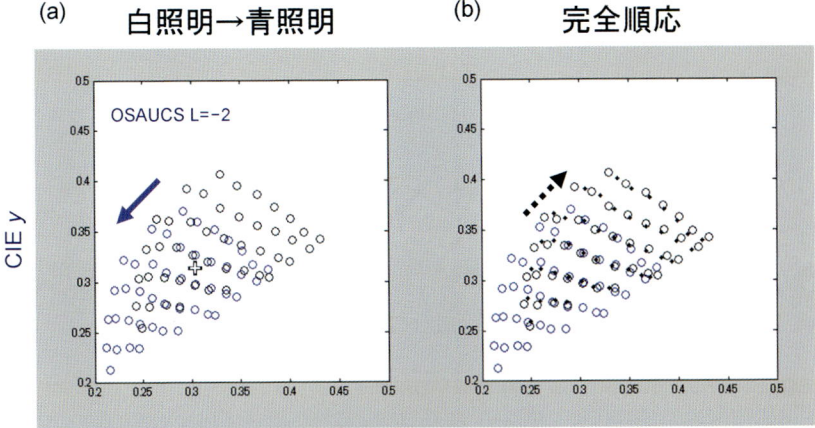

図3-6 色度座標による「色恒常性」の表現

(a) 黒○シンボルと青○シンボルはそれぞれ,さまざまな色の45枚の色票を白い照明で照らしたときと青い照明で照らしたときの反射光の色度をプロットしたもの。(b) 青シンボルにフォン・クリースの仮説を適用すると,黒点シンボルに表される色度に変換され,一次近似としては精度の高い色恒常性が達成されることを示している。

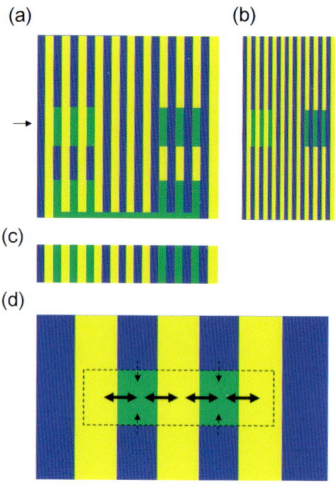

**図3-7 ムンカー錯視**

(a), (b)は錯視図形。(a)の中段にある矢印付近の左右の領域はまったく違う色に見えるが、最下端に示したように、同じ色で作図されている。(b)縞を細くすると左右の違いはより顕著になる。(c)上下の領域を切っても左右差が失われないため、おもに同化による効果と考えられる。(d)人間の視覚が点線の領域で色を平均化していると考えるとある程度説明がつく。

**図6-12 パトリック・ヒューズの作品**

Patrick Hughes *Lost* from 1996, oil on board 94×212×45 cm

図 12-6 大型没入ディスプレイ CABIN

実世界：$\alpha=\beta$
（視覚・運動ゲイン $\beta/\alpha=1$）

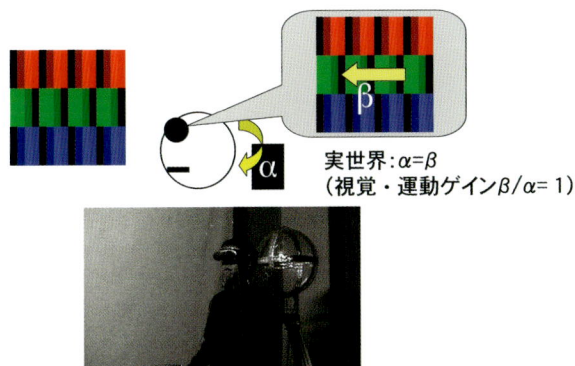

図 12-9 視覚・運動ゲインの順応実験

# はしがき

　刺激を受けたら人はどう感じるか。知覚心理学はそのようなことを研究する学問である。正確に言うと，人の感覚と知覚を研究する分野である。錯視や錯覚は研究対象である。だまし絵に用いられるトリック（恒常性や補完現象）もそうである。知覚心理学は，色彩も美もステレオグラムも赤ちゃんも扱う楽しい学問分野である。

　本書は錯視研究をしている筆者が編集者であるため，錯視・錯覚という視点に軸足を置いている。感覚・知覚は単純な計算過程・情報処理過程ではないため，どの感覚・知覚も何かしらのトリックを用いているという点で多くが錯視・錯覚の仲間であるのだが，本書はそういう視点を強く打ち出していると思って頂ければよい。

　知覚は意識の内容である。このため，知覚研究は認識の主体である意識を論じることを本来は避けて通れない。「知覚の本質は何か」を問う必要があるのだ。しかし，知覚心理学は，意識されない感覚・知覚もあるという前提によって，あたかも感覚・知覚を客体のように研究する。たとえば，錯視・錯覚は「対象の本来の性質とは異なる知覚」のことなので，意識上で知識と知覚が照合されてこそ錯視・錯覚なのであるが，あたかも錯視・錯覚が意識を離れてモノのように存在するかのように研究される。こころを客体として科学的手法で研究するのが心理学であるという見方をするなら，知覚心理学はまさに正統な心理学の一つである。

　知覚心理学は認知心理学に含まれることもある。しかし，感覚や知覚は思考や判断といった認知的影響を受けにくいという点において生理学的現象に近い。このため，その生理学的基盤を明らかにするべく，感覚・知覚を対象とした脳研究（機能的 MRI や近赤外線分光法）も盛んである。

　本書ではあまり触れられていないが，感覚・知覚研究の知識を工学的に応用

するということもよく行なわれている。「明るさの知覚」を扱う4章や「バーチャルリアリティ」を扱う12章などに例が出てくるのでご覧頂きたい。

　本書は各分野の第一人者による分担執筆である。50歳代直前の筆者がもっとも年齢が高い。要するに，比較的若い先生方が本書の執筆陣である。彼らはこの先各分野をリードしていく気鋭の研究者であり，そういう人々が集まって作り上げた熱い知覚心理学の教科書である。本書によって，感覚・知覚研究のおもしろさが読者の皆さんにぐぐっと伝わることを期待している。

　　2010年秋

北岡明佳

# 目 次

はしがき

## 1章 恒常性 ……………………………………………………北岡明佳… 1
- ものの見えや聞こえは変化するのに，対象は一定と認識されるのはなぜか？
- ないものを補う仕掛け，視覚的補完とは何か？

1　ある程度刺激が変わっても知覚は一定を保つ：恒常性……1
2　足りない情報を補って知覚を完成させる：補完……9
3　重なった刺激から3次元の世界を復元する：図地分離……14
　コラム　ステレオグラムにおける大きさの恒常性と月の錯視……4

## 2章 錯　視 ……………………………………………………北岡明佳… 20
- 錯視とは何か？　どんな種類があるか？
- だまし絵，不可能図形とは何か？

1　対象物の形が本当とは違って見える知覚：幾何学的錯視……20
2　対象物の色や明るさが実際とは異なって見える知覚：
　　色の錯視と明るさの錯視……28
3　静止画が動いて見える錯視……31
4　本来機能的な知覚がまちがえる知覚：だまし絵……33
　コラム　写真で作る斜塔錯視……29

3章 色　　覚 ……………………………………………栗木一郎…38
　　　• 光線に色はついていない，と言われるが，どういうことだろうか？
　　　• 色の知覚はどのように成立するか？

1　はじめに……38
2　色を表す座標系……39
3　色を見るための生体メカニズム……43
4　色に対する順応とその残効……47
5　空間的に分布する情報の影響（色同化・対比）……48
6　おわりに……51
　　コラム　色覚の多様性について……50

4章　明るさの知覚………………………………………篠田博之…55
　　　• 眼とカメラは違うと言われるが，どのように違うのだろうか？
　　　• 明暗と白黒の違いは何か？

1　明るさ知覚の時間特性……55
2　明るさ知覚の空間特性……59
3　暗順応と明順応……63
4　明度知覚（物体表面の明るさ）……69
　　コラム　新しい空間の明るさ感視票 Feu……68

目　次

## 5章　運動視 …………………………………蘆田　宏…75

- 動きの知覚（運動視）はどのように研究されてきたのか？
- 運動視の仕組みはどのようになっているか？

1　心理学は運動視をどのように研究してきたのか……75
2　脳は動きをどのように捉えるか……80
3　視覚運動情報の統合……83
4　運動視が支える事象の知覚……87
　コラム　運動視と動画……90

## 6章　立 体 視 ……………………………………伊藤裕之…95

- ものが立体的に見えるのはなぜか？
- ステレオグラムはどのように作るか？

1　奥行の手がかり……95
2　運動視差……97
3　両眼立体視……99
4　ステレオグラム……101
5　特殊な立体視……104
6　立体視と錯視……106
7　立体視と奥行逆転……106
8　おわりに……109
　コラム　立体映像と大きさの知覚……108

## 7章　顔の知覚 …………………………………… 山口真美…111

- 私たちはどのようにして多くの人の顔を識別し，記憶しているのか？
- 私たちは他者の視線をどのようにして捉えるのか？

1 顔の認知を説明するモデル……111
2 顔認知の生得性……114
3 目か顔（配置情報）か──顔認知にかかわる情報……115
4 視線の認知への全体処理のかかわり……120
5 顔認知にかんする脳の領域……122
6 顔認知における複雑な側面……123
7 発達初期の顔学習の速さにかかわること……125
　コラム　ルネッサンス期に生まれた顔のだまし絵……126

## 8章　眼球運動 …………………………………… 村上郁也…131

- 眼の動きにはどのようなものがあるか？
- 眼球が動いているのに対象は正しく見えるのはなぜか？

1 自分で自在に動かせるタイプの眼球運動……131
2 反射的に動くタイプの眼球運動……137
3 つねに生じているタイプの眼球運動……140
　コラム　ローテク装置で錯視の実験……142

## 9章 聴　　覚 ……………………………………… 柏野牧夫 … 145

- 「知覚される音」と「物理的な音」の関係は？
- 「知覚される音」を生みだす情報処理原理はどのようなものか？

1　欠けた音の知覚的補完 …… 145
2　聴覚系の周波数分析 …… 151
3　音の高さ（ピッチ）の知覚 …… 157
　コラム　脳計測は万能か？ …… 160

## 10章 嗅　　覚 ……………………………………… 綾部早穂 … 164

- 「におい」とは何か？
- 「におい」の感覚は生得的なのか？

1　はじめに …… 164
2　嗅覚のメカニズム …… 166
3　においの強さ …… 167
4　においの快不快 …… 170
5　においの記憶 …… 173
6　おわりに …… 175
　コラム　味な話 …… 169

## 11章　多感覚相互作用：五感による世界の認識 …… 和田有史… 179

- 感覚同士の相互作用にはどのようなものがあるか？
- 感覚同士の相互作用にはどのような機能があるか？

1　多感覚情報の時間的・空間的統合…… 179

2　日常的に経験する事象における多感覚統合…… 186

3　触覚や体性感覚における多感覚知覚…… 189

4　多感覚知覚の仕組み…… 192

　コラム　食品は多感覚で味わう…… 191

## 12章　バーチャルリアリティ …… 北崎充晃… 201

- リアリティとは何か？
- 知覚心理学でリアリティを操れるか？

1　バーチャルリアリティの本質…… 201

2　バーチャルリアリティを支える知覚心理学…… 207

3　バーチャルリアリティと知覚心理学の融合…… 210

4　リアリティの測定と制御…… 217

　コラム　脳に直結するインタフェースへ…… 216

目　次

## 13章　時間と注意の知覚……………………………………一川　誠…221

- 同じ時間が長く感じられたり短く感じられたりするのはなぜか？
- 注意が知覚におよぼす影響にはどのようなものがあるか？

1　時間と注意の心理学……221
2　時間知覚の特殊性……222
3　時間の長さについての知覚に影響する要因……222
4　知覚の時間的特性……227
5　注意の諸機能……234
6　時間知覚の神経的基礎……238

　コラム　精神テンポと行動のテンポ……226

## 14章　赤ちゃんの知覚……………………………………金沢　創…247

- 赤ちゃんはいつ頃からものが見えるのか？
- 生後3-4か月の不思議な知覚世界とは？

1　赤ちゃんと心理学実験
　　──「注視する」という行動を手がかりに……247
2　選好注視法の成果──視力の事例……249
3　選好注視法による運動視の検討……253
4　選好注視法に関する注意点……256
5　馴化法やその他の方法……258
6　3-4か月児の視知覚には「動き」が大事……262
7　生後5か月頃に獲得されるもの──重なりのある世界……265

　コラム　乳児の脳研究……261

## 15章　美の知覚 ……………………………………… 川畑秀明…272
- 美の知覚はどのように研究すればよいか？
- 芸術は知覚心理学から理解できるか？

1　美の知覚研究の歴史的展開……272
2　美の知覚はどのように研究すればよいか？……275
3　知覚研究から美は理解できるか？……278
4　美を脳の活動から測ることは可能か？……284
　コラム　美に挑む認知考古学……287

索　　引

# 1章　恒　常　性

- ものの見えや聞こえは変化するのに，対象は一定と認識されるのはなぜか？
- ないものを補う仕掛け，視覚的補完とは何か？

北岡明佳

> 　人間はつねに変化する環境の中で生活しています。人間も環境の中で能動的に動き回っています。そのため，人間に絶え間なく与えられる刺激が物理的に一定を保つということはありません。しかしながら，対象の知覚は一定でなければいろいろ不便です。しかし心配はご無用，人間には対象の知覚の安定性を作り出す機能が備わっています。それは，「知覚の恒常性」あるいはたんに「恒常性」（constancy）と呼ばれています。本章では，恒常性を視覚を例にとって説明致します。視覚における恒常性の諸現象は一見すると錯視（2章）に似ていますが，錯視とは異なり恒常性は人間の生存に直接必要な機能です。
> 　そのほか，視覚刺激としては情報が不足しているものを補って知覚することを視覚的補完（visual completion）と言いますが，これも安定した知覚を得るための重要な機能です（補完は他の感覚にもあります）。本章では，主観的輪郭やアモーダル補完などを紹介致します。さらに，曖昧な網膜像から3次元情報を抽出する図地分離のメカニズムを説明します。

## 1　ある程度刺激が変わっても知覚は一定を保つ：恒常性

　対象が安定して見えることが**恒常性**（constancy）なので，どの視覚属性が安定して見えるのかということに対応して，大きさの恒常性，形の恒常性，色の恒常性，明るさの恒常性，位置の恒常性などがある。そのほか，笑っていて

も怒っていても真顔でも，髪型を変えても，あるいはだんだん歳を取っていっても同一人物の顔は同じに見えるが，そのようなことも恒常性である。「顔の恒常性」という表現はとくにないようであるが。

## （1） 大きさの恒常性

　近くにいた友人が遠ざかった場合，対象である友人そのもの（**遠刺激**とも言う）の物理的大きさは変化しなくても，目に映る友人の網膜像（**近刺激**とも言う）は小さくなる。だからといって，友人が小さくなったとは思わない。その代わりに，「目には小さくなったが，友人の本当の大きさは変わらない」と知覚するのである。この現象を，**大きさの恒常性**（size constancy）という（図1-1）。

　遠くに移動した友人に対して大きさの恒常性が成立している場合，知覚される対象（友人）までの距離（みかけの距離）は網膜像の大きさ（みかけの大きさ）に反比例すると考えられる。一方，対象の「みかけの大きさ」が一定ならば，その対象の「知覚された本当の大きさ」と「みかけの距離」の比は一定となると考えられる。これを，**大きさ―距離不変仮説**（size-distance invariance hypothesis）という。

　このことは，逆に言えば，対象までの「みかけの距離」が先に決まれば，それに応じて対象の「知覚された本当の大きさ」が決まってしまうということである。そのため，距離の手がかりが少ない場面では，大きさの恒常性が働かなくなることがある（図1-2）。この特性は，巨人や小さい人が出てくる映画の特撮に応用されることがある。

　大きさの恒常性に類似した現象に，**速さの恒常性**（velocity constancy）がある。速さの恒常性とは，遠くで動くものは近くで動くものに比べ，網膜上ではゆっくり動いて見える（「みかけの速度」は遅い）が，その「知覚された本当の速度」は遅いとは感じないという現象を指す。

　本書では，「知覚された本当の大きさ」を「本当の大きさ」という表現から区別しているので，注意されたい。「本当の大きさ」という表現は，知覚とは

1章　恒常性

図1-1　大きさの恒常性の例
　左のお侍さんの背丈は右の少女の半分の大きさに描かれているが，お侍さんの身長が少女の半分であると観察者は思わない。また，お侍さんは少女よりも遠いところにいるように見える。

図1-2　大きさの恒常性が働きにくくなる例
　図1-1から距離の手がかり（線遠近法的手がかり）を取り除くと，みかけの距離感が失われ，お侍さんの背丈は少女より低いように知覚されやすくなる。

3

コラム　ステレオグラムにおける大きさの恒常性と月の錯視

　山と月を描いた**ステレオグラム**（3つの月に**両眼網膜像差（両眼視差）**が付いている）をステレオスコープを使うか**裸眼立体視**で融合して観察すると，奥に見える月（平行法なら下方の月，交差法なら上方の月）は手前に見える月よりも大きく見える。なお，裸眼立体視とは，左の図を左目で，右の図を右目で見るようにすること（平行法），あるいは左の図を右目で，右の図を左目でみるようにすること（交差法）によって**両眼立体視**（binocular stereopsis）を成立させるテクニックである（6章を参照）（図1c-1）。

　このように，ステレオグラムを両眼立体視の状態で見ているときに，網膜像としては同じ大きさに投射されたものでも，遠くに見えるものは近くに見えるものよりも大きく見える。この現象も大きさの恒常性と呼ばれる。対象の「みかけの大きさ」が同じで，「みかけの距離」が遠く見えるなら，対象の「本当の大きさ」はより大きく知覚されると考えるわけである（大きさ―距離不変仮説）。ステレオグラムにおける大きさの恒常性を大きさ―距離不変仮説で説明するこの考え方の問題点は，遠いから大きいと知覚されたのは対象の「本当の大きさ」（遠刺激の大きさ）であるはずなのに，いつのまにか対象の「みかけの大きさ」（近刺激の大きさ）が大きく見えるという現象の説明にすりかえられていることである。

　出たばかりの月は天頂にある月よりも大きく見える現象は，「**月の錯視**」（moon illusion）と呼ばれている。月の錯視の説明はいくつか試みられているが，月の網膜像の大きさ（みかけの大きさ）は同じでも，「地平方向に出た月までの距離は，天空方向

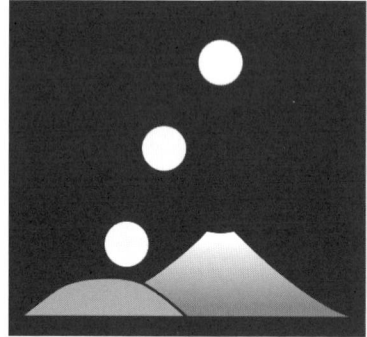

図1c-1　ステレオグラムにおける大きさの恒常性

の位置する月までの距離よりも長いと知覚される」と仮定すれば月の錯視が説明できるというものがある。これは，本コラムで言うところの「ステレオグラムにおける大きさの恒常性」の説明と本質的に同じ考え方である。

༺༻༺༻༺༻༺༻༺༻༺༻༺༻༺༻༺༻༺༻༺༻༺༻༺༻༺༻༺༻༺༻༺༻༺༻༺༻༺༻

独立にすなわち実在論的・先験的に対象の大きさが決まっているという物理学的世界観に立脚している。一方，「知覚された本当の大きさ」という本書の表現は，対象の本当の大きさを決めるためには知覚も必要であるという心理学的世界観に基づいている。

なお，「知覚された本当の大きさ」を「みかけの本当の大きさ」と言い換えると本書の表現の統一は取れるが，かえってわかりにくくなると考えたのでそうしなかった。一方，「知覚された本当の大きさ」を「みかけの遠刺激の大きさ」と言い換えるなら，本書の「みかけの大きさ」は「みかけの近刺激の大きさ」と表現することになり，それらの方が心理学的表現としては明確である。

（2） 形の恒常性

自転車の車輪はぴったり真横から見れば円であるが，日常生活では縦長の楕円として目に映っていることが多い。それにもかかわらず，自転車の車輪が楕円であると知覚されることはない。楕円を見ているのに円を知覚する，あるいは台形を見ているのに長方形を知覚することを，**形の恒常性**（shape constancy）という。視覚系は「よい形」を好むと言い表すこともできる。

楕円よりは円，台形よりは長方形という「よい形」を知覚するための解釈として，それらの形が所属している平面の傾きの知覚が代償的影響を受ける。対象が「よい形」に見えるよう，対象の空間的配置の知覚の方を変更してしまうのである（図1-3）。なお，最初から「よい形」が与えられていると，それは前額平行面（視線に垂直な平面）にあるものとして知覚される（図1-4）。

（3） 色の恒常性

蛍光灯と白熱灯では照明の色味が異なる。蛍光灯は青白く，白熱灯は黄赤味

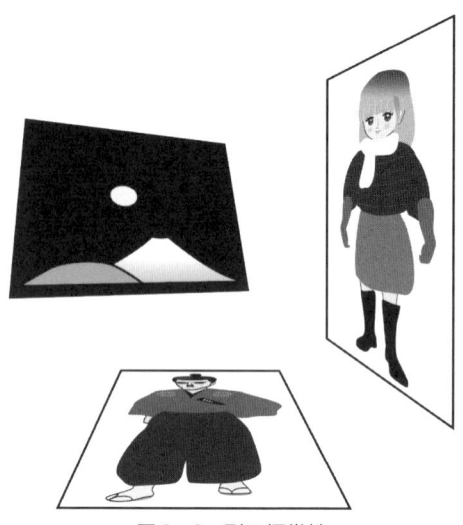

**図1-3 形の恒常性**
この図はただのイラストであり，不等辺四辺形が一つと台形が2つ描かれているが，いずれも長方形の図が奥行き方向に傾いたものとして知覚されやすい。たとえば，下のお侍さんが描かれた台形は，水平面に横たわる縦長の長方形に見える。

を帯びている。それらの照明の室内の写真を撮って並べて比べるとそれらの色の違いに気づきやすいが，その場にいると色味の違いに気づきにくい。それは，視覚系が自動的に室内の対象の「本当の色」を知覚してしまうからである。この性質を，**色の恒常性**（color constancy）と呼ぶ。図1-5（口絵）は色の恒常性をわかりやすく示した絵である。

色の恒常性の説明としては照明光・環境光の色への順応ということが議論されるが，図1-5は対象の画像を色フィルターを通して見た場合の色の恒常性の例となっている。このデモンストレーションの場合は錯視の一種である**色の対比**（color contrast）（図1-6：口絵）の特別な例であると言えなくもないが，通常の色の対比の図形よりは色誘導の効果が大きい。

図1-4 「よい形」は前額平行面に見えることを利用した「形の恒常性が大きさの恒常性に打ち勝つ例」

　図1-1と人物の大きさと位置は同じであるが，少女の身長がお侍さんより大きく見える。形の恒常性により背景の長方形は前額平行面に見えるため，観察者からお侍さんまでの距離と観察者から少女までの距離の差は小さく知覚されるため，大きさの恒常性が働かないためと説明できる。これは**エイムズの部屋**（物理的にはいびつな形の部屋が，特定の視点から見ると普通の形の部屋に見えるとともに，その中にいる人や物の大きさが場所によって大きく見えたり小さく見えたりするだまし絵的工作物）の説明となっていると筆者は考えるが，エイムズの部屋の説明としては「人々が生活している部屋の形は四角いから」といういわば経験説が一般的である。

### （4）明るさの恒常性

　白いものは明るい照明下でも暗い照明下でも白く見える（図1-7）。このような現象を，**明るさの恒常性**（**明度恒常性**：lightness constancy）という。視覚系は対象の「本当の明るさ」を一定の範囲内で正しく知覚できるということを意味する。

　明るさの恒常性は，**明るさの対比**（simultaneous brightness contrast）（図1-8）と現象的には似ている。しかし，図1-8左では「明るい」という知覚は生じても，「白い」という知覚は生じにくい。これは，「明るい，暗い」という明暗知覚（brightness）と「白い，黒い」という明度知覚（lightness）は異なる知覚の次元に属するからである（4章参照）。

　このことからわかる通り，明暗知覚における恒常性もある。晴天時の屋外

図1-7　明るさの恒常性

対象の明度が照明にかかわらず一定に見える現象を指す。左の「夜」の図では，お侍さんは白い着物を着ているように見える。しかし，その輝度（物理的明るさ）は，右の「昼」の図の着物（灰色に見える）と同じである。

図1-8　明るさの対比

ある領域がより暗い領域に囲まれるとより明るく見え，より明るい領域に囲まれるとより暗く見える現象である。左右の小さい正方形は同じ輝度であるが，左の方が右よりも明るく見える。この図の小さい正方形の輝度は図1-7の着物と同じであり，背景の輝度は図1-7の背景と同じに描かれている。

（日陰）の照度は数千ルクス，蛍光灯照明の室内の照度は数百ルクスであるが，生理学的レベルで**明暗順応**（light adaptation/dark adaptation）が比較的速やかに行なわれるため，そのような大差があるようには感じられない。この意味での明るさの恒常性の英語名称は，"brightness constancy"である。

(5) 視方向の恒常性と位置の恒常性

人間は環境の中で動くが，目や頭や体が動いても，自分から見た外界の物体の方向あるいは位置は変わらないように感じる。これを，**視方向の恒常性**（visual direction constancy）あるいは**位置の恒常性**（position constancy）という。

目や頸を動かすと外界の網膜像は変化するが，目や頸を動かすための運動信号との相殺によって，外界の物体の位置が一定に見えるという説明が有力である。これは**比較相殺説**（cancellation theory）と呼ばれる。この考え方を支持する例として，頸を動かさずに目を動かすと残像もその方向に動いて見えるという現象や，眼球を指で押すと押したのとは逆の方向に外界が動いて見えるという現象がある。後者は，眼球を他力で動かすと位置の恒常性の補正が働かないので，網膜像の動きと同じ方向に外界は動いて見えるということである（眼球を押すと反対方向に網膜像は動く）（8章参照）。

## 2　足りない情報を補って知覚を完成させる：補完

人間が環境から受け取る諸情報は完全であるとは限らない。むしろ不完全であることが普通である。不完全な情報を受け取りながら，安定した知覚世界を構築することを**補完**という。いろいろな感覚に補完機能があり，視覚の場合は**視覚的補完**（visual completion）と呼ばれる。本書では視覚的補完について説明する。

(1) 主観的輪郭

図1-9は，塗りつぶされた黒円から6分の1の扇形を切り欠いた図形

**図1-9 カニッツァの三角形**
白い三角形が，3つの黒い円と黒い輪郭の三角形の手前にあるように見える。

(「パックマン」とも呼ばれる) 3つを，切り欠きを内向きにして向き合わせ，V字型の折れ線分を3つ向き合わせたものである。カニッツァ図形あるいは**カニッツァの三角形** (Kanizsa triangle) と呼ばれる。この場合，3つの黒円と3つの輪郭の三角形の手前に白い三角形があるように知覚される。知覚された白い三角形の辺の一部は，物理的には存在しないので，この部分を**主観的輪郭** (subjective contour)，錯視的輪郭 (illusory contour) あるいは変則的輪郭 (anomalous contour) と呼ぶ。主観的輪郭が生成されることを，視覚的補間 (visual interpolation) ともいう。

一方，この錯視的な三角形は，周囲よりも白いように知覚される。これは，黒いパックマンとの境界部分で生じた明るさの対比が三角形内に拡散したものと説明される。このように，面の属性 (明るさ，色，テクスチャ(肌理) など) が拡散して知覚されることを，**フィリング・イン** (filling-in) と言う。日本語に訳すなら，「充填」であろうか。一般的には，視覚的補間 (主観的輪郭の生成) とフィリング・インの2つを合わせて**視覚的補完**と呼ぶ。なお，それら2つの現象のメカニズムは別々のものと考える研究者が多い。

## (2) アモーダル補完

図1-9において，白い三角形の主観的輪郭は「見える」。つまり，あたかも

**図 1-10 アモーダル補完の例**
(A) 上下合わせて胴長の子供に見えることがある。(B) 子供に足がないとは見えない。(C) 子供が一人隠れているかもしれないと感じられる。本図は筆者の作図であるが、この種のデモ図を最初に示したのは、イタリアの心理学者カニッツァ（Kanizsa, G.）であるので、そちらも他書でご覧頂きたい。

そこに輪郭が描かれているように知覚される。このような補完を、**モーダル補完**（modal completion）という。「モーダル」とは「（本質に対して）外形上の」という意味であるが、ここでは「知覚できる」という意味である。一方、黒円については、三角形の背後に一部を隠されたように見えるが、隠された部分が見えるわけではない。このような補完を**アモーダル補完**（amodal completion）という。アモーダル補完されたものは、その定義上、認識すること、意識することはできるが、目に見えるという意味では知覚することはできない。

図 1-10 の A で隠された部分を補完して、胴長の子供が知覚されることがある。これは、図 1-9 におけるアモーダル補完と同じ現象で、そのメカニズムとして経験や知識を必要としない。なぜなら、こんな胴長の子供はありえないので、経験による補完ではない。一方、B では子供の足が描かれていないが、足は B の向こうにあるだろうと認識される。この認識は、人間とはこういう形

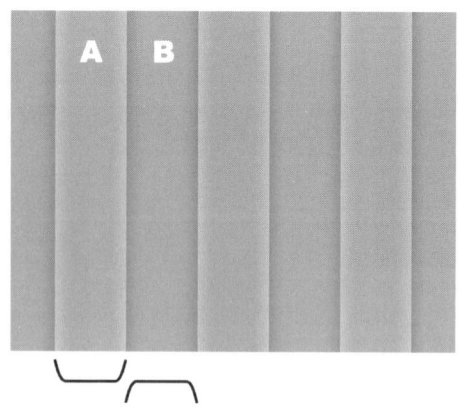

**図1-14 クレイク・オブライエン・コーンスイート効果**

AのコラムとBのコラムはそれぞれの中央は同じ輝度（明るさ）であるが、AはBよりも明るく見える。下に輝度プロファイルを示した。領域の境界のところで、Aは輝度が高く、Bは輝度が低くなるように描かれている。

だという知識や記憶に依存している。さらに、子供の姿はまったく描かれていないのに、Cの向こうにも子供がいるように感じられることもある。この場合は、繰り返しパターンの欠損部分を補完する推量のメカニズムということになる。

（3）フィリング・イン

さまざまな現象がフィリング・インによって引き起こされている。**ネオン色拡散**（neon color spreading）（図1-11：口絵）、ピンナの**水彩錯視**（watercolor illusion）（図1-12：口絵）、宗宮の波線色錯視（wave-line color illusion）（図1-13：口絵）などは色のフィリング・インであり、**クレイク・オブライエン・コーンスイート効果**（Craik-O'Brien-Cornsweet effect）（図1-14）は明るさのフィリング・インである。これらのフィリング・インは、特定の刺激領域からその色・明るさ・テクスチャが「滲み出て拡散する」現象である。もっとも、これらは不完全な知覚を完成させる補完機能というよりは、どこか錯視的な現象である。

周辺視で見ると狭い領域は周りの色で埋め尽くされてしまう**トロクスラー効**

1章　恒常性

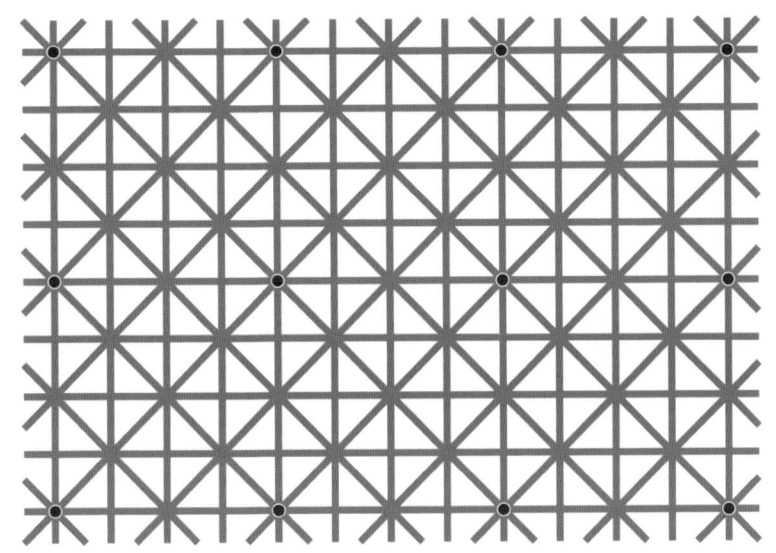

**図1-16　ニニオ錯視（消失錯視）**
格子の交点に置かれた黒いドットが，周辺視では消えて見える。

**図1-17　盲点における補完**
左目を閉じて右目だけで十字を注視するとき，適切な視距離を調整して求めると，牛が消えて見えるポイントがある。その場合，牛はその視覚刺激が届かないから見えないのであるが，見えない部分は周囲の白で埋め尽くされる。

果（Troxler effect）（図1-15：口絵）もこの種のフィリング・インと考えられる。一方，格子の交点に描かれたものが消えて見えるニニオの消失錯視（extinction illusion）（図1-16）も，消えて見えるだけではなく，消えたところでは格子が連続しているように見えることから，格子のフィリング・インが起きていることがわかる。

　解剖学的制約から，視細胞がない盲点（blind spot）においては視覚刺激を受容できない。しかし，盲点の視野は暗く見えるというわけではなく，盲点の周

囲の色・明るさ・テクスチャがフィリング・インする（図1-17）。

## 3　重なった刺激から3次元の世界を復元する：図地分離

　3次元である世界に存在する事物の情報は，まずは2次元の網膜像として与えられる。このため，視覚系は2次元の網膜像から3次元の世界を再構成しなければならない。それを実現するための諸機能のうち，ここでは単眼手がかりによる（両眼立体視（6章参照）によらない）奥行き分離（図地分離）を紹介する。

### （1）　図地反転図形

　**ルビンの盃**（杯）という「だまし絵」が知られている。図1-18では，背景が黒で白い盃が見える場合（見え方1）と，背景が白でその手前に向き合った黒い横顔のシルエットが見える場合（見え方2）とが，交替して見える。すなわち，ある時点ではどちらか一方が見える。このような刺激図形は，**図地反転図形**と呼ばれる。

　見え方1では，白い盃は黒い背景よりも手前に見える。このような知覚物を「**図**」（figure）と呼ぶ。一方，黒い背景は見える（モーダルな）部分だけでなく，盃の背後にもアモーダルに連続して存在するように知覚される。このような知覚物を「**地**」（ground）と呼ぶ。見え方2では，黒い横顔は白い背景の手前に見える「図」であり，白い背景は横顔の奥にあって横顔に隠された部分にも連続して存在するようにアモーダルに知覚される「地」である。

　一般的に言えば，図は手前に見えるものであり，地は奥に見えるものである。図は注意を引くものであり，地は注意の焦点から外れたものと定義される場合もある。相対的に面積の小さい部分が図になりやすく，網膜像上垂直・水平に近い配置の刺激が図になりやすいなどの性質が知られている。

　図1-18のような絵では図地反転が頻繁に起こるが，奥行きの手がかり，たとえばT接合部があると，図と地が比較的安定に見える（図1-19）。**T接合部**（T-junction）とは，ある面に属する線あるいはエッジが別の線あるいはエッ

1章　恒常性

図1-18　ルビンの盃
白い盃が見える場合と，向き合った黒い横顔のシルエットが見える場合とが交替する．本図はルビンのオリジナルの図のコピーではないので，他の文献でオリジナルも確認されたい．

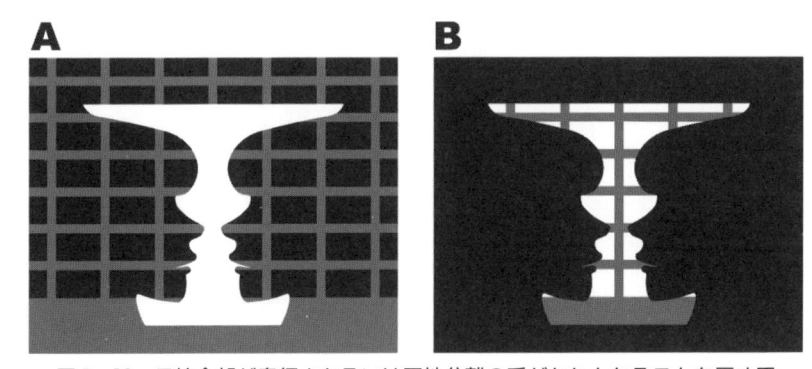

図1-19　T接合部が奥行きあるいは図地分離の手がかりとなることを示す図
（A）白い盃が図として見えやすい．（B）向き合った黒い横顔のシルエットが図に見えやすい．

ジと交差するとともに途切れている点のことで，この関係がTの字に見えるのでそう呼ばれる（図1-20左）（ちなみに，図1-20は線で描かれており，エッジで描かれているのはたとえば図1-18や図1-19である）．Tの縦棒に属する面が奥に見え（地として見え），横棒の上の領域が手前に見える（図として見える）．

そのほか，図地分離は領域間の関係でも決まる．図1-21はその例で，左右の円内の縞模様は同じであるが，左の円は白く見え，右の円は黒く見える．この錯視には明るさの対比（図1-8）あるいは明るさの恒常性（図1-7）も関

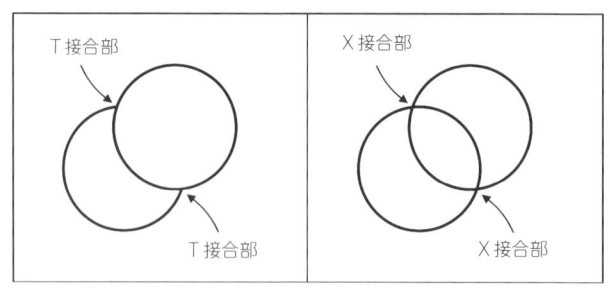

図1-20 T接合部とX接合部

T接合部は遮蔽知覚における奥行きの手がかりを与え，X接合部は透明視における奥行きの手がかりとなる。

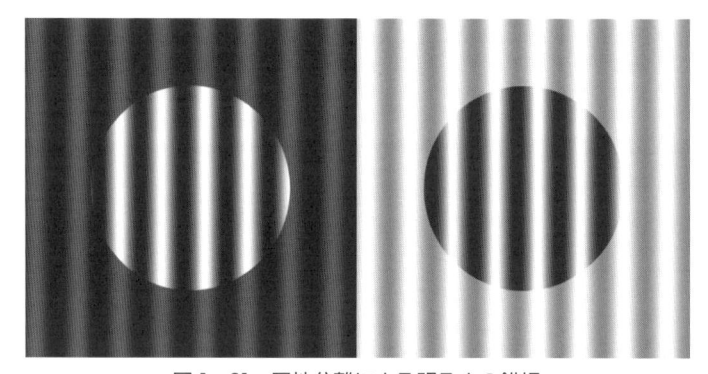

図1-21 図地分離による明るさの錯視

左右の円内の縞模様は同じであるが，左の円は白く見え，右の円は黒く見える。

与していると考えられるが，もっとも大きい要因は図地分離である。すなわち，左の円では白い円の手前に黒い雲が浮かぶように知覚され，右の円では黒い円の手前に白い雲が浮かぶように知覚される図地分離が起きる。この場合，注意は円の方に行ってしまうが，図は手前に見える雲ということになる。この現象は次に述べる透明視のメカニズムと関係がある。

(2) 透明視

　対象が透明に見えることを**透明視**（perceptual transparency あるいはたんに transparency）という。透明に見えるということは，奥行きの異なる複数の対

1章 恒常性

**図1-22 透明に見える絵（A）と透明に見えない絵（B）**
山が透明に見えるためには，2つの山の稜線がなめらかにつながる必要がある。

象が知覚されるということであるから，透明視は図地分離現象の仲間である。

透明視の成立にとって，対象が実際に透明な材質でできているかどうかは重要ではない。このため，たとえば山が透明に見えるという地点がいくつか知られている。図1-22に絵で示した通り，山が透明に見えるためには，2つの山の稜線がなめらかにつながっている必要がある。

なめらかにつながっていると一つのものとして知覚されやすいことは，**ゲシュタルト心理学**[1]の用語で「**よい連続の要因**」と呼ばれる。なめらかにつながった2つの線やエッジが交わる部分は**X接合部**（X-junction）（図1-20右）と呼ばれる。X接合部が透明視にとって重要であることは，**フックスの図形**（図1-23A）をバラバラにすると透明視が失われることからわかる（図1-23B）。透明視の図形としては，フックスの図形以外に**メテッリの図形**（図1-23C）が知られている。メテッリの図形は透明面が半透明に（和紙のように白くぼやけて）見える図形であり，近年よく研究されている。メテッリの図形の形でフックスの図形と同様のクリアな印象の透明視図形を作ろうとすると，たとえば図1-23Dとなる。

透明視は透明面を通して背後の図形も知覚されることなので，透明面の部分では1つの刺激から2つの面を切り分けていることになる。そのためには，透

➡ 1 ゲシュタルト心理学：知覚の全体性を重視し，知覚や意識は感覚的あるいは生理学的要素に還元すると本質が失われると考える心理学の一派（15章も参照）。

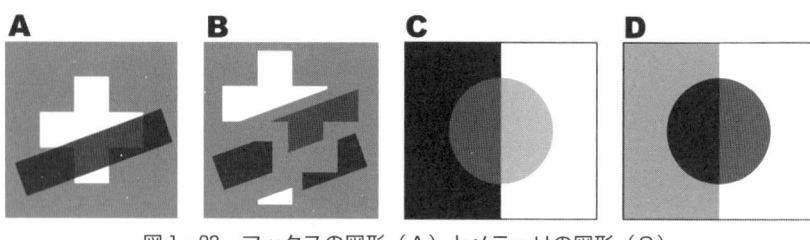

図 1-23　フックスの図形（A）とメテッリの図形（C）

（A）フックスの図形。傾いた長方形あるいは十字が透明に見える。透明に見える方が手前に見える。（B）フックスの図形を要素に分解してX接合部をなくすと、それらは透明に見えない。（C）メテッリの図形。円が半透明に見える。円が黒と白の長方形よりも手前に見える。（D）円だけでなく長方形も手前に見える可能性のある輝度配置の透明視図形。

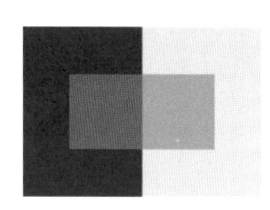

安定透明視
unique transparency

反転透明視
bistable transparency

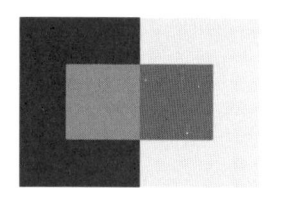

非透明視
invalid transparency

図 1-24　X接合部の分析による透明視の分類

X接合部を超えて、エッジの片方の輝度コントラスト極性（どちら側が明るいか）は変わらず、もう一方のエッジでは反転する場合、安定透明視となる。一方、どちらのエッジも輝度コントラスト極性が変わらない場合は反転透明視となり、どちらのエッジも反転する場合は非透明視（透明視が起きそうな形なのに透明に見えない状態）となる。

明に見える部分を視覚系は決める必要がある。輝度が近い領域がまとまって透明に見えるという「**類同の要因**」に還元する仮説が、数多くの研究においては検討されてきた。「類同の要因」（似たものがグループとなる）は「**近接の要因**」（近いものがグループとなる）や「よい連続の要因」（なめらかに変化するものがグループとなる）と並んでゲシュタルト心理学の「群化法則」の一つである。

しかし、近年になって、X接合部のエッジの輝度コントラスト極性の情報から透明視の分類ができることが提唱され（エーデルソン・アナンダン・アンダーソンのモデル）、透明視自体が群化の法則の一つである可能性が考えられるようになった。それによれば、透明視は3つに分類され、それぞれ安定透明視

(unique transparency), 反転透明視 (bistable transparency), 非透明視 (invalid transparency) である (図1-24)。安定透明視は半透明な面が安定して手前に見える状態であり，メツェリの図形 (図1-23C) がこれに当たる。フックスの図形 (図1-23A) や図1-23Dは反転透明視に当たり，透明面は一定ではなく，反転可能である。図1-22Aの「透明に見える山」も反転透明視である。

これまでX接合部と透明視の関係について述べてきたが，川が透明に見えるのは水をとおして水中や底が見えるからであり，X接合部を必要としない透明視もある。他の例としては，輝度コントラストが低い部分が半透明に見える現象（かすんでいる山の手前には霞が見える）や，運動方向や速度の異なるテクスチャは異なる奥行きの透明面に所属しているように見える**運動透明視**がある（5章参照）。

〈サマリー〉

　本章では，恒常性，視覚的補完，図地分離について解説した。いわゆる錯視とは異なり，これらの働きは誰にでも備わっており，知覚の基本スペックとでも言えるものである。これらの働きは，連続して与えられる膨大にしてあいまいな情報から，有限の短い時間の中で外界の姿を「正しく」再構成して知覚するための，いわばトリックである。

　本章を学ぶことによって，「我々のこころの入り口である知覚は，与えられた感覚情報を脳が処理していくだけの受動的なものではなく，感覚情報に対してトリックを多用して能動的に作り上げるものなのだ」という事実を真摯に理解しておくことは，心理学のみならず諸学問を修める上でも重要なことである。

〈もっと詳しく知りたい人のための文献紹介〉

　筆者の調査不足のためかもしれないが，本章については筆者として推薦したいまとまった日本語の書籍はない。他の知覚心理学の教科書（たとえば，松田隆夫『視知覚』培風館，1995年）を参照いただきたい。あるいは，だまし絵の本が参考になる。

# 2章　錯　　視

- 錯視とは何か？　どんな種類があるか？
- だまし絵，不可能図形とは何か？

北岡明佳

　視覚性の錯覚のことを「**錯視**」（visual illusion）と言います。日常用語では「目の錯覚」とも言いますが，近年は，錯視は目（網膜）で起こるものよりは脳で起こるものの方が多いと考えられるようになってきましたから，いわば「脳の錯覚」です。心理学における錯視研究は一世紀半以上の長い歴史があるのですが，研究対象として「とくに何かの役に立っていない」ように見える誤った知覚をテーマとしてきました。そのため，だまし絵や不可能図形など，本来は役に立つ視覚機能が誤って作動する錯視のような現象については，心理学の教科書では錯視の説明のところに並べて紹介されることはあっても，錯視研究の主要テーマではありませんでした。

　本章では，だまし絵や不可能図形なども含めて，広く錯視の紹介をすることで，視覚のメカニズムについて考察を深めます。なお，錯視は個人差は大きく，書いてある通りに見えない場合もあります。一方，だまし絵は，たいてい記述通りに見えるでしょう。

## 1　対象物の形が本当とは違って見える知覚：幾何学的錯視

　同じ大きさのものの大きさが違って見えるとか，平行な線が平行でなく見えるといった形の知覚の「間違い」を，**幾何学的錯視**（geometrical illusion）と呼ぶ。形の錯視（shape illusion）のことである。幾何学的錯視は大きさの錯視，位置の錯視，傾きの錯視に大別される。幾何学的錯視の多くは19世紀後半に発表されたが，比較的新しいものも少なくない。

### (1) 大きさの錯視

**大きさの錯視**（size illusion）は，長さの次元（一次元）における錯視と，大きさ（面積）の次元（二次元）の錯視に大別できる。長さの錯視の代表例としては，**ミュラー＝リヤー錯視**（Müller-Lyer illusion）（図2-1）がある。線分の両端に矢羽を内向けに付けると短く見え，外向きに付けると長く見える現象である。描くのが簡単なのに錯視量が多い（錯視が強い）ので，錯視のデモ図や心理学の実験実習用刺激としてよく用いられる。

だからと言って，そのメカニズムはかならずしも明らかとなってはいない。その説明としては，線遠近法説（内向図形は近くに見え，外向図形は遠くに見えると考えると，大きさの恒常性の誤動作によって線分の長さが違って見えるという考え方）や位置の変位説（網膜や脳における画像処理によって，線分の端の位置がズレて見えるという考え方）が好まれる。

そのほか，視野においては垂直方向が水平方向よりも過大視されることを示すフィック錯視（Fick illusion）（図2-2）や，空間が分割されると過大視されることを示すオッペル・クント錯視（Oppel-Kundt illusion）（図2-3）などが知られている。

大きさ（面積）の錯視の代表例は，ある円が小さい円に囲まれると大きく見え，大きい円に囲まれると小さく見えるエビングハウス錯視（Ebbinghaus illusion）（図2-4）である。この錯視は，大きさの対比（size contrast）が働いた例とされる。一方，デルブーフの錯視（Delboeuf illusion）のうち外円の過小視（図2-5）は，大きさの同化（size assimilation）が働いた例とされる。ポンゾ錯視は（Ponzo illusion）（図2-6）は，大きさの対比や同化が働く例であるとも，大きさの恒常性の誤動作によるもの（線遠近法説）であるとも言われる。

奥行きの考え方以外では説明しにくい錯視として，**シェパード錯視**（Shepard illusion）（図2-7）がある。シェパード錯視では，奥行き方向を表現する線分は長く見える。

図 2-1　ミュラー＝リヤー錯視

線分の両端に内向きの矢羽を付けると短く見え（上図），外向けの矢羽を付けると長く見える（下図）。

図 2-2　フィック錯視

垂直線分と水平線分の長さは同じであるが垂直線分の方が長く見える。

図 2-3　オッペル・クント錯視

左右両端の線分の中点は右から 2 番目の線分であるが，その線分は中点よりは右に寄っているように見える。

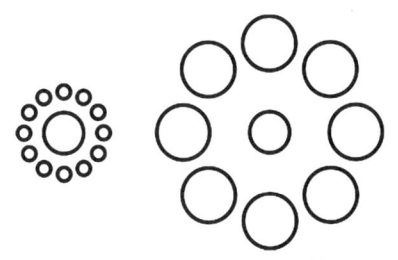

**図2-4　エビングハウス錯視**

ティチェナー錯視と呼ばれることも多い。左右の中央の円は同じ大きさであるが，左の円は大きく見え，右の円は小さく見える。

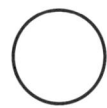

**図2-5　デルブーフ錯視のうちの外円の過小視**

円の中に少し小さい円を描くと，外円が小さく見える現象である。本図では，左の外円と右の円の大きさは同じであるが，左の外円が小さく見える。なお，デルブーフ錯視には内円の過大視と内円の過小視という別の錯視があり，それらの刺激図形はエビングハウス錯視の図形に似ている。

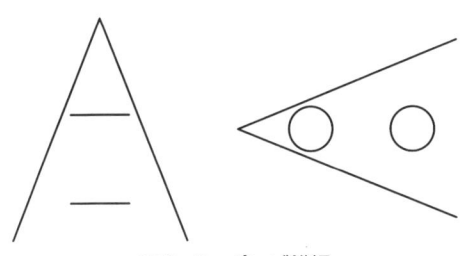

**図2-6　ポンゾ錯視**

収斂する線分の頂点に近い側に描かれたものが大きく見える現象である。左の図では，2つの線分は同じ長さであるが上の線分が長く見え，右の図では2つの円は同じ大きさであるが，左の円が大きく見える。

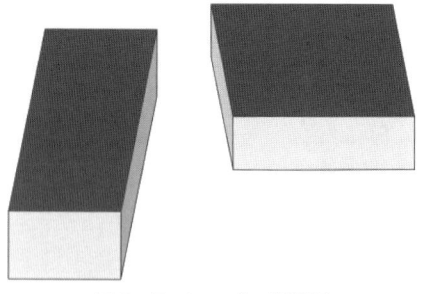

**図2-7 シェパード錯視**

テーブルトップ錯視（tabletop illusion）とも呼ばれる。左の濃い灰色の平行四辺形は縦に細長く見え，右の濃い灰色の平行四辺形はずんぐりした形に見えるが，両者は合同（同じ形で同じ大きさ）である。

### （2） 位置の錯視

　位置がずれて見える錯視の代表例は，**ポッゲンドルフ錯視**（Poggendorff illusion）（図2-8）である。ポッゲンドルフ錯視は，位置のずれというよりは線分のずれ（misaligment）の錯視である。そのため傾きの錯視の一種として説明されることもある。より位置の錯視らしいものには，ジョヴァネッリ錯視（Giovanelli illusion）（図2-9）や内藤の重力レンズ錯視（gravity-lens illusion）（図2-10）がある。位置の錯視は比較的数が少ない。

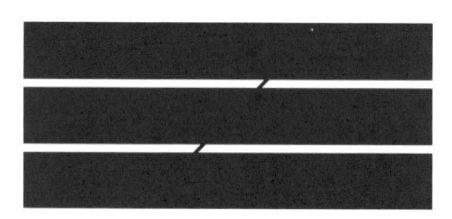

**図2-8 ポッゲンドルフ錯視**

2つの線分は一直線上にあるが，右上の線分は右にずれているように見える。

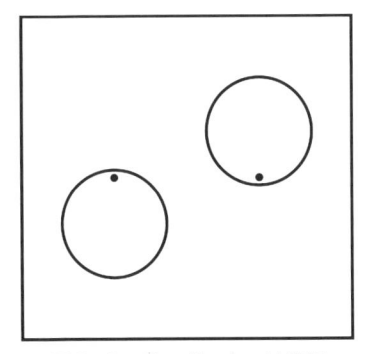

**図 2-9　ジョヴァネッリ錯視**
小さいドットは水平に並んでいるが，左のドットは右のドットよりも高い位置にあるように見える。

**図 2-10　内藤錯視（重力レンズ錯視）**
小さいドットは仮想の平行四辺形の頂点上に位置しているが，大きい黒円の重力に引っ張られるかのように変位して見える。

（3）傾きの錯視

　線分やエッジが実際の傾きとは異なって見える錯視を**傾きの錯視**（tilt illusion）と呼ぶ。傾き錯視と角度錯視（線分の成す角度が実際より大きく見えたり小さく見えたりする錯視）は異なる次元の錯視である可能性があるが，ここでは同じものとして扱う。傾き錯視は種類が多い。

　傾き錯視のトップ3は，**ツェルナー錯視**（Zöllner illusion）（図 2-11），フレーザー錯視（Fraser illusion）（図 2-12），カフェウォール錯視（Café Wall

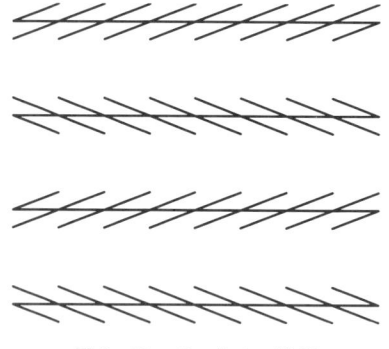

**図 2-11 ツェルナー錯視**

4本の横線は互いに平行であるが、上から右・左・右・左に傾いて見える。横線は短い斜線の傾きと反発する方向に傾いて見える。鋭角過大視の錯視とも呼ばれる。

**図 2-12 フレーザー錯視**

短い斜線は水平に並んでいるが、それらで構成された長い線は、上から左・右・左・右に傾いて見える。長い線は短い斜線の傾きと同じ方向に傾いて見える。鋭角過小視の錯視とも呼ばれる。

illusion)（図 2-13）である。ツェルナー錯視は、2つの線分の傾きが反発して見える錯視で、**第一次視覚野**（visual area 1：V1）の方位選択性ニューロン（orientation-selective neurons）の活動の相互作用の結果として説明されることがある。フレーザー錯視はツェルナー錯視とは反対の方向に線分が傾いて見える錯視である。ツェルナー錯視は斜線の交差角が10°～30°で最大錯視量を得る一方、フレーザー錯視も交差角3°～15°において観察されるので、刺激は類似しているが異なるメカニズムの錯視と考えられる。一方、カフェウォール錯視についてはフレーザー錯視との刺激の形の類似性がしばしば指摘される。

最近発表されたキングダム（Kingdom, F. A. A.）の**斜塔錯視**（Leaning Tower illusion)（図 2-14）は、一見ツェルナー錯視の仲間のように見えるが、奥行きを手がかりとした考え方でないと説明しにくい。斜塔錯視は、塔などを下から見上げる画像や直線道路などを見下ろす画像などを複製して同じものを2つ並べると、画像における対象の傾きが異なって見える現象である（コラム参照）。

傾き錯視では傾いて見える対象は線分であるが、これを同心円にすると、**渦**

2 章 錯 視

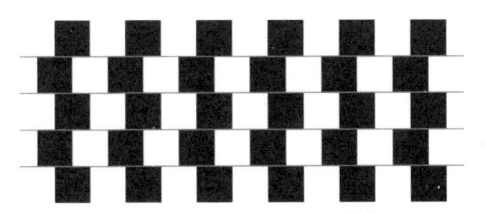

**図 2-13 カフェウォール錯視**
4 本の灰色の横線は互いに平行であるが，上から右・左・右・左に傾いて見える。横線は白と黒の正方形の列のずれの方向に依存して傾いて見える。

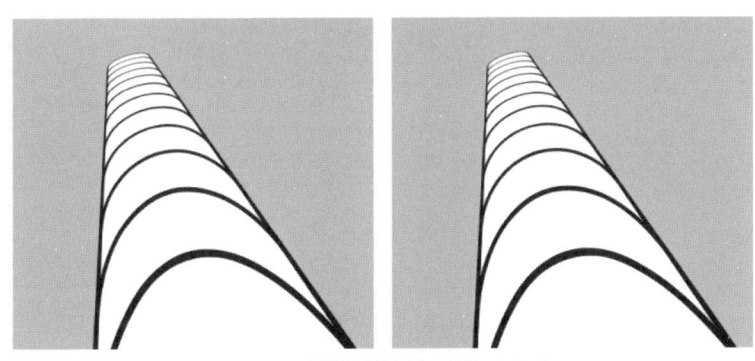

**図 2-14 斜塔錯視を絵で示したもの**
キングダムらの図はピサの斜塔の写真であった。左右の塔は同じ画像であるが，左の塔は右の塔よりもより左に傾いているように見える。この錯視は一見すると，左の塔の右辺と右の塔の左辺との角度過大視で説明できそうであるが，遠近手がかり（ここでは曲線や肌理の勾配（6 章参照））を取り除くと錯視量が激減することから，角度過大視だけでは説明できない。

巻き錯視が得られる。20世紀初頭に最初に発表された渦巻き錯視はフレーザー錯視によるもの（図 2-15）であったが，近年になってどの傾き錯視でも渦巻き錯視を作ることができることが示された。大脳の高次視覚領野に渦巻きパターン検出器があり（神経生理学的証拠から少なくとも V4 には存在する），その誤動作であろうと説明されている。

**図2-15 フレーザー錯視による渦巻き錯視**

「ねじれ紐」は同心円(中心が同じ複数の円)として描かれているのであるが,時計回りに回転して中心に向かう渦巻きのように見える。

## 2 対象物の色や明るさが実際とは異なって見える知覚:色の錯視と明るさの錯視

対象の見かけの色や明るさが「物理的な」色や明るさと異なって見える場合,**色の錯視**あるいは**明るさの錯視**と呼ばれる。色の恒常性(1章・図1-5:口絵)や明るさの恒常性(1章・図1-7)については錯視の仲間には入れないことが多いが,それらとの明確な区別がつねにできるわけではない。

ある領域が他の色や明るさの領域で囲まれているとき,前者に後者の反対色あるいは反対の明るさが誘導されることがある。これらをそれぞれ,**色の対比**(1章・図1-6:口絵),**明るさの対比**(1章・図1-8)という。神経系の**側抑制**(lateral inhibition)のメカニズム(4章参照)によって誘導された錯視的な色と明るさがフィリング・インするという考え方が好まれる。しかし,その考え方では,古典的な明るさの錯視である**コフカの環**(Koffka ring)や**ベナリの十字**(Benary's cross)(図2-16)などを説明しにくい。

2章 錯視

**図2-16 コフカの環（A）とベナリの十字（B）**
灰色はすべて一様だが，Aではドーナツを分割すると左半分は明るく，右半分は暗く見える。Bでは，2つの三角形は全く同じ輝度の領域に同じ長さで囲まれているのに，左の三角形は明るく，右の三角形は暗く見える。「ドーナツや三角形がどの領域に所属するのか」ということの知覚が，明るさの対比メカニズムが働くことにとって重要である，というゲシュタルト心理学的な考え方に合った錯視図形である。

### コラム　写真で作る斜塔錯視

　斜塔錯視は同じ写真を繰り返し並べることで簡単にできる。塔や建物の写真でもよいし，道路や鉄道の写真でもよい。アングルさえよければ，人物の写真でもよい。線遠近法的な奥行きが感じられる写真を選ぶことが重要で，消失点が画面の中心から左右方向に寄っている画像は左右に並べ，上下方向に寄っている画像は上下に並べると，その方向に傾きが違って見える。錯視図形を描こうとすると知識と技術を要するものが多いが，斜塔錯視は製作が容易で錯視量も多く，錯視や空間知覚のメカニズムについても多くのヒントを与えてくれる。

**図2c-1　「斜めの階段」（信楽にて，2008年撮影）**
左の階段は左向きに，中央の階段は中央向きに，右の階段は右向き上っていくように見えるが，3つとも同じ写真である。

図 2c - 2 「白川郷」(2009年撮影)

　左右同じ写真であるが，右の道路は左の道路に比べてより右の方に向かっているように見える（写真上は平行な道路が奥行き方向に広がって見える）。それぞれの合掌造りの家の向きを注意深く観察すると，同様に奥行き方向に広がって見える。

図 2c - 3 「御室付近の嵐電」(2002年撮影)

　上下同じ写真であるが，上の電車は下の電車よりも急勾配の線路を走っているように見える。

一方，ある領域の色や明るさが他の領域の色や明るさと同じ方向に誘導される場合を，それぞれ**色の同化**（color assimilation）（図2 - 17 A：口絵），**明るさの同化**（brightness assimilation）（図2 - 17 B）という。それらの原因として，フィリング・イン以外に，眼球光学レベルでの混色の影響がしばしば検討される。

同化と対比が両方働くと考えられる一群の刺激図形は，色・明るさどちらの次元でも抜群に錯視量が多い。ムンカー錯視（Munker illusion）（図2 - 18 A：口絵）とホワイト効果（White's effect）（図2 - 18 B），デヴァロイス・デヴァロイス錯視（De Valois - De Valois illusion）の色バージョン（図2 - 18 C）と明るさバージョン（図2 - 18 D）などが知られている。

## 3 静止画が動いて見える錯視

運動視の錯覚的現象としては，**運動残効**（5章参照），誘導運動，自動運動など数多くが知られているが，教科書等で錯視の仲間としては紹介されないことが多い。書籍では動くものを見せることができないことが原因かもしれない。本書でも，「**静止画が動いて見える錯視**」という比較的新しい錯視だけ紹介する。

静止画が動いて見える錯視の代表例は，**オオウチ錯視**（Ouchi illusion）（図2 - 19）である。縦長と横長の市松模様を組み合わせると，どちらか一方あるいは両方が動いて見える錯視である。オオウチ錯視は「静止画が動いて見える錯視」ではあるのだが，不随意な微小眼球運動や紙面の揺れに対応して起こるので，実際には特定の網膜像の動きによって引き起こされる運動錯視である。オオウチ錯視のメカニズムには諸説ある。

オオウチ錯視に類似した錯視に，ピンナ錯視（Pinna illusion）（図2 - 20）がある。ピンナ錯視はその刺激図形の新しさ以外に，画像への接近後退によって動きの錯視を起こさせるルーミング法（looming method）がはじめて導入されたということも，静止画が動いて見える錯視の研究において画期的なことであった。ピンナ錯視の説明としては，**床屋のポールの錯視**（barberpole illusion）の説明に用いられる窓枠問題の解決法が援用される。**窓枠問題**

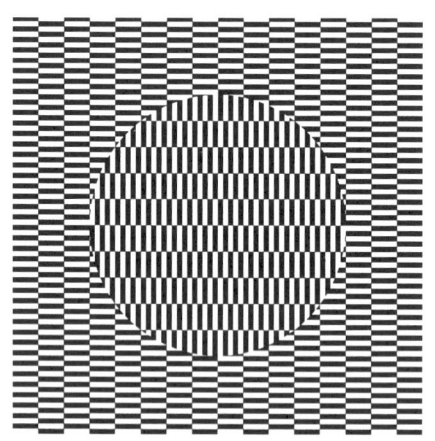

図 2-19 オオウチ錯視
（蘆田宏の研究成果による最適化バージョン）
円内の縦長の市松模様が動いて見える。

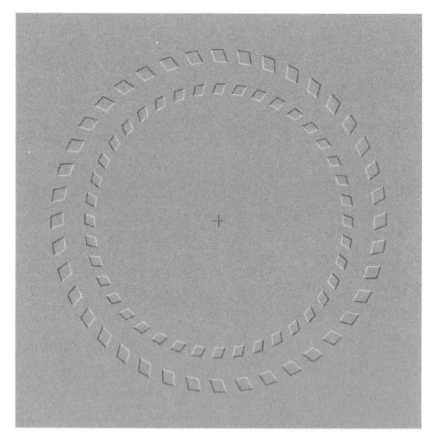

図 2-20 ピンナ錯視
（ピンナ・ブレルスタッフ錯視）

中央の十字を見ながら図に目を近づけたり遠ざけたりすると，白と黒の線分で構成された平行四辺形のリングが回転して見える。接近するときは，内側のリングは反時計回り（外側も回転して見える場合は時計回り），遠ざかるときは，内側のリングは時計回り（外側も回転して見える場合は反時計回り）に回転して見える。

(aperture problem) とは，線分やエッジの運動を検出する V1 の方位選択性ニューロンは，その受容野の大きさの制約から線分やエッジの本当の運動方向を一意に決定することができない，という神経生理学的モデル上の問題である。

そのほか，図形が特定のパターンの方向に動いて見える錯視が，何種類も知られている。それらのうちの一つ，**フレーザー・ウィルコックス錯視**系統の錯視はさらに数種類に分類されるが，**「蛇の回転」**（図 2-21：口絵）という筆者の作品が人気を博したため，実験的研究のいくつかは「蛇の回転」錯視を刺激図形として用いている。たとえば，脳機能画像研究から，「蛇の回転」錯視に応答するヒトの脳領域は hMT＋（運動視の中枢）のあたりであることがわかった。「蛇の回転」錯視のメカニズムとしては，微小眼球運動が必要であるという説と，不要であるという説がある（8 章参照）。

## 4 本来機能的な知覚がまちがえる知覚：だまし絵

錯視と**だまし絵**は混同される。英語で "visual illusion" といえばだまし絵あるいは**トロンプルイユ**（trompe l'oeil）を含んでいる場合が多い。一方，日本語で「錯視」と言うと，だまし絵は含まれないことが多かった。おそらくは，日本語の「錯視」は，「錯覚」や "visual illusion" あるいは "optical illusion" とは違って心理学の専門用語であったためであろう。だまし絵は本来は機能的な（生存の役に立つ）知覚を錯覚としたものであるから，通常の知覚のメカニズム（恒常性，空間視，両眼立体視など）として研究ができたので，もともと間違った知覚と考えられる現象を錯視として，だまし絵とは区別したのではないだろうか。

だまし絵の基本は，本物そっくりに描かれた絵である。そこに本当の風景あるいは人や物があるように見え，しかもそれが絵だとわかっているとき，だまし絵が成立する。**バーチャルリアリティ**（virtual reality）（12 章参照）は，IT 機器を使った最新鋭のだまし絵ということになる。写真や映画もだまし絵であると言えないこともない。

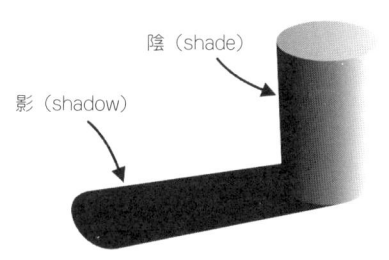

**図2-22 だまし絵の基本的なテクニック，2種類の「かげ」**

直立した灰色の円筒に右から強い光が当たって，床に影ができているように見える。円筒の暗い部分は，陰あるいはシェードという。正確には，シェードは円筒によって暗くなった空間も指す。

「本物そっくり」に描くためには，物体の輪郭だけでなく，陰影を描く必要がある。視覚系が陰影から得る立体物の情報は多いからであり，光沢などの質感にとっても陰影の役割は重要である。なお，日本語ではどちらも「かげ」であるが，陰（shade）と影（shadow あるいは cast shadow）は厳密には別の概念である（図2-22）。

不可能図形もだまし絵の仲間に入れてよいと思われる。**不可能図形**（impossible figure）とは，部分的には正しい絵であるが，全体として見ると矛盾している図形のことである。奥行き不可能図形や図と地が一貫しない図形などに分類できる。前者の代表例として，**ペンローズの三角形**が知られている（図2-23）。後者の例を図2-24に示した。

**多義図形**（ambiguous figure）あるいは**反転図形**（reversible figure）も，分類するなら錯視というよりはだまし絵である。反転図形は，奥行き反転図形，図地反転図形，全体的体制化の反転図形などに分類できる。奥行き反転図形には，**ネッカーの立方体やシュレーダーの階段**がある（図2-25）。立体物のシルエットは，手前を向いているか奥を向いているかの奥行き反転図形となりやすい。図地反転図形の代表例は，ルビンの盃（1章の図1-18）である。「全体的体制化の反転図形」というのは，奥行き反転図形や図地反転図形ではないもので，

2章　錯　視

図2-23　ペンローズの三角形
実際に作るのは不可能な立体図である。

図2-24　図と地が一貫しない図形の例
実際に作るのは不可能である。

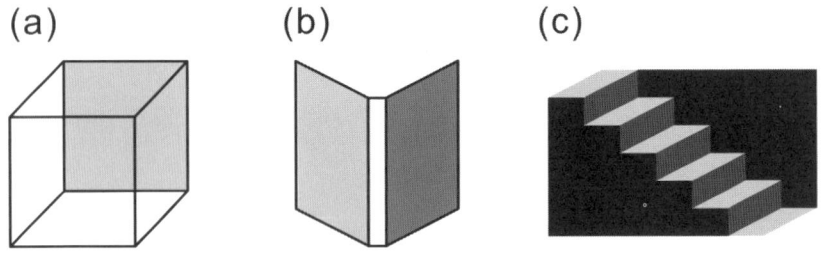

図 2-25　奥行き反転図形の例

（a）ネッカーの立方体。左下の正方形と右上の灰色に着色した正方形のどちらかが手前に見え，それらがときどき反転して見える。（b）マッハの本。本が手前向きに開かれているという見えと，向こう向きに開かれている見える場合とが反転する。（c）シュレーダーの階段。階段を右上方から見下ろしたように見える場合と，階段のウラを左下方から見上げたように見える場合が反転する。なお，通常は，ネッカーの立方体には灰色の着色はなく，マッハの本に背表紙部分はなく，シュレーダーの階段は線画で表現されるが，本書では反転効果を高めることを目的に変更を加えている。

図 2-26　全体的体制化の反転図形の例

「妻と義母」（My Wife and My Mother-In-Law）というよく知られた反転図形の和風改変版。向こうを向いた若い女性に見える場合と，こちらを見ている年齢の高い女性に見える場合が反転する。

全体の見え方の可能性が複数ある刺激図形（図2-26）のカテゴリーを表す用語として本書で仮に設定した名称である。「寄せ絵」とも呼ばれる。全体的体制化の反転図形としては，部分的には果物や花を描くことで，全体としては人の肖像を描いたアルチンボルド（Giuseppe Arcimboldo：1527-1593）の作品群（7章・図7-8）が有名である。

〈サマリー〉

　本章では，錯視とだまし絵について解説した。どちらも「知覚のまちがい」であるが，古典的な意味での錯視は「一見すると生存の役に立っていないような」現象である。もちろん，錯視は何かの役立つ知覚機能の副産物なのかもしれないし，あるいは過去には何かの役に立っていた機能の名残りなのかもしれない。一方，だまし絵は，何かの役に立つ知覚機能が使われたのに最終的にまちがいと判定された知覚である。1章で学んだ恒常性・補完・図地分離を使った「錯視」を見かけることも多いが，それらは本章ではだまし絵の仲間ということになる。

　錯視とだまし絵を峻別する必要性は実用的には少ないのであるが，それぞれの現象が機能的かどうかということを追求することは，知覚心理学を学問する上では意味がある。

〈もっと詳しく知りたい人のための文献紹介〉

　後藤倬男・田中平八（編）　2005　錯視の科学ハンドブック　東京大学出版会
　　⇨日本語で書かれた錯視研究の総合的な学術書である。錯視を本格的に研究する人には役に立つ。あえて言えば，内容が幾何学的錯視にやや偏っていることが難である。
　北岡明佳（監修）　2007　ニュートン別冊　脳はなぜだまされるのか？——錯視　完全図解　ニュートンプレス
　北岡明佳　2010　錯視入門　朝倉書店
　　⇨広い範囲にわたって，錯視やだまし絵をカラー図版で解説している。静止画が動いて見える錯視やきれいな色の錯視も解説している。内容が筆者の錯視研究に偏っているのが難である。

# 3章　色　　覚

- 光線に色はついていない，と言われるが，どういうことだろうか？
- 色の知覚はどのように成立するか？

栗木一郎

　我々は日常的にさまざまな色の見える世界を体験していますが，どのような仕組みで色が見えるのでしょうか？　テレビやコンピュータ・ディスプレイ，印刷物で色が見えるのはなぜでしょう？
　本章では，人間が色を見る仕組みや色を表す座標系について説明した後，色の残像や色対比／色同化といった錯視を例にとって色の見え方を決めているさまざまな要因について説明をしていきます。色残像は色を見るメカニズムにおける時間的な履歴効果，色対比や色同化は色を見るメカニズムの空間的な特性を知る上での手がかりが沢山含まれています。また，コラムでは色覚の多様性によって生じる色の見分けにくさの問題と，その問題を回避する手法であるカラーバリアフリーについても解説を加えています。

## 1　はじめに

　プリズムを用いて太陽光線がさまざまな**波長**の光の混合で作られていることを示したのはイギリスの物理学者アイザック・ニュートン（Newton, I.：1643-1727）である。光の波長によって屈折率が異なることからプリズムは太陽光をさまざまな光に分解（**分光**）する作用を持っている。波長ごとに分けられた太陽の光は，図3-1（口絵）のように虹のようにさまざまな色を示すことから，太陽光はさまざまな波長の光が集まってできていることを示している

（ニュートン以前は，何らかの方法でプリズムが光に着色していると考えられていた）。しかし，ニュートンは著書 "Opticks" (Newton, 1704) の中で「光線に色はついていない。光線の持つエネルギー分布によってそれぞれの色の感覚が引き起こされる（原文：For the ray to speak properly are not coloured. In them there is nothing else than a certain power and distribution to stir up a sensation of this or that colour.)」と述べているが，これはどういうことだろうか？

また，1章で紹介された色恒常性は，物体の色の見え方が照明光に依存しないという現象だった。コンピュータ・ディスプレイや光源（蛍光灯，電球，LEDなど）などの発光体でないかぎり，物体は照明光から降り注ぐ光を反射し，反射された光が観察者の目に入射して観察者の知覚となる。つまり，照明光が変化すればそれに伴って物体が反射する光が変化するという関係になっている。照明光が暗くなれば反射光も暗くなり，照明光が含む波長が変化すれば，物体の反射光の波長も変化する。波長といえばニュートンのプリズムの実験で示された虹の色を連想するが，波長が変化したときにどうして色が変化して見えない（＝色恒常性）のだろうか？

本章では，このような視点から色を見る仕組みについて解説してみる。

## 2 色を表す座標系

光の波長とは，光が波の性質を持つときに示す電磁波の周期[1]であり，すなわち物理的に定義される量である。スリットを透過した光をプリズム等の分光器を用いて分光すると，スクリーン上の位置と波長の間には1：1の対応関係が生まれる。どのような光源からの光を入射しても，スリットと分光器とスクリーンの位置関係が変化しない限り，同じ位置には同じ波長の光が到来する。スクリーンの代わりに光のエネルギーを測定するセンサ（CCDなど）を置く

➡ 1　電場と磁場の振動による波。可視光の波長は360～760 nm（ナノメートル）程度。波長が短くなるほど，電磁波は直進性や反射などの性質を示すようになる。

と，波長ごとのエネルギーを測定することができる。このようにして求めた分光エネルギー分布を**スペクトル**と呼ぶ。

たとえば実物と見分けがつかないほど正確に色を再現できるディスプレイでも，スペクトルを測定すると実物とは異なるパターンを示す。このように異なるスペクトルの光でも，人間の目には同じ色に見える現象を**メタメリズム**（**条件等色**）と呼ぶ。したがって，光の波長やスペクトルで光を表現することは，「色」について考える上で適切な表現形式ではない。では，どのような光は同じに見え，どのような光は違って見えるのだろうか？

メタメリズムの原因は，人間の網膜に存在する光センサ（**光受容器**）である**錐体**細胞にある。人間の目にはたかだか3種類の錐体しか存在せず（図3-2：口絵），暗い所で感度を発揮する**桿体**細胞は，色の見え方にはほとんど影響しないことが知られている。錐体細胞は，光を受け取ると神経信号に変換する働きをしている。錐体細胞は直径0.5ミクロンほどの細長い形をしており，光の吸収によって化学変化する物質（**視物質**）を含んだ**外節**部が光を電気信号に変換する。

3種類の錐体は感度ピークの波長が異なることから，長波長／中波長／短波長に対応してL (long-wavelength sensitive) 錐体，M (medium-wavelength sensitive) 錐体，S (short-wavelength sensitive) 錐体と呼ばれている（図3-2）。L，M錐体に関しては，感度の幅がいずれも300 nm程度であるのに対し，ピーク感度波長がわずか30 nm程しか異ならず（L：560 nm付近，M：530 nm付近），感度曲線は大部分が重なっている。しかし，この一方が欠けると色覚異常となる（コラム参照）ことを考えると，L錐体とM錐体の応答の微小な差を赤や緑の色情報として取り出していると考えられている。S錐体の感度ピークは420 nm付近であり，L，M錐体との間ではピーク感度波長が約130 nm異なる。

錐体は受容した光の波長によって応答の種類を変えるわけではなく，その波長の光が視物質を化学変化させる効率に応じて活動量の強弱が変化するだけである。すなわち錐体細胞から出力される信号が変化しても，光の強度が一定で

波長が変化しているのか，波長が一定で光の強度が変化しているのかは錐体応答だけでは判別できない（**ユニバリアンスの原理**：Naka & Rushton, 1966）。したがって3種類の錐体細胞が同じように活動し，同じ神経信号を作り出す2光は，人間にとっては見分けが付かない。この原理を利用したのが前述の写真や印刷，テレビやコンピュータ・ディスプレイなどのカラー情報表示媒体である。テレビやディスプレイを例に取ると，これらは3つの原色の組み合わせで色を表現している。このように，3原色の組み合わせで任意の色が再現できる（**3色説**）ことを提唱したのが，イギリスの物理学者トマス・ヤング（Young, T.：1773-1829）とドイツの物理学者ヘルマン・フォン・ヘルムホルツ（Helmhortz, H.：1821-1894）である。

　錐体細胞の感度には，僅かながら個人差があることが最近の研究で知られているが，それでも他の生物に比べると個人差は小さいため，錐体応答をある程度標準化することができる。たとえば，3種類の錐体細胞の活動の和や差を座標軸に取ると，色は3次元の空間で表すことができる。これを**色空間**と言い，座標軸の定義によって「〇〇色空間」という名前で呼ばれる。ある色空間の中で同じ座標値を取る2光は，共通の条件下で見る限りにおいては，まったく見分けがつかない。通常，座標軸を光の強度の軸と2つの色座標軸で定義した色空間が使い勝手がよいため，色空間のうち1軸は輝度や明るさなど光の強度を表す軸にし，のこりの2軸で色を表現する座標軸を用いる。たとえば錐体反対色座標系では，L錐体とM錐体の応答の和（L＋M）が輝度を表し，L錐体とM錐体の応答の差（L－M）およびS錐体の応答と輝度の差（S－(L＋M)）の2つが色の座標軸を表す。色の2軸で表される空間は平面を構成するため，光の強度の情報を除外した平面を**色度図**と呼ぶ。色度図としてもっとも標準的によく用いられるのが **CIE**（Commission Internationale de l'Éclairage：国際照明委員会）が1931年に定義した **CIE xy 色度図**である。

　色度図を作る元となったデータは，メタメリズムに関する実験や研究を通して得られた。暗黒の背景の中に図3-3（口絵）のような2つの隣接する領域（**二分視野**）を呈示する。片側に検査光として，ある一つの波長の光（テスト

波長）を呈示する。もう片側に 2 つの波長の光を混ぜたものを呈示し，観察者に見え方がまったく同じになるように 2 波長の強度を調整してもらう。ヤング・ヘルムホルツの 3 色説に示されるように，3 つの波長の光の混合で任意の波長の光と同じ見え方が再現できるのであれば，調整につかう波長を 3 つに限定しておけば（3 原色），「波長 A のエネルギー：波長 B のエネルギー：波長 C のエネルギー」という比率で色空間を表現することができる。このように二分視野でまったく同じに見えるように調整されたテスト波長の光は，3 原色の強度比を座標軸として表せる。このデータを多数集め，標準化したのが CIE $xy$ 色度図（1931）（図 3-3）である。この色度図上で同じ座標値を持つ 2 つの光は対等な条件下で提示すると人間には見分けがつけられないことを意味している。その後，用途に合わせてさまざまな色度図が開発されているが，光の座標を表す際にはこの色度図が今でも用いられる。

では，複数の波長を含んだ光はどのように表したらよいだろうか？ CIE $xy$ 色度図を構成する 3 軸は，じつは $X, Y, Z$ という**三刺激値**からの変換によって得られている。三刺激値は**等色関数**という架空の分光感度 $\bar{x}(\lambda), \bar{y}(\lambda), \bar{z}(\lambda)$ と入射光のスペクトル $I(\lambda)$ の積を積分することによって得られる（ただし $k$ は定数）。

$$X = k \int \bar{x}(\lambda) I(\lambda) d\lambda$$
$$Y = k \int \bar{y}(\lambda) I(\lambda) d\lambda \quad \cdots 式 3.1$$
$$Z = k \int \bar{z}(\lambda) I(\lambda) d\lambda$$

さらに，色度 $(x, y)$ は次のように定義される。

$$x = \frac{X}{X+Y+Z}, \quad y = \frac{Y}{X+Y+Z} \quad \cdots 式 3.2$$

このような方法で任意のスペクトルの光も色度図の上に表すことができ，工業的には色度を用いて色が管理されている。

図 3-3 の色のついた領域の外周部がもっとも鮮やかな色であり，中心に向かうに従って鮮やかさが下がる。この見かけの鮮やかさを**彩度**という。また，

白を中心とした方位で表される色の種類を**色相**という。光の強度（**輝度**）の情報はこの紙面に垂直な方向で表される。外周部に書かれた数字を見ていただきたい。色の付いた領域の左下から始まり，時計回りに外周部をたどると数字が徐々に大きくなり，右下の端で終わる。この数字は単一波長の光（単色光という）の波長（[nm]）である。よく注意してみると，領域の下の辺（左右の下端を結ぶ直線）には数字が書かれていない。これは単一波長では表現できない光であることを示している。このことからも，色は波長と1対1に対応しないことがご理解いただけるのではないだろうか。

## 3　色を見るための生体メカニズム

では人間が色を見るメカニズムはどのようにできているのだろうか。結論から言うと，多段階のメカニズムで構築されているのだが，**末梢**（眼球に近いほう）ほど解明が進んでおり，**中枢**（脳の中）ほど解明が遅れている。本節では，明らかにされている範囲でその概要を説明していく。

3種類の錐体に関しては先に述べた。3種類の錐体は，感度ピークの違いから長（long），中（middle），短（short）波長選択的錐体（略して **L, M, S 錐体**）と呼ばれる（図3-2，図3-4：口絵）。錐体が3種類であることにより，光を3原色の混合で表現できることが確実になっている。しかし，錐体の信号はそのままの形で脳へと送られるのではなく，網膜にある**神経節細胞**で3種類の錐体応答の加減算が行われた上で脳へと送られている。それらは，L錐体とM錐体の出力を加算した **L＋M チャネル**，L錐体とM錐体の出力の差をとった **L－M チャネル**，S錐体出力とL，M錐体の和の間で差をとった **S－(L＋M) チャネル**の3種類で構成されている（図3-4（b））。L＋Mチャネルは輝度，L－Mチャネルはおおむね赤と緑の違い，S－(L＋M)チャネルはおおむね黄

➡ 2　錐体応答は三刺激値を式で変換することで近似値を求めることができ，それを cone fundamentals と呼ぶ。詳しくは章末の参考図書（内川，1998；Wiszecki & Styles, 1982）を参照。

色と青の色の違いの情報を伝達している。

　図3-2で明らかなように，3錐体の中でL錐体とM錐体の分光感度は非常に近似している。これは遺伝学的にM錐体がL錐体から派生した種類であるからだと考えられている。2つの錐体の感度が非常に近似していることは，一般の光に対してL，M錐体の生じる応答の差がS錐体との差より小さいことを示唆している。錐体細胞の後の神経経路で神経信号に何らかのノイズが混入する場合を想像してみよう。この2つの錐体の差に重要な情報が含まれている場合，錐体応答の僅かな差の情報を確実に脳まで伝達する必要がある。その場合，錐体の直後で差を取って後段に伝送する方法が適切であり，その意味でこの信号変換は非常に効率がよくできていると考えることができる。

　網膜神経節細胞でつくられる3つのチャネルは，**大脳**へ信号が送信される過程で**外側膝状体**を経由するが，その際にL＋Mチャネルは **magno 細胞層**（**M経路**），L－Mチャネルは **parvo 細胞層**（**P経路**），S－(L＋M)チャネルは **konio 細胞層**（**K経路**）を経由することが知られている（Hendry & Yoshioka, 1994）。これらの3つの層に属する神経細胞の応答は，組織の上できれいに分離されているだけでなく，検出課題などの心理物理実験でもある程度の独立性が保たれていることが示されている。

　3つのチャネルのうち2つの色チャネルは『「おおむね」赤―緑，青―黄の色の違いに対応』と記述したが，それは厳密な意味で混じり気のない赤，緑，青，黄に対応していないことが知られているためである。「混じり気のない色」のことを**ユニーク色**といい，これには個人差があることも知られている。ユニーク色としては先述の4色（赤，緑，青，黄）に加え無彩色（灰色，白）なども実験では用いられることがある。「ヤング・ヘルムホルツの3色説」とほぼ同時期に対立した概念で，ドイツの生理学者エドワルド・ヘリング（Hering, E.：1834-1918）が提唱した「ヘリングの反対色説（**4色説**）」が存在する。これは「赤と緑，青と黄は同時に知覚されない（"赤っぽい緑"，"青みがかった黄"などの知覚は生じない）」という観察結果から得られたもので，赤，緑，青，黄の4色が色を記述する基本要素とし，中間色はそれらの混合によっ

て表現されるという概念である（図3-5（a）：口絵）。これらの同時に知覚されない色の組み合わせは**反対色**あるいは**補色**と呼ばれる。L－Mチャネル，S－(L＋M)チャネルの正方向と負方向はそれぞれ赤と緑，青と黄に近い対応関係にあるため，このようなチャネルで色情報を表現している段階を**反対色レベル**と呼ぶ。

　しかし一方で，L－Mチャネル／S－(L＋M)チャネルを単独で刺激する色はユニーク色（赤，緑，青，黄）と対応しない，という報告も数多く存在している。実際，図3-5（b）はおおむね横軸がL－M方向の色変化，縦軸がS－(L＋M)方向の色変化を示しているが，2つの軸の両極のすべてがユニーク色に対応する読者はほとんどいないだろう。読者の混乱を避けるために書き添えると，検出や弁別といった色の見え方を直接評価しない実験方法を用いると，2つの色チャネルの特性が現れ，色の見え方を直接評価させる実験方法を取ると外側膝状体よりも高次の色覚メカニズム（ユニーク色など）の特性が現れると考えられる。したがって，この2つの色チャネルの信号は色情報の重要な2成分を伝達していることは確かだが，色の見え方を表す直接の信号としては使われていないのではないかと考えられている。

　この先のステップになると色メカニズムの研究は発展途上にあるが，記憶や言語と密接に関連した実験課題を行うと，色情報が不連続に扱われるようになることはある程度明確になっている。視覚情報の流れ全体を考えると，目から入力された光で形成された網膜像から色や形，動きなどの情報が抽出され，記憶などと照合して分析され，その結果は発話をはじめとした行動に反映される。必要であれば，さらに記憶として定着される。したがって，言語や記憶を使った実験は，視覚情報処理の流れの中でも比較的高次の情報処理を扱っていると考えられる。このような課題の中で色を用いた実験を行うと，色が**カテゴリー**的に扱われることがわかっている。たとえば，色が連続的に変化するチャートを呈示して，色の語彙に合わせて領域分けをするように指示すると，成熟した言語では**11基本色**（赤，緑，青，黄，紫，橙，茶，桃，白，灰，黒）に全ての色を分類できることが知られている（Berlin & Kay, 1969）。水色のような色でも，

藍色のような濃い色でも，青という一つのカテゴリーに分類することは可能である。このカテゴリーには個人差が少なく，個人内でも再現性が高いことが知られている（内川ほか，1993）。この色カテゴリーに対応するような応答を示す細胞がマカクサルの下側頭皮質（IT）でも発見されており（Komatsu et al., 1992），チンパンジーでも代表的な色とカテゴリーとの対応関係を学習させると色をカテゴリー分けできるという研究結果（Matsuno et al., 2004）もあることから，このカテゴリー的な色情報表現はある程度生得的なものである可能性が示唆されている。さらに，2つのカテゴリーの境界に位置する色をわざと選んで記憶させ，その後で数段階に分けて候補をしぼりこみ，記憶色を答えさせる実験を行うと，被験者はどちらか一方のカテゴリーに属する色を最終候補として選ぶことも知られている（Uchikawa & Sugiyama, 1993）。これは，記憶の中で用いられている色の表現がカテゴリー的であることを端的に示している。神経信号がノイズによる時間的変容を生じる可能性を考慮すると，曖昧な連続量で記憶するよりも，不連続な信号で記憶しているほうが記憶の頑健性にとっては有利だからだと考えられる（Amano et al., 2002）。

　さて，反対色レベルからカテゴリーレベルの間に飛躍があることを感じられた読者はいないだろうか？　反対色レベルの色情報の表現は徐々に変化する連続的な表現形態であるのに対し，カテゴリー的な色情報の表現はカテゴリーの境界をまたぐと一気に情報が変化する不連続な表現形態である。この間の色情報の変換はどうなっているのだろう？　この疑問に対しては，残念ながら明確な結論が出ていないのが現状である（図3-4（b））。しかし，マカクサルを用いた電気生理学的な実験や，人間の被験者で非侵襲的な脳活動計測を行った実験の結果，外側膝状体の次のレベルである大脳の**第一次視覚野**（V1）では，ユニーク色以外の色相についても，それぞれの色相に選択的に反応する細胞の存在が確認されている（Lennie et al., 1990；Hanazawa et al., 2000；Wachtler et al., 2003）。前述のユニーク色の神経対応や，ユニーク色の個人差などはこのレベルからカテゴリーのレベルの間に存在すると考えられる。カテゴリー的な色表現のレベルが脳内のどの部位において確立されているかは不明だが，言語との

密接な関連を考えると,社会生活の中でコンセンサスを確立する過程の中で他者との整合性を取る操作が行われ,個人差が少なくなるのではないかと考えられる。

## 4 色に対する順応とその残効

さて,道具立てが整ったところで色恒常性がどのように得られているかについて改めて考えてみよう。色恒常性の問題を色度図で表すと図3-6（口絵）のようになる。図3-6（a）はさまざまな色の45枚の色票を白色の照明光で照らしたときの反射光の色度（黒〇シンボル）と,青い照明光で照らしたときの反射光の色度（青〇シンボル）を示している。このように,照明光の色が変化すると全体の色度が一斉にシフトする。しかし,実際の**色の見え**の変化は小さい。これは,前述の色を見るメカニズム（図3-4）のどこかで色度図に表したような変化を除去する操作が行われているからだと考えられる。

たとえば,スキーの黄色いゴーグルやサングラスなどの着色レンズを通して視野を観察すると,ゴーグルやサングラスを装着した直後は装着前からの変化を感じ,視野全体が黄色みを帯びて見えるが,しばらくすると白い紙を白だと知覚できるようになる。ここでゴーグルを外すと,視野全体がレンズの色である黄色と逆の色である青みを帯びているように見える。これは**色順応**とその**残効**（**色残像**）という現象である。フィルタによって網膜上に投影される光が変化する現象は照明光の変化と同等であると考えられる。

ドイツの生理心理学者ヨハネス・フォン・クリース（von Kries, J.：1853-1928）が1905年に提案した仮説（von Kries, 1905）は,3種類の錐体応答のバランスを調整している,というものだった。たとえば太陽光のような標準的な白色の照明光の状況から視野全体が赤っぽくなるような照明への変化は,L錐体の応答が他の2錐体の応答に比べて視野全域で増えている状況に対応する。たとえば,L：M：S錐体の応答が1.2：1：0.8倍に変化したと仮定すると,それぞれの錐体応答に変化分の逆数（1/1.2：1.0：1/0.8）を掛けてやると,細

かい変化はさておき，全体のレベルは白色の照明光のときとほぼ一致する。図3-6の例に対し，**フォン・クリース仮説**に基づく感度調整をほどこしてやると，図3-6（b）の黒点シンボルで示したように色度はほぼ元の位置へ戻る。もしも図3-6（b）が知覚を表す座標系であったら（厳密には違うけれども），色の見え方は白色の照明光の下でのものとほぼ同じになると考えられる。

では，このような感度変化はどこで生じているのだろうか？　正確なところは今なお不明だが，視野全体に効果が生じること，錐体応答をベースにした色変換を行うと色の見えの変化との一致度が高いことなどから，比較的網膜に近いレベルでこのような情報処理が行われている可能性が高い。しかし，錐体そのものでこのような感度変化が生じているのではないことは心理物理学的な実験などで検証されている（Kuriki & MacLeod, 1998）。

## 5　空間的に分布する情報の影響（色同化・対比）

前節で説明した色順応は，順応が100％に達して白いものが白く見えるにはしばらく時間がかかるという特徴があることが知られている（Fairchild & Lennie, 1992）。しかし，一方で瞬間的に照明光の色を変化させても色恒常性が成立するという実験結果も存在する。最短の場合，新しい照明条件下でのテスト刺激を125ミリ秒（1/8秒）呈示しただけでも判断が可能だという研究結果もある（Craven & Foster, 1992）。だとすると，色恒常性はかならずしも色順応に依拠しているわけではないと考えることもできる。ここで利用できるのは空間的に分布する情報である。照明光が変化しても，空間的に分布する情報の中から不変の情報を取り出すことができれば瞬時的な色恒常性は実現できる。

ポラロイド写真の発明者であるエドウィン・ランド（Land, E. H.：1909-1991）が，**レチネックス理論**という概念を提案した（Land & McCann, 1971）。これは隣接する領域間の輪郭を挟んだ位置での反射率の比を取り出し，空間的にゆるやかな変化を無視するような計算をさまざまな経路で積算していくと，視野の中で明度の恒常性が得られる，という理論である。論文で説明されてい

たのはカラー写真を赤・緑・青の3色のフィルタにより色分解した白黒（光の強弱のみ）の場合の概念だったが，反射率の比を個々の錐体応答の比に読み替えれば，色覚の場合にも応用が可能で，瞬時的な色恒常性の説明がつく．実際，色の知覚は空間的に隣接する領域の影響を受ける**色対比**という現象があることが知られている（2章も参照）．また，脳に損傷を負った患者が隣接する領域の色対比の情報を用いて色恒常性らしき能力を得ていることも示されており（栗木ほか，2003），空間的対比も色恒常性を成立させている要因として重要であることが考えられる．

　空間的に分布する情報が色の見え方に影響を与えている例として色対比に加え**色同化**という現象がある（2章も参照）．たとえば図3-7（口絵）のように，同じ色であっても隣接する領域や，領域を構成しているパーツの位置関係によって色の見え方が大きく変わる現象がある．図3-7（a）の矢印で示した高さにある2つの四角形の領域（テスト領域）の色を見比べていただきたい．左は黄色っぽく，右は青っぽく見えると思われるが，どちらも同じ色で描かれている．図3-7（a）の下の方に同じ図形が描かれており，左右を繋いだ棒との境目を注意深く見ていただくと，実際には同じ色で描かれた領域であることはご理解頂けるだろう．この現象を**ムンカー錯視**（Munker, 1970）という（2章の図2-18（口絵）も参照）．（b）に示したように，縞の幅を細かくすると左右の色の差がより顕著に見えるようになる．

　隣接領域と反対色の色味が知覚される場合には色対比，誘導図形と同じ色味が加わって知覚される場合には色同化という現象になる．色対比は，空間的に隣接する領域の色や明るさを際立たせる神経機構の影響であると考えられ，色同化は，色情報を処理するメカニズムが細かい空間構造の情報を処理するのに適さず一つの領域の中の平均的な色を知覚する機構の影響であると考えられる．

　図3-7（a），（b）のムンカー錯視の場合には，テスト領域の上下にある帯の色と反対の色味が誘導されて色対比が生じているようにも，テスト領域をまたいでいる帯の色と同化しているようにも見えるが，（c）のように上下の領域を除去しても左右色の違いは保たれている．したがって，（d）に破線で示した

## コラム　色覚の多様性について

　最近では学校で**色覚検査**の実施義務が無くなったが，**色覚異常**（註：これは医学用語）が無くなったわけではない．色覚は**遺伝子**（**X染色体**）に定義されており，男性はX染色体を1つしかもたない（XY）ため，このX染色体が色覚異常の因子をもっていると色覚異常となる．日本人男性の場合，20名に1名程度の割合で以下のタイプのいずれかの色覚異常が存在することが知られている：L錐体が発現しない（1型2色覚）かM錐体が発現しない（2型2色覚），あるいはL錐体の機能が低い（1型3色覚）かM錐体の機能が低い（2型3色覚）．ただし，S錐体が関与する3型2色覚あるいは3型3色覚は日本人では数万人に1名程度しか存在しない．女性においても，まれにX染色体の組み合わせによって色覚異常を生じることがある．**正常3色覚者**（コモンタイプ）が判別可能な色の中で，**2色覚者**はまったく判別できない色の組み合わせが存在し，**異常3色覚者**は判別の難しい色の組み合わせが存在することが知られている．

　公共の場の情報表示（案内表示，ハザードマップ等）や，学校の印刷物などに判別の付かない色の組み合わせが存在すると，色覚異常者は一方的に不利益をこうむることになるが，そのような状況は回避しなければならない．

　最近は，判別の難しい色の存在を確認するための**チェックツール**が多数存在する．たとえば，デジタル画像処理ソフトAdobe Photoshopのプラグインツールとしてvischeckというフリーソフトがある．これはPhotoshopに入力した画像を変換し，2色覚者（3種類）の色判別を模擬するものである．また，特殊な光学フィルタを作成する技術により，2色覚者の色判別を模擬するメガネ（商品名：バリアントール）も存在する．これはゴーグル型をしており，装着して見るだけで2色覚者の色判別が模擬できるため，より簡便なチェックを可能にしている．しかし，いずれもあくまで2色覚者の「弁別」の模擬であり，「見え方」を模擬しているわけではないし，チェックツールも万能ではない．

　いかなるタイプの色覚者に対しても確実に情報が伝わるのは，白黒（光の強弱）による情報の呈示である．白い紙に書かれた黒い文字は誰にでも見える．前述の見分けがつきにくい色の組み合わせで表示された図形などでも，細い線による輪郭や僅かな明暗の差があれば，少なくともそこに情報の境界があるということを伝えることはできるため，補助的に明暗の変化をつけることはかなり有効な補助手段である．

　結論すると，そもそも色の違いだけの見えにくい表示を作るべきではなく，また色だ

けで重要な情報を表示することは可能な限り避けるべき，ということになる。

━━━━━━━━━━━━━━━━━━━━━━━━━━━━━━━━━━━━━━━━━━━━━━━━━━━━━━━

ようなある領域の中で色を平均化する同化の作用（横方向の両矢印）の方が，対比（縦方向の破線矢印）より強く作用しているのではないかと考えられる。

このように，色の見え方は空間的な配置による影響を受けやすいため，メタメリズム（条件等色）など，色の見え方を厳密に評価する際には，比較する2色の背景を無彩色（灰色，黒など）に統一する，両者の面積を揃えるなど，刺激観察時の配置に細心の注意が必要である。

## 6 おわりに

これまでの説明で，色の見え方は物理的な量（スペクトル）あるいは心理物理量（色度）とは1対1で対応しないことはご理解頂けたのではないだろうか。冒頭で紹介したニュートンの言葉の通り「光線には色はついていない」のであって，色は観察者の頭の中で作られた概念に過ぎないということである。他者の見ている色と自分が見ている色が同じか，という有名な哲学的命題があるが，たとえば脳活動を詳細に観察することができたとしても何らかの違いが存在しそうだということはユニーク色に対応する色度や波長に個人差があることからも推測できる。

さらに，図3-7に示した錯視のように色と色の位置関係や，明示的に示されていない領域（図3-7(d)の点線）のような情報までが色の見え方に影響を及ぼすことから，色は脳の中でさまざまな情報を手がかりに作られていることがご理解頂けるだろう。詳細な言及は避けるが，領域の形状の効果として**記憶色**による影響も指摘されている。たとえば，バナナの形状を模した輪郭を見せるとその領域内が黄色っぽく見える，という現象として報告されている（Hansen et al., 2006）。

前節で紹介された色恒常性も，色順応や対比，記憶色といったさまざまな情報を総合して得られている現象であると考えられ，どれか一つの手がかりが希

薄になると別の要因を参照するなどしていると考えられ，どれが主要因であると結論することは不可能だろう。

逆に，色覚を持つ生物が色恒常性を失ってしまうと，照明光の変化によって誤って毒キノコを口にしてしまうといったことが生じうる。つまり色恒常性は生存に必須な機能であると考えられるため，順応や対比，記憶色といった現象はむしろ，色恒常性をできるだけ確実に成立せしめるために備えられてきた視覚情報処理能力の一端であるという見方ができるかもしれない。

〈サマリー〉

本章では色が見える仕組みについて駆け足で解説を行った。章の前半では，物理的な光の特徴を表す尺度である輝度・色度についてと，それに対応する生体側の背景について概説した。できるだけ平易な解説を試みたつもりだが，用語などが難解な場合には，章末に挙げた参考図書やハンドブック等を参照して頂きたい。

本章の要点は，後半に挙げた色恒常性や色対比／色同化のように，同じ輝度・色度の光でも周囲の環境・視覚系の順応状態・記憶などの要因で色の見え方は変容を受けるということ，すなわち，色の感覚は脳の中で決定されているということである。一方，脳内での色情報処理については，色の情報が脳内においてどのような形式の信号として流れているか，という基本的な問題についてすら明らかにされておらず，今後その解明が進むことで色を見る仕組みのモデルが徐々に確立されていくものと期待される。

〈もっと詳しく知りたい人のための文献紹介〉

内川惠二　1998　色覚のメカニズム——色を見る仕組み　色彩科学選書 4　朝倉書店
　⇨日本語で書かれており，内容も色覚全般にわたり網羅的である。カラーイラストが添付されていて見やすい。

Wiszecki G., & Styles W. S. 1982 *Color science: Concepts and methods, quantitative data and formulae*, 2nd ed. Wiley and Sons.
　⇨色彩工学・科学の基礎についてこれほど丁寧に記されている書籍は少ない。

英語だが，既修者には辞書のようにして使える。ソフトカバー版もあり。

〈文　献〉

Amano, K., Uchikawa, K., & Kuriki, I. 2002 Characteristics of color memory for natural scenes. *Journal of the Optical Society of America A*, **19**, 1501-1514.

Berlin, B., & Kay, P. 1969 *Basic color terms: Their universality and evolution.* University of California Press.

Craven, B. J., & Foster, D. H. 1992 An operational approach to colour constancy. *Vision Research*, **32**, 1359-1366.

Fairchild, M. D., & Lennie, P. 1992 Chromatic adaptation to natural and incandescent illuminants. *Vision Research*, **32**, 2077-2085.

Hanazawa, A., Komatsu, H., & Murakami, I. 2000 Neural selectivity for hue and saturation of colour in the primary visual cortex of the monkey. *European Journal of Neuroscience*, **12**, 1753-1763.

Hansen, T., Olkkonen, M., Walter, S., & Gegenfurtner, K. R. 2006 Memory modulates color appearance. *Nature Neuroscience* **9**, 1367-1368.

Hendry, S. H., & Yoshioka, T. 1994 A neurochemically distinct third channel in the macaque dorsal lateral geniculate nucleus. *Science*, **264**, 575-577.

Komatsu, H., Ideura, Y., Kaji, S., & Yamane, S. 1992 Color selectivity of neurons in the inferior temporal cortex of the awake macaque monkey. *Journal of Neuroscience*, **12**, 408-424.

Kuriki, I., & MacLeod, D. I. A. 1998 Chromatic adaptation aftereffects on luminance and chromatic channels. In C. M. Dickinson, I. J. Murray & D. Carden (Ed.), *John Dalton's colour vision legacy.* Taylor and Francis. pp. 73-83.

栗木一郎・仲泊聡・北原健二　2003　低酸素脳症の一症例における特異な色同時対比特性　*Vision*, **15**(4), 233-244.

Land, E. H., & McCann, J. J. 1971 Lightness and retinex theory. *Journal of the Optical Society of America*, **61**, 1-11.

Lennie, P., Krauskopf, J., & Sclar, G. 1990 Chromatic mechanisms in striate cortex of macaque. *Journal of Neuroscience*, **10**, 649-669.

Matsuno, T., Kawai, N., & Matsuzawa, T. 2004 Color classification by chimpanzees (Pan troglodytes) in a matching-to-sample task. *Behavioral*

*Brain Research*, **148**, 157-165.

Munker, H. 1970 *Farbige Gitter, Abbildung auf der Netzhaut und übertragungstheoretische Beschreibung der Farbwahrnehmung*. Habilitationsschrift, Ludwig-Maximilians-Universität, München.

Naka, K. I., & Rushton, W. A. 1966 S-potentials from luminosity units in the retina of fish (cyprinidae). *Journal of Physiology (Lond.)*, **185**, 587-599.

Newton, I. 1704 *Opticks*. Dover Publications.

Smith, V. C., & Pokorny, J. 1975 Spectral sensitivity of the foveal cone photopigments between 400 and 500 nm. *Vision Research*, **15**, 161-171.

内川惠二・栗木一郎・篠田博之 1993 開口色と表面色モードにおける色空間のカテゴリカル色名領域 照明学会誌, **77**, 74-82.

Uchikawa, K., & Sugiyama, T. 1993 Effects of eleven basic color categories on color memory. *Investigative Ophthalmology and Visual Science*, **34**, S745.

von Kries, J. 1905 Die Gesichtsempfindungen. In W. Nagel (Ed.), *Handbuch der Physiologie des Menschen*. Vol. 3. Vieweg-Verlag, Braunschweig. pp. 109-282.

Wachtler, T., Sejnowski, T. J., & Albright, T. D. 2003 Representation of color stimuli in awake macaque primary visual cortex. *Neuron*, **37**, 681-691.

# 4章　明るさの知覚

- 眼とカメラは違うと言われるが，どのように違うのだろうか？
- 明暗と白黒の違いは何か？

篠田博之

人間は明暗をどのように感じているのでしょうか。誰しもはじめに思うのは「明暗は目に入射する光の強度で決まる」というもの。しかしさまざまな明暗知覚現象を詳しく見ていくと，明暗がたんに光の物理的な強度のみで決まる知覚量ではないことに気づきます。人間の視覚系は 0.001 lx（ルクス）から 100,000 lx という $10^8$ 倍に変化する光環境に対応できます。光は「明るい・暗い」と表現し，物体表面は「白い・黒い」と表現します。その違いは何でしょうか。照明光の色や強度が変化しても物体表面の色や明度が変わったようには感じません。これを可能にしているメカニズムは？

この章では明暗知覚の時間特性や空間特性，明順応・暗順応，物体表面の明るさ知覚などを学びながら，そこに働いている視覚情報処理や視覚系の構造について理解を深めます。さまざまなデモを通じて自ら明暗知覚の現象を体験し，さらに輝度や照度などの実用的な単位系に関する知識も習得します。

## 1　明るさ知覚の時間特性

### （1）呈示時間が短い場合

背景から区別するためには明るさの違いがどれだけ必要か。これは増分閾値または減分閾値と呼ばれる。この増分閾値と呈示時間の関係を図 4-1 に示す。呈示時間 $t$ が長くなると閾値 $I$ が低下し，その後一定となる。これは視覚系に反応が時間的に足し合わされる仕組み（**時間加重，時間積分**）があることを意

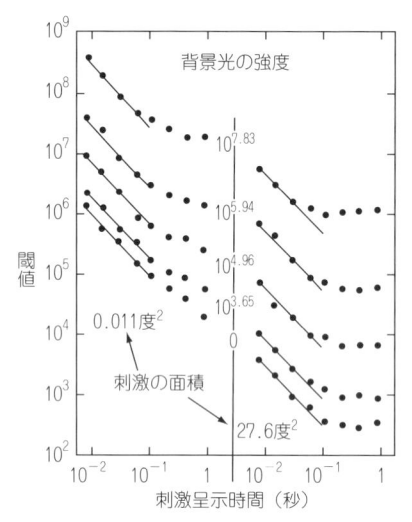

**図4-1　増分閾値測定における時間的足し合わせ**

左：テスト刺激0.011度$^2$，右：27.6度$^2$ [1]。
呈示位置：中心窩（網膜の中心部分）より6.5度，背景サイズ13度。
閾値と背景光の強度は単位時間1秒，単位面積1度$^2$あたりの光子数で表す。
（出所）　Barlow, 1958

味する。

　一般に時間加重は式(4.1)で表され，とくに $n=1$ となる場合は呈示時間と閾値が反比例し，時間加重が完全であると表現する。図中，傾き－1の直線で近似されている領域である。これは**ブロックの法則（ブロッホの法則）**（Bloch's law）または**ブンゼン・ロスコーの法則**（Bunsen-Roscoe's law）と呼ばれ，空間加重（空間積分）である**リコーの法則**（Ricco's law）と対比される。呈示時間が少し長くなると $0<n<1$ となり，時間加重は不完全となる。さらに長い呈示時間ではもはや時間的加重はなくなり閾値は一定となる（$n=0$）。

　　➡ 1　通常，刺激の大きさを網膜上で定義するために視角であらわし，単位は度（°）を用いる。

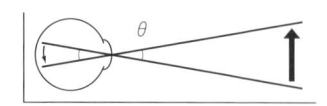

4章　明るさの知覚

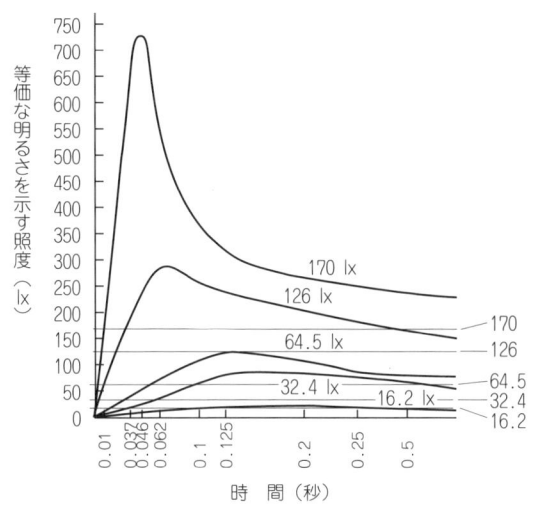

図4-2　短時間呈示刺激における
ブローカ・ザルツァ効果

（出所）　Blondel & Rey, 1911 をもとに作図

$$I \times t^n = 定数（ただし 0 \leq n \leq 1）\quad \cdots 式4.1$$

足し合わされる時間範囲は**臨界時間**（critical duration）または積分時間（integration time）と呼ばれ，この時間が長いほど多くの反応を足し合わせるため高感度となるが，逆に**時間分解能**[2]（時間解像度：temporal resolution）は低下する．図4-1から臨界時間は刺激が小さいほど長く，背景光強度の上昇にともなって短くなることがわかる．

光強度が十分な閾上のレベルでは時間的加重はごく短時間に限定され，むしろ短時間呈示刺激が定常刺激に比べて明るく知覚される．この明るさ強調効果を**ブローカ・ザルツァ効果**（Broca-Sulzer effect）（Broca & Sulzer, 1902；Blondel & Rey, 1911）と呼ぶ．図4-2はテスト刺激の呈示時間をさまざまに変

➡ 2　時間分解能（時間解像度）：光の点滅を速くしてゆくと，ある速さ以上になるともはや点滅ではなく定常的な光として知覚される．このように時間的にずらして呈示される刺激を分離して知覚する能力またはその限界のこと．

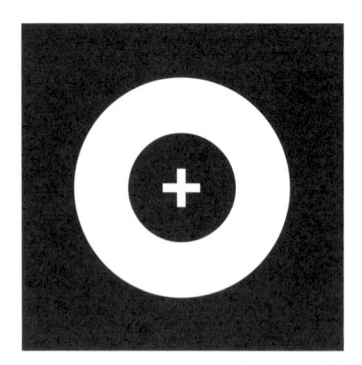

**図 4-3 色残像（継時色対比）のデモ**
しばらく左側の十字を見つめた後，右の十字に視点を移すとリング状の残像が知覚される。

えて定常的な参照刺激の明るさと比較した結果である。短時間呈示で明るさ強調効果が見られ，その後通常の明るさに収束している。明るさが最大となる呈示時間はテスト刺激が高輝度であるほど短く，低輝度では長い。ちなみに短時間呈示で右上がりとなる領域は時間加重である。

### （2） 呈示時間が長い場合

ある一点を固視し続けると周辺視野の刺激の明るさや色が褪せたり消失する（1章図 1-15（口絵）参照）。この**トロクスラー効果**（Troxler's effect, Troxler's fading）という現象は，刺激の周囲との輝度コントラストが低いほど，面積が小さいほど，呈示時間が長いほど，また呈示位置が中心窩（網膜の中心部分）から離れるほど顕著になる（Troxler, 1804；Clarke, 1960）。

長時間の刺激呈示に対しては一般に感度が低下する。これはいわゆる**順応**（adaptation）で，視覚に限らず多くの感覚系が共有する機構である。つまり一定の刺激を受け続けると感覚系の反応は下がる（感度が低下する）。色で言うと，赤い色を見続けると赤に対する感度が低下し，赤みが減少する。裏を返せば反対色の緑への感度が上昇し，直後に無彩色を観察すると緑を知覚する。これは**色残像**（after image）または**継時色対比**（successive color contrast）と呼ばれ，順応による副次的効果と言える。明暗に限定した残像（継時明暗対比）

のデモを図4-3に示す。明るい刺激を見続けると感度が低下し、その直後は暗い残像を知覚する。暗い刺激を見続けた場合はその逆である。明度知覚（物体表面の明るさ）の節でも詳しく説明するが順応は色や明度の恒常性に欠かせない機構である。

## 2 明るさ知覚の空間特性

### (1) 空間的足し合わせ，受容野

人間の網膜には約1億2,600万個の視細胞がある（**桿体**1億2,000万，**錐体**600万：3章参照）。しかし眼球を出て行く**視神経**の本数は約120万本と視細胞の1/100であり、網膜内でかなりの情報集約が起きていることがわかる。視細胞と**双極細胞**や**神経節細胞**などの上位の細胞は図4-4（左）のように「多一対一1」の接続になっており、一つの上位細胞に接続する視細胞の分布範囲を**受容野**（receptive field）と呼ぶ。この構造が空間的足し合わせ（**空間加重，空間積分**）を可能にする。つまり視細胞の反応を足し合わせて感度を上げるのである。

空間加重を示す実験例を図4-5に示す。参照刺激$L_C$と等しい明るさになるテスト刺激の輝度$L_T$をテスト刺激の面積$A$をさまざまに変えて求めた。縦軸は$L_T$と面積$A$の積であり、いずれの曲線も面積$A$の小さい領域では$L_T \cdot A$が一定となる。これは刺激に対する反応が空間的に足し合わせられることを示す。

空間加重は式(4.2)で表せ、$n=1$で完全な空間加重、$0<n<1$で不完全な空間加重、$n=0$で空間加重なしである。グラフ中に$n$の値が記されているが、面積$A$の増大にともなって$n$の値が1から0へと変化していることがわかる。

$$L_T \times A^n = 定数 \quad (ただし \ 0 \leq n \leq 1) \cdots 式4.2$$

臨界面積、つまり空間加重のある面積は受容野の大きさに対応する。図4-5から受容野は参照刺激が低輝度のとき大きく、高輝度のとき小さいことがわかる。光が弱いときは空間的に反応を寄せ集めて感度を上げ、光が十分にある

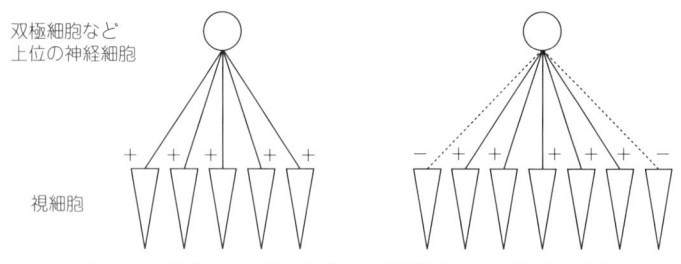

図 4-4　単純な受容野（左）と側抑制をもつ受容野（右）

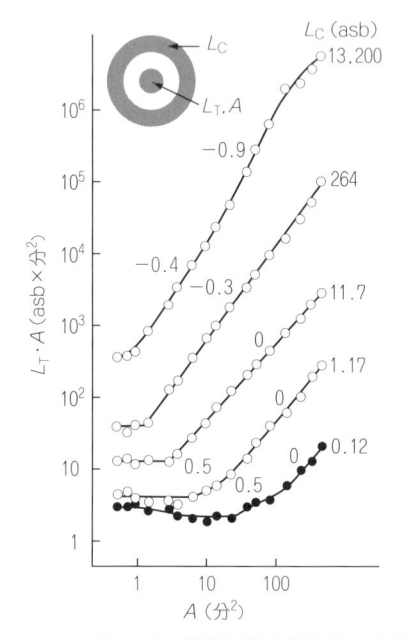

図 4-5　刺激面積の増分閾への影響

グラフ中の数字は式 (4.2) の指数 $n$。
1 アポスチルブ [asb] = 0.3183 cd/m$^2$。cd（カンデラ）/m$^2$ は輝度の単位。
面積 $A$（分$^2$）の 1 分は角度の単位で 1/60 度に等しい。
（出所）　Glezer, 1965

ときには感度よりも**空間分解能（視力）**を重視して小さな受容野になるのである。時間加重の説明の中で述べたように，感度と分解能はトレードオフの関係にあり，表 4-1 のように整理される。

表4-1 受容野と感度，分解能の関係

| 受容野 | 大きい受容野 | 小さい受容野 |
|---|---|---|
| 感度 | 高感度 | 低感度 |
| 分解能 | 低分解能 | 高分解能 |

(2) 側抑制受容野とエッジ（輪郭）強調

　図4-5でさらに面白いのは参照刺激が高輝度になると $n<0$ になることである。図4-4（右）に示すように外側に負の入力をもたらす受容野の構造があるためである。これは**側抑制**（lateral inhibition）と呼ばれる，知覚像の鮮明化や輪郭強調に関与する機構であり，さらに高い空間解像力をもたらす。図4-6の輪郭強調の例では，輝度は階段状に変化しているにもかかわらず（図中段），知覚では境界部分での輝度差強調が生じる（図下段）。これが側抑制の効果である。

　側抑制が関与する代表的な知覚現象として**同時明暗対比**（simultaneous brightness contrast）がある。図4-7の中央の灰色を分断して観察すると左右で異なる明るさの灰色に見える（白に囲まれた灰色は黒に囲まれたそれに比べて少し暗くなる）。同時明暗対比は**同時色対比**（simultaneous color contrast）の無

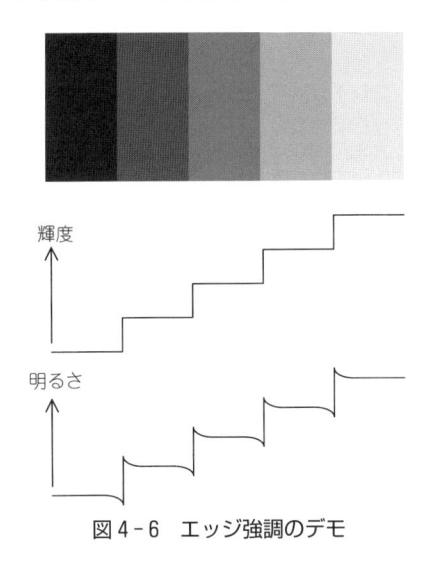

図4-6　エッジ強調のデモ

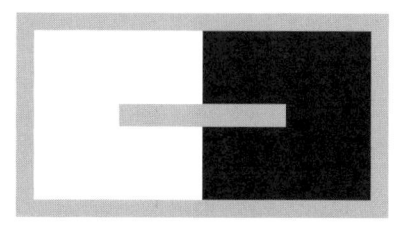

**図 4-7 同時明暗対比のデモ**
中央にペンや指を置いて分断すると明暗の違いがわかる。

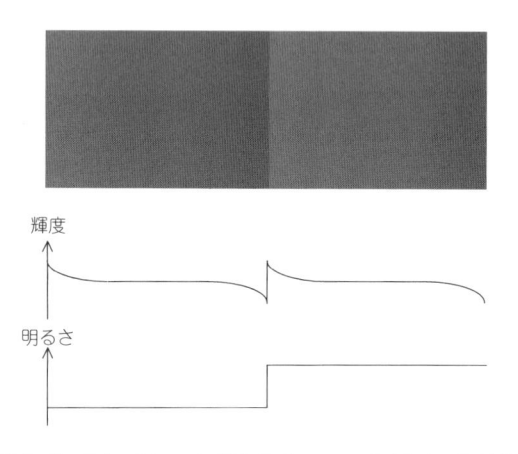

**図 4-8 クレイク―オブライエン―コーンスイート効果**
できるだけ近くで観察した方がよい。中央にペンや指を置いて境界部分を遮蔽すると等輝度であることがわかる。
(出所) Cornsweet, 1970

彩色バージョンであり，エッジにおける側抑制受容野の神経細胞の活動と図4-8の**クレイク―オブライエン―コーンスイート効果**（Craik-O'Brien-Cornsweet effect）で説明される。

図4-8では，左右で中央部分の輝度が同じであるにもかかわらず，エッジ部分の明暗の影響を受けて面全体の明るさが異なって見える（近づいて観察するとより顕著）。つまり，エッジ部分の明暗・色知覚が面全体の明暗・色を大きく左右する。以上から，同時対比は側抑制受容野により生じたエッジ部分の

明暗の強調が，面全体に及んだ効果であると解釈することができる。

## 3　暗順応と明順応

### （1）　明所視・薄明視・暗所視

　**瞳孔**は暗いと広がり（散瞳），明るいと小さくなる（縮瞳）。瞳孔径は2～8 mmの範囲で変化し，面積で16倍，つまり16倍の光量調節が可能となる。しかし0.001 lx（ルクス）から100,000 lxまで$10^8$倍にわたって明るさが変化する視環境に対応するには不十分である。このような幅広い明るさ変化に対応できるのは，感度の異なる2種類の視細胞が網膜にあるからである。高感度の**桿体**が働くようなレベルを**暗所視**（scotopic vision），**錐体**が機能するのに十分明るいレベルを**明所視**（photopic vision）と呼ぶ。錐体は感度がそれほど高くないために暗所視では光量不足で反応できず，一方の明所視では桿体にとっては光量が多すぎて反応できない。メーターで言うと針が振り切れている状態である。暗所視と明所視の間には錐体と桿体の両者が機能している**薄明視**（mesopic vision）というレベルがある。3つのレベルと照度との対応を図4-9に示す。色覚は3種類の錐体の反応によって生じるものであるから（3章を参照），色が見えるのは明所視と薄明視である。薄明視では照度が下がるにしたがって徐々に色が薄くなり，暗所視では完全に色覚を失って白黒の世界となる。

### （2）　暗順応曲線

　視覚系は最適な感度を保つべく視環境の明るさレベルに合わせてつねに感度を調整する。明るいレベルから暗いレベルへの変化に対応して感度上昇させることを**暗順応**（dark adaptation），その逆を**明順応**（light adaptation）と呼ぶ。直射日光のあたる屋外から暗い屋内に入ったとき，しばらくは暗くて見えないがそのうちに慣れて見えるようになる。これは暗順応。逆に暗い部屋から明るい屋外に出たときに一瞬まぶしいがすぐに見えるようになる。これは明順応である。一般的に明順応は速く，暗順応は遅く時間がかかる。

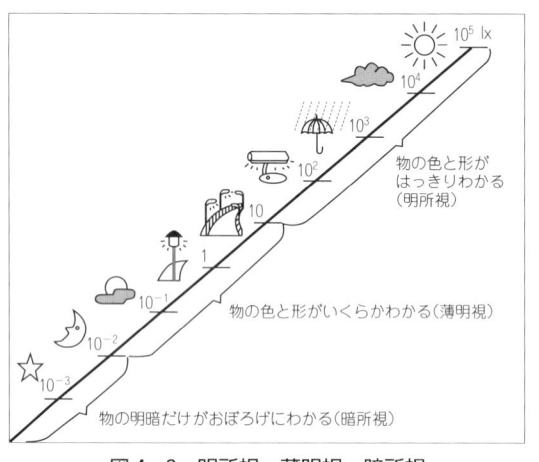

図4-9 明所視，薄明視，暗所視
（出所）池田，1998

　図4-10に暗順応過程の感度変化の様子を示す。グラフの縦軸が光覚閾値（知覚するために必要な最小限の光強度），横軸が経過時間である。直前に強い光（前順応光）を観察し十分に明順応しておき，時間軸の0分で前順応光を消して暗黒にし，それ以降は暗黒中で閾値を測定した。時間経過にともない閾値が低下（感度が上昇）している。前順応光が明るいほど最低閾値（最高感度）に達するまでの時間が長い。グラフは2本の曲線に分解することができる。暗順応過程の最初に現れ，短時間で最高感度に達する錐体の暗順応曲線と長時間かけて最高感度に達する桿体の曲線である。図4-10には前順応光が最も強い条件の暗順応曲線に対応させて両者の曲線を描いてある。実験では紫色の刺激を用い，色が見えた場合を黒塗りのシンボルで，色が見えなかった場合を白抜きのシンボルで区別している。錐体の曲線に重なる部分では色が見え，桿体の曲線部分では色が見えないことが示されている。

## （3）分光感度とプルキン工効果

　光覚閾値の測定より錐体と桿体の波長ごとの感度（**分光感度** spectral sensitivity）を求めると図4-11になる。横軸が波長，縦軸が感度（光覚閾値の

4章 明るさの知覚

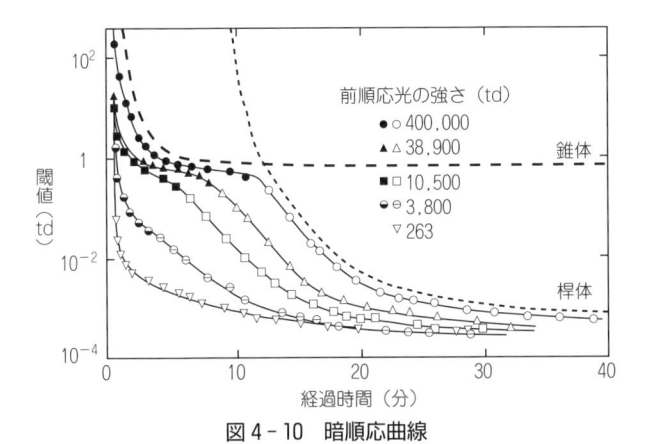

**図4-10 暗順応曲線**

網膜上鼻側30度の位置に紫色の刺激光を呈示して絶対閾値を測定。
1トロランド（td）は面積1mm$^2$の瞳孔を通して輝度1cd/m$^2$の刺激を見たときの網膜照度。
（出所）Hecht et al., 1937

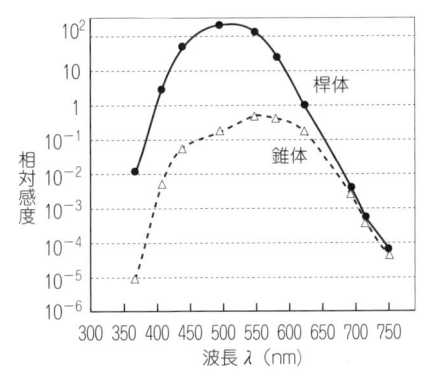

**図4-11 光覚閾値測定による桿体系と錐体系の分光感度**

網膜上の中心窩より8度上方に大きさ1度の刺激を呈示して閾値を求めた。
（出所）Wald, 1945

逆数）である。桿体の曲線は錐体の上に位置し，高感度であることがわかる。ただし長波長領域では錐体と桿体の曲線は重なり感度に違いがない。したがって，もし図4-10の暗順応曲線を紫色の短波長光でなく赤色の長波長光を用い

65

て求めると，2層の曲線ではなく，1本の曲線になってしまう。

図4-11の両曲線とも山型の形状だが，極大となる波長の位置が異なる。桿体は500 nm付近，錐体は560 nm付近にピークがある。これにより色に対する相対的な明るさに違いが現れる。錐体の働く明所視では，赤や黄が青や紫よりも相対的に明るく見え，桿体が働く暗所視ではその逆になる（もちろん暗所視では色は見えないが，相対的な明るさについて述べている）。実際，昼間ほぼ同じ明るさに見える赤い花と青い花が，夕方の薄明視になると，赤い花は黒っぽくなり青い花の方が相対的に明るく見える。これは**プルキンエ効果**（Purkinje effect）で，発見者であるチェコの解剖学者・生理学者のヨハネス・プルキンエ（Johannes Purkinje）の名前にちなんで命名された現象である。

（4） 標準分光視感効率と測光量

国際照明委員会（**CIE**, International Commission on Illumination, Commission Internationale de l'Éclairage）では，錐体と桿体の分光感度を**標準分光視感効率**（**標準比視感度** standard relative luminous efficiency function）ともいう）として定義し，**放射量**（radiometric quantities）から**測光量**（photometric quantities）を計算するための関数として利用する。標準分光視感効率は**明所視分光視感効率** $V(\lambda)$ と**暗所視分光視感効率** $V'(\lambda)$ があり，明所視と暗所視の測光量を計算するのに使い分けられる（図4-12）。$V(\lambda)$ と $V'(\lambda)$ はそれぞれ555 nmと507 nmで最大値1.0になるように正規化されている。

放射量と測光量はどちらも光の強度や明るさを表す単位系であるが，放射量は物理的な光強度を表すのに対し，測光量は人間の分光感度を考慮した心理物理的な明るさを表す単位である。測光量 $\phi_v$ を得るには，分光放射量 $\phi_e(\lambda)$ に分光感度である $V(\lambda)$ または $V'(\lambda)$ をかけて，その値を可視光領域の波長380～780 nmで積分する（式(4.3)）。ただし，明所視では分光視感効率 $V(\lambda)$，最大視感効率には $K_m = 683$[lm/W] を用いる。暗所視では分光視感効率に $V'(\lambda)$，最大視感効率には $K'_m = 1,700$[lm/W] を用いる。

4 章 明るさの知覚

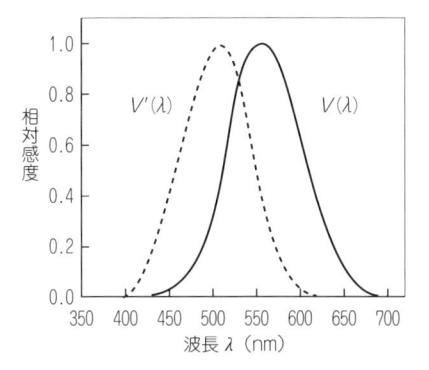

図 4-12 標準分光視感効率 $V(\lambda)$ と $V'(\lambda)$

表 4-2 代表的な放射量と測光量

| 放射量 (radiometric quantity) | [単位] | 測光量 (photometric quantity) | [単位] 読み |
|---|---|---|---|
| 放射束 (radiant flux) | [W] | 光束 (luminous flux) | [lm] ルーメン |
| 放射強度 (radiant intensity) | [W/sr] | 光度 (luminous intensity) | [cd] カンデラ |
| 放射輝度 (radiance) | [W/sr・m$^2$] | 輝度 (luminance) | [cd/m$^2$] |
| 放射照度 (irradiance) | [W/m$^2$] | 照度 (illuminance) | [lx] ルクス |

$$\phi_\mathrm{v} = K_\mathrm{m} \int_{380}^{780} \phi_\mathrm{e}(\lambda) V(\lambda) d\lambda \quad \cdots 式4.3$$

放射量と測光量の対応関係は表 4-2 に示され，表中のいずれかの放射量 $\phi_\mathrm{e}$ を式に代入すれば同一行の測光量 $\phi_\mathrm{v}$ が得られる。放射束は単位時間（1 秒間）にある面を通過する光のエネルギーであり，光束は放射束に対応する測光量である。光度は単位立体角 [sr] あたりの光束 [lm] であり，その単位 cd（カンデラ）は lm/sr に等しい。**輝度**は

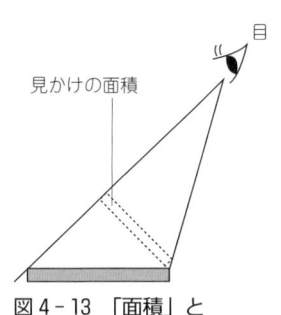

図 4-13 「面積」と「見かけの面積」

→ 3　sr（ステラジアン）は立体角の単位で，半径 1 の単位球の表面積のうち，その立体角がつくる円錐によって切り取られる部分の面積で定義される。

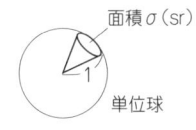

### コラム　新しい空間の明るさ感視票 Feu

　照明分野では，JIS（日本工業規格）照度基準に沿って，照度で光空間を設計・評価する。しかし近年LEDなどの新光源の登場，間接照明など照明方法の多様化で，照度と明るさ感が一致しないケースが増えた。

　筆者は明度恒常性と色の見えのモード（色の見え方による分類で，ここでは自発光しているように見える光源色モードと光を反射する表面として認識される物体色モードを考える）という2つの知覚現象に着目し「色モード境界輝度」による明るさ感評価法を確立した。被験者は自ら刺激の輝度を調整して物体色モードの上限に見える輝度に設定する。このときの知覚反射率は上限の1になっているはずで，視覚系内に「輝度 $L$ ＝照射光強度 $I$ ×反射率 $R$」を適用すれば，知覚反射率 $R'=1$ のときの輝度（色モード境界輝度）$L$ は照射光強度の知覚量 $I'$ そのものであることが分かる。さらに色モード境界輝度値はマグニチュード推定法で評価した主観的な明るさ感の2乗に比例することが確認されている。パナソニック電工は，視野の輝度分布から色モード境界輝度値を推定し，それを新しい明るさ感指標 Feu®（フー，フランス語で炎の意味）と名付け，部屋の明るさを Feu10，Feu18.6 などと定量的に表現する。Feu は新しい照明評価尺度として使われ始めたが，けっして照度が不要になる訳ではない。視認性などを左右する物理的な光量には照度が有用で，雰囲気などの主観的な明るさ評価には Feu が適する。要するに使い分けが重要で，図4c‑1のように照度と明るさ感（たとえば Feu 値）の2軸で光環境を評価すると新しい光環境が創造できる。これまでは「高照度＝明るい」であり，図の第2象限や第4象限の光環境は創造し得なかった。たとえば低照度でも Feu 値が高いと第2象限の環境となり，逆に高照度なのに Feu 値が低いと第4象限の光環境に

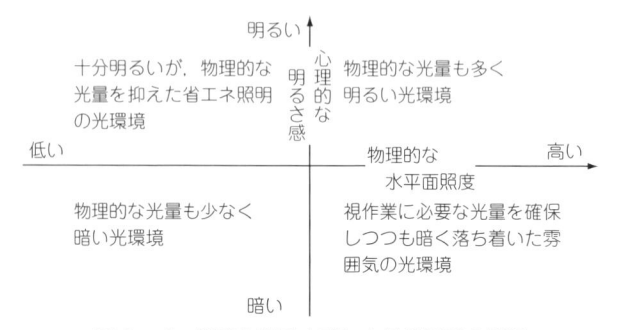

図4c‑1　照度と明るさ感による光環境の評価

なる。とくに第2象限は省エネルギー照明として注目されている。

　章の始めに「明暗知覚≠物理的な光量」と述べた。このように物理量と知覚量を分けて考えることは工学系技術者の発想にはないらしい。知覚研究の成果は工学や産業にとっても有益なのだ。研究成果が活用されるのを見ることは嬉しく、新しい発見をする喜びに劣らず研究を進める大きな原動力になっている。

光度を光源や照射面の見かけの面積（図4-13）で割った値と定義され、光源や面の明るさを記述する。照度は単位面積[$m^2$]あたりの光束[lm]であり、その単位 lx（ルクス）は $lm/m^2$ に等しい。**照度**はどれだけの光が降り注いでいるかを記述する測光量である。

## 4　明度知覚（物体表面の明るさ）

### （1）　明るさ知覚におけるスティーブンスのべき乗則と心理計測明度

　測光量の一つである輝度、しかし刺激の輝度が2倍になっても明るさは2倍になったように感じない。つまり心理的な明るさと測光量は比例関係にないのである。一般に、視覚のみならずさまざまな感覚量は対応する物理量のべき乗で表すことができる。これは**スティーブンスのべき乗則**（Steven's law）と呼ばれ、明るさ感覚では指数が約1/3となる。このべき乗則を利用して、明るさの感覚に忠実な尺度として**心理計測明度**（psychometric lightness）$L^*$ が式(4.4)で定義される。

$$L^* = \begin{cases} 116 \cdot \left(\dfrac{Y}{Y_0}\right)^{1/3} - 16 & \dfrac{Y}{Y_0} > 0.008856 \\ 903.29 \cdot \left(\dfrac{Y}{Y_0}\right) & \dfrac{Y}{Y_0} \leq 0.008856 \end{cases} \quad \cdots 式4.4$$

$Y$ は輝度、$Y_0$ は基準白色面の輝度であり、基準白色（$Y=Y_0$）のとき、$L^*$ は上限の100となる。明度は物体表面の反射率に対応する感覚量で、明暗というよりも、白さ黒さを表す尺度と言える。その上限100は反射率 $\rho=1.0$ の最高明

度の物体表面の明るさ（白さ）に対応する。

### （2） 明度の恒常性

　明度は物体表面の反射率に対応する感覚量である。同じ表面でも照明光の強度に比例して反射光強度が変化し，目に入射する光の強度も変化する。そのような状況で明度はどう知覚されるのか。図4‐14のように，白紙と黒紙を強い直射日光下で観察しても，室内の弱い白熱灯下で観察しても，白紙は白く，黒紙は黒く見える。物理的には白熱灯下の白紙の反射光に比べて，直射日光下の黒紙の反射光の方が強いこともある（図では $s_1(\lambda)\rho_2(\lambda) > s_2(\lambda)\rho_1(\lambda)$）。しかしけっして前者を黒，後者を白とは見ない。照明光の強度によらず表面の明るさが一定に保たれる現象を**明度恒常性**（lightness constancy）と呼ぶ。照明光の色変化に対しても，同様に表面の色の見えが保たれるが，こちらは**色恒常性**（color constancy）である（1章も参照）。明度恒常性や色恒常性から，知覚する色や明るさが，目に入る光の物理的な強度や分光組成ではなく，むしろ物体表面の反射率や分光反射率に対応する知覚量であることがわかる。

　明度恒常性に関与するメカニズムに順応と対比がある。順応の役割は感覚系への入力が大きく変化しても，感度を調整して，最終的な感覚・知覚量を一定の範囲内に収めて出力することにある。そのために明順応では低感度の錐体系に，暗順応では高感度の桿体に切り替える。また色順応では見続けている色に対する感度を下げ，反対色の感度を上げる。この順応により図4‐14の照明光 $s(\lambda)$ の影響が取り除かれる。

　もう一つは対比である。つまり視野内の輝度や色の比から反射率を抽出するもので，この考えを押し進めたものが**レチネックス理論**（retinex theory）である。詳細はこの書の範囲を超えるので基本的なアイディアのみ紹介する。たとえば図4‐15上段のような表面があるとき，一様な照明であれば輝度変化がそのまま反射率（明度）の変化になる（図4‐15中段）。ところが不均一な照明の場合，輝度変化には照明光と反射率の両者の変化が混在する（図4‐15下段では右から照明光が照射する場合）。しかし，エッジ部分のみの輝度比を取れば照

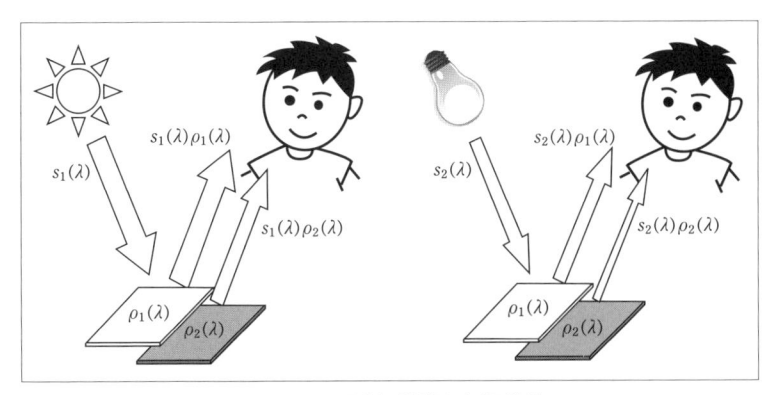

図 4-14 明度恒常性と色恒常性

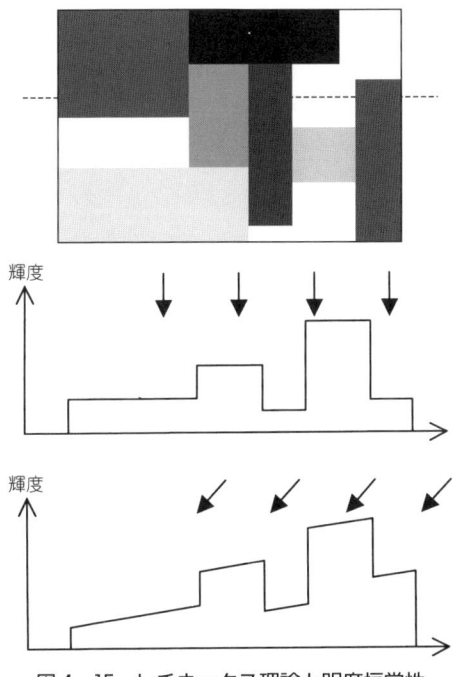

図 4-15 レチネックス理論と明度恒常性
上段破線での輝度分布，中段（一様照明），下段（右方向からの照明）
（出所）　Land & McCann, 1971

©1995, Edward H. Adelson

**図4-16 チェッカーシャドウ錯視**
異なる明度に見えるAとBはじつは同一輝度。
（出所）　Adelson, 2000
　　　　　http://web.mit.edu/persci/people/adelson/
　　　　　checkershadow_illusion.html

明構成分を除去して反射率比のみが取り出せる。なぜなら照明変化は緩やかでありエッジ部分の急激な輝度変化は反射率によるからである。このようにエッジ部分の情報が面の明暗や色を決定するのはクレイク―オブライエン―コーンスイート効果（図4-8）で確認したことと対応する。

### （3） 空間認知と照明光知覚

　明暗知覚（色知覚）や明度恒常性（色恒常性）にはより認知的なメカニズムも関与しており，むしろ現実的な場面ではそちらの影響力が大きい。興味深いデモからそれを確認してこの章を閉じたい。一つ目はチェッカーシャドウ錯視（checker shadow illusion）である（Adelson, 2000）。図4-16のAとBは同一輝度であるが信じられるだろうか。もう一つは図4-17のクニル―カーステン錯視（Knill & Kersten's illusion）である（Knill & Kersten, 1991）。図4-8の上下に少し細工をして立体的な円筒に見せることで，クレイク―オブライエン―コーンスイート錯視が消失してしまう。両者の錯視は，物体表面の明暗知覚（色知覚）が，表面のパターン，立体認識，照明や影の認識に大きく依存していることを示している。輝度変化を，反射率の違いと解釈するか，立体構造と

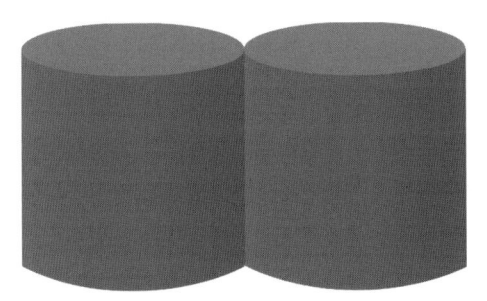

**図4-17 クニルーカーステン錯視**
立体的に見せることでクレイク―オブライエン―
コーンスイート錯視が消失。
輝度分布は図4-8に同じ。
（出所） Knill & Kersten, 1991

解釈するか，照明や影の違いと解釈するかによって，見え方はまったく異なったものになるのである。

〈サマリー〉

　視覚系は優れたシステムである。光量が少なければ時間的，空間的に反応を寄せ集めて感度を上げる（時間加重，空間加重）。光量が豊富であれば，感度よりも解像力を優先したシステムに切り替える。また明・暗順応で学んだように，0.001〜100,000 lxといった幅広いレンジの光環境に対応するため，高感度の桿体と色覚を可能にする錐体のシステムを使い分ける。

　光は明るい暗いと表現するのに対し物体表面の明暗は白い黒いと表現する。これは照明光の強度によらず表面の明暗の知覚が保たれる「明度恒常性」に通ずる。つまり物体表面を観察するときは目への入射光強度ではなく，表面の反射率に対応した明暗知覚がなされる。恒常性の背後には順応や対比，さらに空間認知や照明光の理解などさまざまな仕組みが働いていることも学んだ。加えて，照度や輝度などの測光量についても触れ，知覚実験を行う際にかならず使う単位系についての知識も得た。

〈もっと詳しく知りたい人のための文献紹介〉

篠田博之・藤枝一郎　2007　色彩工学入門　森北出版
　　⇨明暗知覚や色覚を視覚系の構造や光学的な観点からも解説。マンセル,

XYZ, LAB などの表色系（色を表す単位系）と光源やディスプレイなどのハードウェアについての情報も豊富で，心理実験で刺激を扱うのに必要な情報が網羅されている。

Goldstein, E. B. 2001 *Sensation and perception*, 6th ed. Wadsworth Pub. Co.
⇨視覚を中心に聴覚や触覚などさまざまな感覚・知覚について書かれた入門書。デモや付録も豊富で，心理学や生理学などの知識がなくても学べるように配慮されている。英語も比較的平易で知覚心理学と英語の勉強に一石二鳥の書籍。

〈文　献〉

Adelson, E. H. 2000 Lightness perception and lightness illusions. In M. Gazzaniga. (Ed.) *The new cognitive neurosciences*, 2nd ed. MIT Press. pp. 339-351.

Barlow, H. B. 1958 Temporal and spatial summation in human vision at different background intensity. *Journal of Physiology*, **141**, 337-350.

Blondel, A., & Rey, J. 1911 Sur la perception des lumières brèves à la limite de leur portée. *Journal de Physique Théorique et Appliquée*, **1** (1), 530-550.

Broca, A., & Sulzer, D. 1902 La sensation lumineuse en fonction du temps. *Journal aux Physiologie et Pathologie General*, **4**, 632-640.

Clarke, F. J. J. 1960 A study of Troxler's effect. *Optica Acta*, **7**, 219-239.

Cornsweet, T. 1970 *Visual perception*. Academic Press.

Glezer, V. D. 1965 The receptive fields of the retina. *Vision Research*, **5** (9), 497-525.

Hecht, S., Haig, C., & Chase, A. M. 1937 The influence of light adaptation on subsequent dark adaptation of the eye. *The Journal of General Physiology*, **20**, 831-850.

池田光男　1998　視覚の心理物理学　森北出版

Knill, D., & Kersten, D. 1991 Apparent surface curvature affects lightness perception. *Nature*, **351**, 228-230.

Land, E. H., & McCann, J. J. 1971 Lightness and retinex theory. *Journal of the Optical Society of America*, **61** (1), 1-11.

Troxler, D. 1804 Über das Verschwinden gegebener Gegenstände innerhalb unseres Gesichtskreises. *Ophthalmol. Bibliothek*, **2**, 1-53.

Wald, G. 1945 Human vision and the spectrum. *Science*, **101**, 653-658.

# 5章 運動視

- 動きの知覚（運動視）はどのように研究されてきたのか？
- 運動視の仕組みはどのようになっているか？

蘆田　宏

　本章では運動視，すなわち動きの知覚について考えていきます。私たちの視覚は高度に発達し，複雑な形や色を見分けることができますが，進化的に考えると，視覚はもっと単純な変化の検出に始まり，対象や自分自身の動きを知るために使われてきました。ハエの視覚系は単純で四肢の制御に直結しているのですが，その網膜での動き検出は霊長類の大脳で行われるものと原理的にそれほど違わないと考えられています。環境中を動き回る動物において，動き情報の把握は視覚のたいへん重要な基本的機能であり，進化の過程で形を変えつつも綿々と受け継がれているようです。

　心理学者にとっても，動きの知覚は古くから関心の対象となり，さまざまな運動視現象が研究されてきました。現代の生活に深く根付いたテレビや映画などの動画も運動視と深い関係にあります。本章では，わたしたちがどのように動きを見ているのか，いろいろな知覚現象とともに考えていきましょう。

## 1　心理学は運動視をどのように研究してきたのか

　運動視に限らず，知覚心理学では興味深い現象・刺激が研究を進める動機や道具になることが多い。ここでは，歴史的な経緯にもふれながらいくつかの基本的な運動視現象について見ていきたい。

## （1） 運動残効：動きへの順応効果

　流れ落ちる滝を見続けると，そのあとで横の岸壁や木々が上昇しているように見える，**運動残効**（motion aftereffect）[1]が生じる。古くはアリストテレスの書籍にも記述があり，アダムス（Addams, R.）によるネス湖畔フォイヤーズの滝での観察記録の影響か，一般に**滝の錯視**とも呼ばれる。近くに滝がなければ，映画のスタッフロールが止まったときなどにも体験できるので試していただきたい。運動残効は形や位置とはある程度独立して観察され，動きという属性が独立に情報処理されることを示唆している。順応によって一方向への運動検出器の応答が下がって逆方向への動き信号が相対的に強くなるため，止まったものが逆方向に動いて見えると考えられている（図5-1）。これまでに数多くの研究がなされ，今も続いている。近年では，静止しているとは限らない，いろいろなテスト刺激に対して観察される残効を調べることで，動き情報処理の階層性が明らかにされてきた[2]（Mather et al., 2008）。

## （2） 古典的仮現運動

　ものを少しずらして描いた絵を続けて見ると動いて見える。図5-2のように，黒い円が左に見え，いったん消えて右に現れると，それは左から右へ動いたように見える。実際に黒円が動くわけではないので，本当の動きである**実際運動**（real motion）と区別して**仮現運動**（apparent motion）と呼ばれる。とくに，図5-2のように孤立要素が一度に大きく動く場合を古典的仮現運動という（コラム参照）。

　条件がよければ，移動する要素の中間には何も表示されないのに，実際運動と変わらないくらい明瞭な動きと，軌道までが知覚される。動きがきれいに知覚されるためには，移動距離，刺激強度（明るさ），各要素の提示時間，時間間隔などの条件を調節する必要があり，それらの関係を示したのが**コルテの法**

---

➡ 1　運動残像（motion afterimage）ということもあるが，現在では主流でない。
➡ 2　例えば，周期的に位相反転する縞をテストに用いると高次の運動統合処理の特性が反映されやすい。

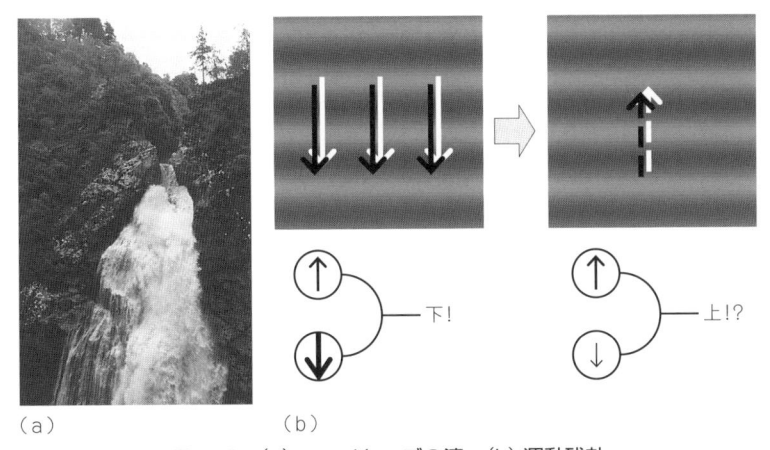

図5-1 (a) フォイヤーズの滝　(b) 運動残効

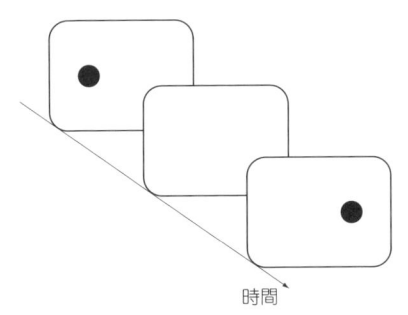

図5-2 古典的仮現運動

則 (Korte, 1915) である。他の条件が一定だとすると，Ⅰ．刺激が強いほど長い移動距離が適している（またはその逆），Ⅱ．時間間隔が短いほど強い刺激強度が適している（またはその逆），Ⅲ．移動距離が長いほど長い時間間隔が適している（またはその逆），Ⅳ．時間間隔が長いほど長い提示時間が適している（またはその逆），などの法則が示されている。Ⅲはコルテの第三法則としてとくによく引用される。

　20世紀前半の**ゲシュタルト心理学**（1章参照）の創始者の一人，ヴェルトハイマー（Wertheimer, M.）は仮現運動を$\beta$運動と呼び，実際運動の知覚と質的

には違わないと考えた（Wertheimer, 1912；吉村，2006も参照）。一方，最適なβ運動より少し速い場合などに，形ある対象の動きではなく，純粋に動きだけが感じられることをφ（ファイ）現象と呼んだ。ゲシュタルト（Gestalt）はドイツ語で形を意味し，彼らは知覚の全体性を重視したので，個々の絵にない動きが一連の観察で現れる仮現運動は，その理念とよく合致したのであろう。また，古典的仮現運動を，後述する短距離運動と対比して長距離運動（long-range motion）と呼ぶこともあるが，現在では，再び両者にかならずしも質的差異があるわけではないと考えられている（Cavanagh & Mather, 1989）。

（3）ランダムドット・キネマトグラムと短距離運動

図5-3のようにランダムなノイズパタンの一部を少しずらして貼り付け，もとのパタンと続けて見せると，ずらした領域が動いて見え，一瞬その形がわかる（図5-2ではコントラストを変えて正方形がわかるようにしてあるが，実際は動きがないと見えない）。これは**ランダムドット・キネマトグラム**（random dot kinematogram；RDK）と呼ばれ（Julesz, 1971[3]），両眼立体視のためのランダムドット・ステレオグラム（6章参照）と同様，動きが形と独立に知覚されうることを示している。

RDKの移動距離が大きくなると，動きがはっきりと見えなくなる。その限界は古典的仮現運動の移動距離よりずっと小さいため，**短距離運動**（short-range motion）とも呼ばれる。短距離運動と長距離運動には別の検出メカニズムが働くと論じられた（Braddick, 1980）こともあるが，RDKの場合は背景のノイズによって動きが紛らわされるという大きな違いがあり，一概にメカニズムの違いを示しているとは言えない（Cavanagh & Mather, 1989）。

---

➡ 3　ユレシュ（Julesz, B.）はランダムドット・シネマトグラム（random dot cinematogram）と表記したが，キネマトグラムのほうが多用されてきた。

フレーム1　　　　　　　　　フレーム2

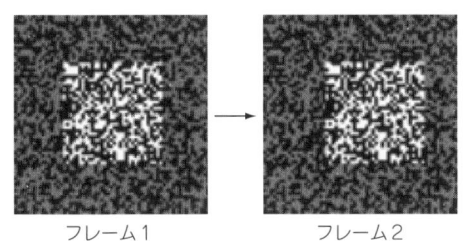

図5-3　ランダムドット・キネマトグラム

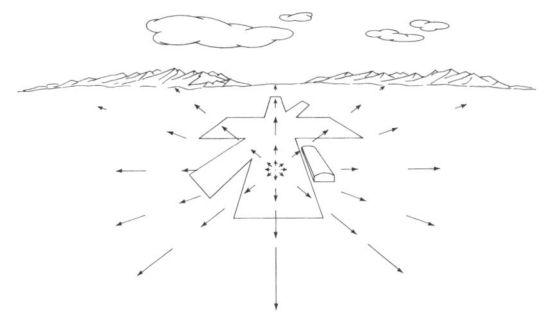

図5-4　飛行機が着陸するときの網膜像上の
　　　　オプティカルフローパタンの例

（出所）Gibson, 1979

（4）オプティカルフロー

　20世紀後半の知覚心理学に大きな影響を与えたギブソン（Gibson, J. J.）の生態光学（ecological optics）においては，環境中に存在する，視点変化などで網膜像が変わっても変化しない情報（**不変項**）をとらえるのが知覚の役割であるとされた（Gibson, 1979）。とくに，視野中の動きの分布は自己運動の認識と制御などのための重要な手がかりとして重視され，そのような動きの全体的なパタンは**オプティカルフロー**[4]（optical flow またはオプティックフロー，optic flow）と呼ばれる（図5-4参照）（12章も参照）。

　現在では，ギブソンへの賛否にかかわらず，オプティカルフロー分析という

---

➡ 4　「光流動」と訳されることもあるが，まったく異なる意味にもなる。

考え方が諸分野で採り入れられている。心理学や電気生理学の実験では，ランダムドットを用いて単純化したものがよく用いられる。

## 2 脳は動きをどのように捉えるか

### (1) 局所的運動の検出モデル

　ヒトを含む霊長類では，大脳皮質の**第一次視覚野**（**V1**）から運動情報処理が始まる。多くの V1 神経細胞は特定の方位（傾き）の線分や縞に応答し（方位選択性），その多くは線分などが特定の方向に動くときによく応答する（方向選択性）。つまり，多くの V1 神経細胞は最適方位に直交する方向への一次元的な動き（たとえば縦の線分なら横方向の動き）を捉えることができる。

　図 5-5 (a) の上に示したように灰色の縦棒が左から右へ移動していく場合，下のように横軸を位置，縦軸を時間にとって図示すると（**時空間図**という）斜線が描ける。この動きを捉えるには，図に示したように 2 地点の受容器を結び，一方が刺激されて一定時間後に他方が刺激されると応答が出てくるようにすることが考えられる。これが時空間的な相関をもとに動きを計算する**相関法**の基本原理である。あるいは，図の右下にあるように，中心に長い興奮領域，両端に抑制領域を持つ受容野を考えると，線の傾き方位検出と同じように，**時空間傾き検出**によって動きが捉えられる。仮現運動の移動前後でコントラストを反転させる（移動するたびに白黒が反転する）と逆方向へ動いて見える**リバース・ファイ**（Anstis & Rogers, 1975）という現象は，このような受容野を本来とは逆の右上から左下にたどる動きとして理解できる。さらに，図には示していないが，速度を時間的傾きと空間的傾きの比で計算する**勾配法**の考え方もある。これらは数理的な意味が異なるが，実際神経回路による実現はかなり似たものとなり，どれが正しいという決め手はまだない。

　図 5-5 (a) の傾き検出器では，縦棒が受容野内のどこを通っているかによって応答が一定せず，反転する場合もある。そのため，**運動エネルギーモデル**（Adelson & Movshon, 1982）では偶関数型と奇関数型の受容野の応答を自乗し

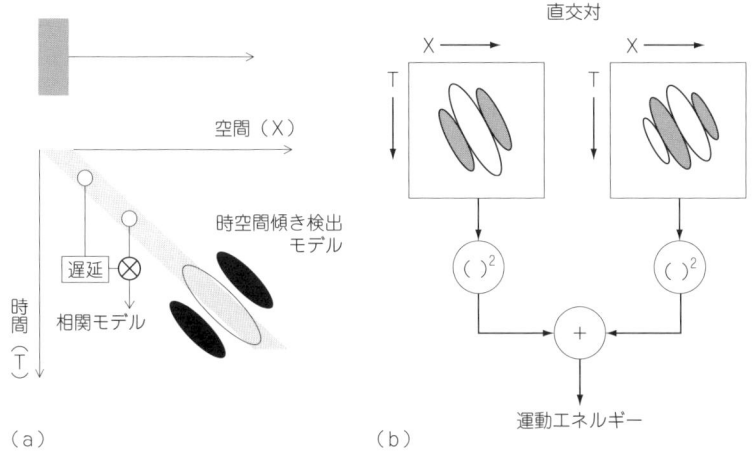

図 5-5 (a) 時空間図と動きの検出 (b) 運動エネルギーモデル
((b)の出所) Adelson & Bergen, 1985

て加えることで安定した応答が得られるようになっている[5]（図 5-5 (b)）。また，多くのモデルで，反対方向の情報を拮抗させることでより安定した運動情報を得る反対運動メカニズム（motion opponency）を考えるのが一般的であり，それは先述の運動残効の説明ともうまく合う。

## （2） 輝度変化に基づかない動きの知覚

　輝度や色のように，各点だけで決まる情報を一次の情報とすると，複数の点の関係で決まるテクスチャ（肌理）などは，二次，あるいはさらに高次の情報ということができる。通常，動きは一次情報である明るさ（輝度）の変化を伴い，**一次運動**（first-order motion）という。図 5-6 (a) のような縞が動くのは典型的な一次運動である。二次以上の情報の変化に基づく動き二次運動（second-order motion）も知覚することができ（Cavanagh & Mather, 1989），**振幅変調**（amplitude modulation, AM）波の動きはその一例である。図 5-6 (b)

➡ 5　直感的には，$\sin^2 x + \cos^2 x = 1$ であるため自乗和によって応答が位置 $x$ に依存しなくなることが理解されよう。

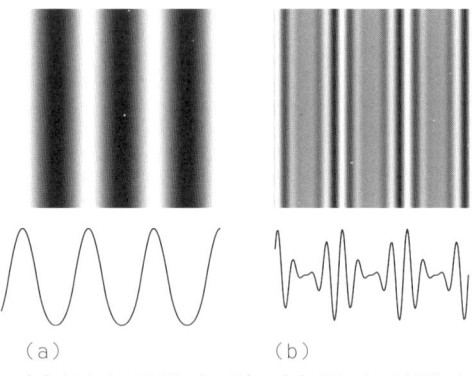

図5-6 (a) 輝度変調刺激（一次）(b) 振幅変調刺激（二次）
(注) 下の曲線は輝度変化の様子を示す。

では振幅（コントラスト）の高低が縞状に変化している。この細い縞が止まったままで振幅変化だけが動いていくと二次運動になる。

　先述した運動検出モデルの多くは，そのままでは二次運動を検出できない。そのため，動き検出の前に信号の整流処理など非線形変換が加わる二次運動経路が別にあると考えられる。日常場面で純粋な二次運動を見ることはまずないが，二次情報の分析によって動きの情報がより確かになる。迅速かつ正確な動き情報の把握はときに生死にかかわるので，そのような冗長なメカニズムが役に立つのかもしれない。また，輝度が一定で色だけが違う刺激は一次刺激といえるが，輝度差に基づく検出器と別のメカニズムが働くのかどうかなど，まだ議論が続いている。

### (3) 動きと注意

　動きの情報は自動的に注意を捕捉しやすい。13章で紹介される変化の見落としのように，明らかな違いに気づくのが難しいことがある。しかし，2つの絵を間に空白を入れずに交互に見ると，違いのある部分が動いてたちどころにわかってしまう。

　逆に，動きの知覚にトップダウンの注意が関与することもある。図5-7のように4つの小円を交互に見せると，とくに注意を向けなければ時計回り，反

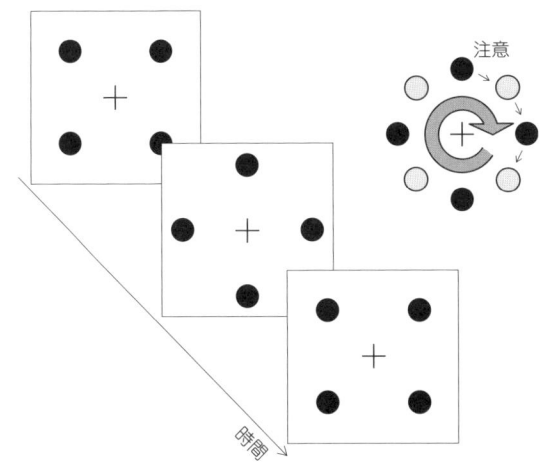

図5-7　注意による追跡

時計回りのどちらともつかず行ったり来たりして見える。しかし，右上図のようにどれか一つの小円に対して**注意による追跡**（attentive tracking）を行うと，しばらくは全体がその方向に回転して見える。右上図では便宜上小円の色を変えてあるが，実際は同じ色でよい。眼で追ってもよいが，少し練習すると中央を見たまま，注意だけで追っていくことができる。

　なお，ヴェルトハイマーは仮現運動における注意の関与をすでに指摘していた。ゲシュタルト心理学者の慧眼を示す一例であるが，その後，知覚研究において注意の問題は避けられるようになってしまい，再び脚光を浴びるようになったのは1980年代以降になってからである。

## 3　視覚運動情報の統合

### (1)　なぜ統合が必要か

　端が見えない長い線分を窓から見ても本当の運動方向がわからないことを**窓問題**（aperture problem）という。図5-8の左上の円は縞模様を丸い窓から覗いた様子を示している。この場合，縞に直交した右下への動きが知覚されがち

であるが，本当の動きは矢印に示されるいろいろな方向のうちどれかわからない。ここで，動きを，速さを矢印の長さで示すベクトルとして表し，右下のように可能なベクトルの始点をそろえてみる。ベクトルの終点は点線で示される斜め方向の線上に並び，これが動きの拘束線となる。運動検出のための神経細胞にとっても，限られた受容野は窓のようなものなので，このような曖昧性が生じる。それを解決するには1ヶ所で多くの細胞から，あるいは広い範囲の細胞からの情報を統合する必要がある。

(2) 二次元的な運動方向の決定

運動の統合についての研究でよく用いられるのが，スコットランドの織物のようなプラッド（plaid）刺激である。視覚研究では2つの正弦波状の縞を足し合わせて作ることが多く（図5-9(a)），織物とは違い縞が斜めに交わることもある。

図5-8のように一次元の縞は端点以外では一つの拘束線しか持たないが，プラッドには2つの縞があるので，動きの方向は**拘束線の交点**（Intersection Of Constraint, IOC）によって決められる（図5-9(b)(c)参照）。一方，2つのベクトルの和で全体を表すことも考えられる。図5-9(b)の**タイプⅠプラッド**（type I plaid）ではIOC解とベクトル和が一致する。しかし，図5-9(c)の**タイプⅡプラッド**（type II plaid）ではIOC解とベクトル和が一致しない（ベクトル和は描かれていないが右下へ向かう）。この場合，知覚としてはIOC解が妥当であるが，実際には若干ベクトル和方向にずれて見える（Ferrera & Wilson, 1990）。

オオウチ錯視図（2章の図2-19）では，眼や本の動きに伴って内円がゆらゆら動いて見える。とくに斜め方向に動かすと効果が高まる。この格子模様はぼかしてみるとまさにプラッドであり，斜めに動かすとまさに図5-9(c)のタイプⅡプラッドの状況になる。オオウチ錯視図では内円部と外側のパタン方向が違っており，それぞれ少しずつ違う方向へ動いて見えるために錯視が起こると考えられる（Ashida, 2002）。

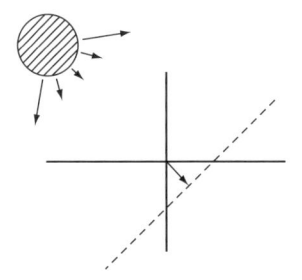

図5-8 窓問題と拘束線
（出所）Adelson & Movshon, 1982

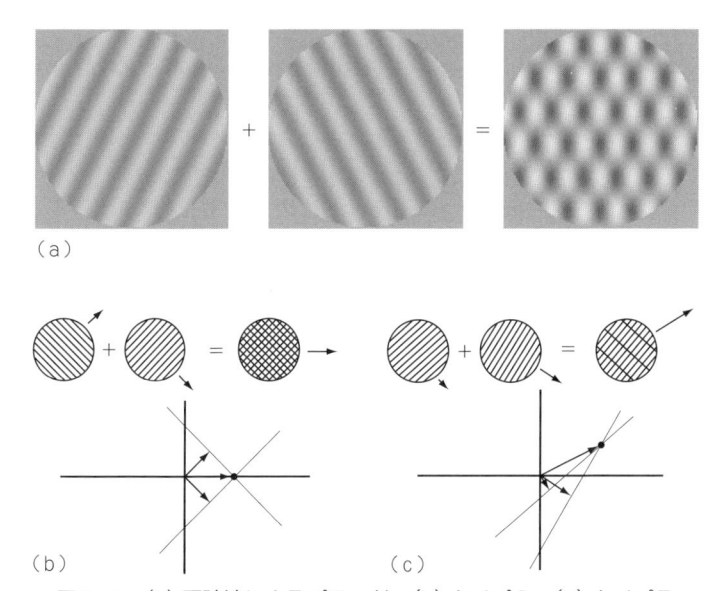

(a)

(b)　　　　　　　　　(c)

図5-9 （a）正弦波によるプラッド　（b）タイプI　（c）タイプII
（出所）b, c は Adelson & Movshon, 1982

**床屋のポールの錯視**（barberpole illusion）も運動の統合と関係している。ポールが横方向に回転しているのに巻き上がっていくように見えるのは，縞の中央部では方向が定まらず，左右端における上向きの動きが統合に強く働くからであろう。

相関なし　　　　　　　50％相関　　　　　　100％相関

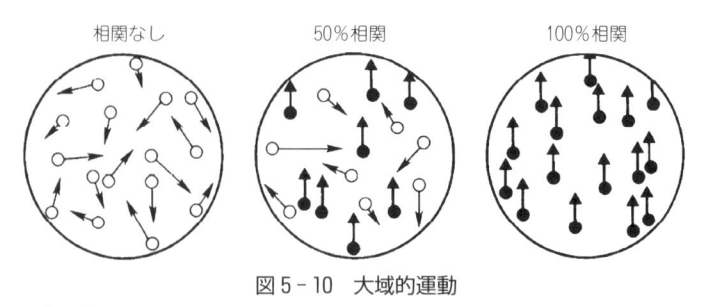

図5-10　大域的運動

(出所)　Newsome & Pare, 1988

### (3) 運動信号の大域的な統合

運動知覚においてはより大域的な相互作用と統合がさまざまな形で生じるが，ここではよく知られる例のみをいくつか挙げておきたい。

月にかかった雲が動くとき，月が逆方向に動いているように見えることがある。このように動き情報が互いに反発しあうのが**誘導運動**（induced motion）あるいは**運動対比**（motion contrast）である。枠が動くと中の対象が逆に動いて見えることが多い。逆に，動かない対象が周りの動きに引っ張られることもあり，**運動捕捉**（motion capture）[6]あるいは**運動同化**（motion assimilation）という。対比に比べて同化は起こりにくく，人為的に対象を見えにくくするなどの操作が必要となる。

違う方向へ動く2つの面が重なって見えるランダムドット刺激を作ることができ，そのような状況を**運動透明視**（motion transparency）という。隣り合うドットがかならず逆方向へ動くように配置すると2つの面がきれいに分かれて見えないので，運動透明視は局所的に偏りがある運動信号が広範囲に統合される過程で生じると考えられている（Qian et al., 1994）。

局所的な動きは統合され，上下左右などの直線的な動き，あるいは回転，拡大・縮小などの**大域的運動**（global motion）として知覚される。大域的運動は多少のノイズがあっても知覚でき，その諸特性を調べるために，まばらなラン

---

➡6　人の動きをコンピュータに取り込む「モーションキャプチャ」が一般化したため，この用語は避けたほうがいいかもしれない。

ダムドット刺激がよく用いられる（図5-10）。さらに，運動情報の統合は奥行き知覚の重要な手がかりにもなる（6章を参照）。

### （4）運動視を支える脳内経路

霊長類において，V1から直接，あるいはV2を介して**MT野**[7]へ，そして頭頂葉へと向かう**視覚背側経路**は動きに敏感であり，運動視を支える主経路であると考えられている。その経路を進むうちに情報の統合が進むと考えられるが，まだ不明な点が多い。ヒトでは後頭葉と側頭葉の間あたりにあるMT野は運動視のもっとも重要な中枢と考えられており，その付近の損傷によって動きだけが感じられなくなる運動盲（motion blindness/akinetopsia）患者の例も報告されている（Zihl et al., 1983）。また，背側経路は視覚運動協応を支えており，動き情報が無意識のうちに姿勢制御などに用いられている。

サルを用いた電気生理学的実験では，MT野の次の段階にあたるMST野において大域的なオプティカルフローに応答する細胞があることが知られている（Tanaka & Saito, 1989）が，ヒトではまだよくわかっていない。また，V1からV4を経て側頭へ至る視覚腹側経路は主として形態や色の情報を扱うと考えられているが，動きには関与しないのかどうか，まだ明確な答えは出ていない。

## 4　運動視が支える事象の知覚

運動視の目的は，大きく分けると，自己運動の認識と制御，そして外界の事象の認識という2つであるといえるだろう。前者については12章で説明されるので，ここでは後者について少し考えてみたい。事象といっても幅広く，多くは知覚というよりむしろ認知・推論の問題かもしれない。その境界は明確ではないものの，ある種の基本的な事象の把握は「知覚」といえる側面を持ってお

---

→ 7　もとは middle temporal の略であるが，種によって位置が異なるので略号としては意味がなく，MTという名称と考えた方がいい。複合領域としてMT＋と呼ぶことも多い。

り，それは運動視と密接にかかわっている。

### （1） 動くものの位置と慣性

　質量がある物体には慣性が働き，すぐには止まれない。同様に，画面上で動くものが突然消えると，消えた位置より先まで進んだように見えることがあり，表象的慣性（representational momentum）と呼ばれる（Freyd & Finke, 1984）。重力方向の影響など実際の物理事象を反映している面もある一方，追従眼球運動に大きく依存するなど，物理的性質とは関係ない面もある。13章で紹介されるフラッシュ・ラグとも似ているといえるだろう。また，静止した窓の中に動きが見える場合，窓全体が動きの方向へずれて見えることがある（Ramachandran & Anstis, 1990）ように，動きはいろいろな形で位置の知覚に影響するが，まだ統一的な説明はできていない。

### （2） 生物の動きの知覚

　私たちは非剛体的な生物の動きに敏感である。ヨハンソン（Johansson, G.）は，人体に小さな光点をつけて暗黒中で動く様子を撮影した動画を作成し，関節点などごく少数の光点の動きだけで人間の動きがよくわかることを示した（Johansson, 1973）。これを**バイオロジカル・モーション**（biological motion）と呼ぶ（図5-11）。人間というだけでなく，動作の内容や，性別，表情，感情までわかる場合さえある。そういう意味で，これはたんなる奥行きや形だけではなく，他者に関する社会的な事象の知覚に及ぶともいえるだろう。また，ヒトばかりでなく他の動物の動きもよくわかることも，獲物や敵として認識する必要を考えると不思議ではない。

### （3） 因果性や意図の知覚

　図5-12のように，2つの円が左右から動いてきて，一度重なってまた左右へ進んでいく場合，それぞれがまっすぐ進んで交差（通過）していくように見える場合と，ぶつかって反発していくように見える場合がある（**交差―反発知**

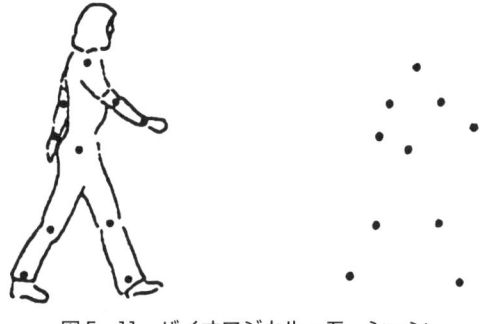

図5-11　バイオロジカル・モーション
(出所)　Johansson, 1973

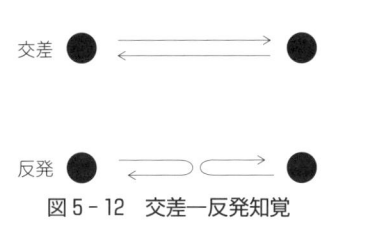

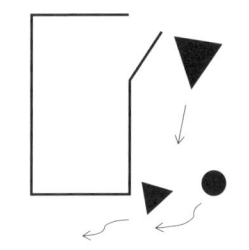

図5-12　交差─反発知覚

図5-13　動きによる社会性の知覚
(出所)　Heider & Simmel, 1944 をもとに作成

覚；Metzger, 1936)。速度や軌道，重なり方や遮蔽など，さまざまな刺激要因や注意の向け方などによって，どちらが知覚されやすいかが変わってくる。また，衝突時前後に短い音を聞かせると，反発知覚が得られやすくなるなど多感覚の統合が関与している（Sekuler et al., 1997）ことから，近年再び関心が高まっている（11章参照）。

　円や四角形が動いてきて，別の図形に接触して止まり，接触された方が動き

## コラム　運動視と動画

　映画・テレビなどは，静止画を順に表示して動きを見せる。そのため，仮現運動が動画の原理であると説明されることもあるが，本章で見たように$\beta$運動としての仮現運動はかならずしも実際の運動と違うものではなく，動画では時間的な変化が荒くなりがちだというだけである（吹抜，2007）。通常，1秒あたり映画では24枚，日本のテレビでは約30枚の絵が表示される。これらはかならずしも十分ではないが，増やすにはコストがかかるので画質劣化を補う数々の技法が用いられる。

　明るさにもよるが，毎秒24枚では画面がちらついてしまう。そのため，映画館では1枚を通常2回ずつ映写してちらつきを抑えている。テレビの画面は横方向の走査線の集まりでできており，上から下へ順に線を描いていく。その際，1画面を1行おきに描き，全体を2回に分けて描画する（インターレーススキャン）ことで画面の変化を毎秒60回として，ちらつきを軽減している。最近では内部で信号を変換して毎秒60回の描画を行うこともある（プログレッシブスキャン）。

　さらに，映画では撮影時にシャッター開放時間を長くして，速く動くものは意図的にぼけて映るようにする。このぼけのおかげでコマの間がつながって動きが滑らかに見える。アニメーションにおいても，多くの絵を描く手間を減らし，間にぼけた絵を挟んで見かけ上の滑らかさを増す技法（「オバケ」）が用いられる。静止画のみのマンガでも動きに沿ってスピード線という線を描き入れることで動きを感じさせている（図5c-1参照）。興味深いことに，ぼけたコマを動画にすると実際に鮮明に見える。映画がいつもぼけているようには思わないだろう。実際，網膜では動きによってつねにぼけが生じているので，脳が動きを解釈しながらぼけ知覚を抑制していると考えられるが，そのメカニズムはよくわかっておらず，現在も研究が続けられている。

© 北岡明佳，2009

図5c-1　マンガに用いられるスピード線の例

出すような動画を見ると，私たちは最初の図形が別の図形を押し出したように見え，**突き飛ばし効果**[8]（launching effect）として知られている（Michotte, 1946）。この場合の因果性も，意識的な推論というより，かなり自動的に知覚されるようである。

　突き飛ばし効果においても，文字通り突き飛ばすという意図が感じられることがあるが，さらに動きを複雑にすることで，対象間の意図や感情が豊かに感じられるようになる。ハイダーとジンメル（Heider & Simmel, 1944）のデモ（図5-13）では，三角形などの図形が動き回るだけで，大三角が小三角と小円と争って追い回すような様子が豊かに浮かび上がってくる。これはもはや「知覚」を超えた推論かもしれないが，アニメーションという言葉にも示されるように，運動視が**アニマシー**（animacy）すなわち生物性の知覚，そして社会性の認知を支える重要な要因であることは確かであろう。

〈サマリー〉
　本章では運動視に関する心理学的研究と運動視の仕組みについて解説した。運動残効や仮現運動などの現象は知覚心理学における基本的な問題として古くから研究されてきたもので，知覚の不思議を体験できる広義の錯視ともいえそうである。これらは紙面では再現できないのが難点であるが，幸い今ではインターネットを介して多くのデモを見ることができるので，ぜひ実際に体験してみてほしい。運動視のしくみについては比較的詳細にモデル化がなされており，また，脳内の神経機構についても解明が進んでいる。多少数理的な知識が必要になるが，ぜひさらに勉強をすすめてほしい。また，運動視は生物性から社会性にいたる知覚・認知を支えるものであり，幅広い心理的現象の，そして隆盛する映像文化の理解のためにも重要である。
　運動視は今も詳細に研究されており，専門外だと研究者でさえ分かりにくい面があるかもしれないが，しかし，そこにはたんに感覚知覚の一様相を学ぶにとどまらない大きな意義があると言えるだろう。

---

➡ 8　定訳ではないが吉村（2006）に従った。

〈もっと詳しく知りたい人のための文献紹介〉

吉村浩一 2006 運動現象のタキソノミー——心理学は"動き"をどう捉えてきたか ナカニシヤ出版
　⇨運動視の心理学に関する数少ない書籍の一つで，多くの心理学的現象が紹介され，独自の視点で考察がなされている。議論の余地がある点も含めて，運動視だけでなく，知覚心理学を勉強する人全てにとって必読といえるだろう。

内川惠二・塩入諭（編） 2007 視覚Ⅱ——視覚系の中期・高次機能 講座感覚・知覚の科学2 朝倉書店
　⇨心理学だけでなく，生理学や数理モデルなど視覚科学一般の視点から運動視について基礎的な事項を網羅している。少しレベルは高いが，一度に全てを理解する必要はない。1巻・視覚Ⅰで視覚の基礎から学ぶこともお勧めする。

〈文　献〉

Adelson, E. H., & Bergen, J. R. 1985 Spatiotemporal energy models for the perception of motion. *Journal of the Optical Society of America A*, **2**, 284-299.

Adelson, E. H., & Movshon, J. A. 1982 Phenomenal coherence of moving visual patterns. *Nature*, **300**, 523-525.

Anstis, S. M., & Rogers, B. J. 1975 Illusory reversal of visual depth and movement during changes of contrast. *Vision Research*, **15**, 957-961.

Ashida, H. 2002 Spatial frequency tuning of the Ouchi illusion and its dependence on stimulus size. *Vision Research*, **42**, 1413-1420.

Braddick, O. J. 1980 Low-level and high-level processes in apparent motion. *Philosophical Transactions of the Royal Society of London, B Biological Sciences*, **290**, 137-151.

Cavanagh, P., & Mather, G. 1989 Motion: The long and short of it. *Spatial Vision*, **4**, 103-129.

Ferrera, V. P., & Wilson, H. R. 1990 Perceived direction of moving two-dimensional patterns. *Vision Research*, **30**, 272-287.

Freyd, J. J., & Finke, R. A. 1984 Representational momentum. *Journal of Experimental Psychology: Learning, Memory, and Cognition*, **10**, 126-132.

吹抜敬彦 2007 仮現運動への疑問——時空間信号処理による動画像の解明 基礎心理学研究, **26**, 89-96.

Gibson, J. J. 1979 *The ecological approach to visual perception.* Houghton Mifflin. (古崎敬（訳）1986 生態学的視覚論――ヒトの知覚世界を探る　サイエンス社)

Heider, F., & Simmel, M. 1944 An experimental study of apparent behavior. *The American Journal of Psychology*, **57**, 243-259.

Johansson, G. 1973 Visual perception of biological motion and a model for its analysis. *Perception & Psychophysics*, **14**, 201-211.

Julesz, B. 1971 *Foundations of cyclopean perception.* University of Cicago Press.

Korte, A. 1915 Kinematoscopische Untersuchungen. *Zeitschrift für Psychologie*, **72**, 193-296.

Mather, G., Pavan, A., Campana, G., & Casco, C. 2008 The motion aftereffect reloaded. *Trends in Cognitive Sciences*, **12**, 481-487.

Metzger, W. 1936 *Gesetze des Sehens.* Kramer.（盛永四郎（訳）1968 視覚の法則　岩波書店）

Michotte, A. 1946 *La Perception de la Causalite.* Institut Superieur de Philosophie. (English) T. Miles & E. Miles (translation) 1963 *The perception of causality.* Basic Books.

Newsome, W. T., & Pare, E. B. 1988 A selective impairment of motion perception following lesions of the middle temporal visual area (MT). *Journal of Neuroscience*, **8**, 2201-2211.

Qian, N., Andersen, R. A., & Adelson, E. H. 1994 Transparent motion perception as detection of unbalanced motion signals: I. Psychophysics. *Journal of Neuroscience*, **14**, 7357-7366.

Ramachandran, V. S., & Anstis, S. M. 1990 Illusory displacement of equiluminous kinetic edges. *Perception*, **19**, 611-616.

Sekuler, R., Sekuler, A. B., & Lau, R. 1997 Sound alters visual motion perception. *Nature*, **385**, 308.

Tanaka, K., & Saito, H. 1989 Analysis of motion of the visual field by direction, expansion/contraction, and rotation cells clustered in the dorsal part of the medial superior temporal area of the macaque monkey. *Journal of Neurophysiology*, **62**, 626-641.

Wertheimer, G. 1912 Experimentelle Studien über das Sehen von Bewegung. *Zeitschrift für Psychologie*, **61**, 161-265.

吉村浩一　2006　運動現象のタキソノミー——心理学は"動き"をどう捉えてきたか　ナカニシヤ出版

Zihl, J., von Cramon, D., & Mai, N. 1983 Selective disturbance of movement vision after bilateral brain damage. *Brain*, **106**, 313-340.

# 6章　立体視

- ものが立体的に見えるのはなぜか？
- ステレオグラムはどのように作るか？

伊藤裕之

> 私たちはどのようにして世界を立体的に知覚することができるのでしょうか。おそらく読者の皆さんは，これまでこのような疑問も抱いたことはなかったでしょう。なぜなら世界は事実立体なのですから。しばしば知覚心理学者は，この点に非常に大きな疑問を持ちます。その理由の一つは，私たちの視覚が，外界の直接の情報源として，眼球のレンズによって作られる平面的な網膜上の像を用いているにもかかわらず，私たちは外界を立体的に見ているからです。この章では，私たち（の脳）が，奥行方向の情報をどのように導き出して立体的な知覚世界を構成しているかを解説します。

## 1　奥行の手がかり

### （1）　視覚的世界は3次元的

　奥行感のない世界とはどのようなものか，想像できるだろうか。成人してから開眼手術を受け，はじめて世界を見た人たちは，風景を奥行感のない色のパッチワークのように感じることがあるという。しかし通常，私たちの経験する世界は奥行のある3次元的世界が基本であり，奥行のない平面的世界を知覚することはできない。映画のスクリーンに映る映像は物理的に平面であっても，その内容については奥行印象を伴った経験をする。私たちの視覚システムはつねに奥行の手がかりを探しており，私たちの視野の中に色や明るさ，線の傾き等に何らかの差異があるだけで，それを基にして知覚的奥行を構成することができる。たとえ暗闇においてであっても，漠然とした奥行方向の広がりを感じ

るはずである。

## （2） 絵画的奥行手がかり

　画家は平面的なキャンバスの上に，立体的な印象を表現するためにさまざまな手法を用いてきた（図6-1）。これは逆にいえば，私たちがそれらを**奥行の手がかり**として利用可能であるということである。たとえば，**線遠近法**はダ・ビンチの時代に完成されたと考えられているが，その効果は誰もが知っている通りである。平面上の幾何学では，交わらないのが平行線であるが，線遠近法では，平面上で1点に交わるものが空間内での平行線である。遠くにあるものほど網膜上で小さくなるという意味で，遠くになるほどテクスチャ（肌理）が密になる**肌理の勾配**や同一物の**相対的な大きさ**などの手がかりも同様の構造をもっている。**陰影**も絵の立体感を表現するのに効果的である。陰影には，光線を物体が遮ったために他の物体上にできる影（キャストシャドウ）と，物体表面の傾きの変化によって明るさが変化する（シェーディング）がある（2章図2-22も参照）。シェーディングはたんなる絵画のお約束ではなく，視覚機能と直接関係している。上が明るいものが凸で，上が暗いものは凹であるという知覚的なバイアスの存在が知られており，光は上から来るという生態学的な仮説に基づいていると考えられる。図6-1の左下図は上下逆さにすると奥行も逆転する。**大気遠近法**は，空気中の塵などで波長の短い光が拡散することによって，遠くのものが青くぼやけて見えるという，物理的な原因に基づく現象を再現したものである。視覚システムの側から考えると，背景との輝度コントラストが高いものや，ぼけた背景に対して輪郭のくっきりしたものが手前に見えるという特性とマッチし，暖色系が進出色で寒色系が後退色という特性とも一致する。

　**遮蔽**（あるいは重なり）による奥行手がかりは，輪郭がT字状に中断される箇所で，手前のものに覆い隠されたとする解釈である（1章図1-20参照）。**ファミリアリティ**は，自分のよく知っている対象の眼に映る角度から，その対象の距離を推定するものである。同様に，自分のよく知っている対象の速度か

6章 立体視

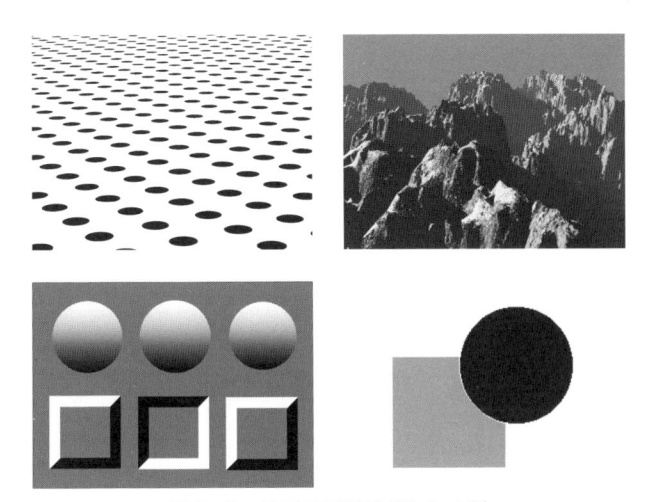

**図6-1 絵画的奥行手がかりの例**
肌理(きめ)の勾配（左上），大気遠近法（右上），陰影（左下），重なり（右下）。

らもその距離を推定することができる。たとえば，物体の落下速度，および加速度は材質によらず同じである。したがって，視野内を落下する対象があれば，その網膜上の像の速度から距離を推定することができる。

## 2　運動視差

　画家が通常のキャンバス上で用いることができない奥行の手がかりとして，**運動視差**がある。歩いたり頭を左右に動かしたりすると，網膜上では平行移動だけではない相対的な運動成分が生じる。たとえば，電車にのって進行方向右の窓の外50メートル先の木を見ていると，それより手前の地面や柵などは，視野内で右の方向に過ぎ去っていき，手前のものほどすばやく移動する。ところが木の向こう側の対象は，むしろ視野内では左，つまり進行方向に向かって移動するように見えるであろう（図6-2）。このように，自己移動に対して，視野内で対象がどちらの方向にどのくらいの速度で動くかは奥行の手がかりとなる。映画などでは，レールやクレーン，あるいは飛行機を使ってカメラを移動

97

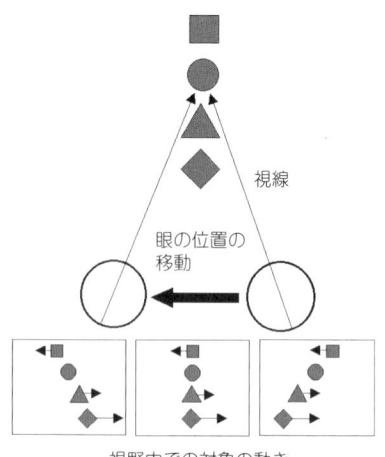

視野内での対象の動き

図6-2　運動視差

させて撮影した映像がしばしば見られるが，これらは自己移動を映像で再現しており，大変豊かな運動視差を含み，映像に奥行感を与える。

　自己移動がなくても，対象の像が相対的な運動を含んでいれば，そこには奥行の知覚が生じる。これを**運動性奥行効果**という。図6-3上図のように，針金を立体的に折り曲げて影をスクリーンに投影すると，針金が回転しているときだけ，スクリーン上の影が立体的に見える。図6-3下図のようにランダムな光点で構成された回転する円筒は，運動情報だけによって奥行が知覚されることを示す典型的なデモンストレーションである。これらが自己移動に同期したランダムな点の動きである場合は，自己移動の方向や速度に対して，どちらにどのくらいの速さで動くかによって見えの奥行が決まる。これは絵画的手がかりや，次節の両眼網膜像差（両眼視差）などが存在しない運動視差のみによる映像でも十分に確実な奥行が知覚されることを示している。

　対象の相対的な運動がない場合でも，ある対象を見ながら観察者が左右に移動する際，自己の動きに対してどのくらい眼や頭が回転するかは距離の手がかりとなりうる。

6章 立体視

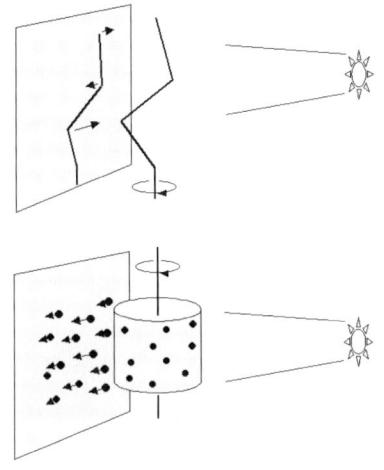

**図6-3 運動性奥行効果**
上図では，回転中のみスクリーンの向こうから正しい形がわかる。下図は，透明な円筒の表面にドットを張りつけ，影絵をつくる様子を示している。やはり，回転中のみ立体的な円筒の回転が知覚される。

## 3　両眼立体視

「立体映画」という言葉で思い浮かべるのは特殊なメガネで見る映像であろう。立体視ブームは周期的に流行っては廃れていくが，技術の進歩とともに，より快適に鑑賞できるようになってきている。赤と青のメガネや，偏光メガネ，液晶を使ったメガネなどを使って楽しんだ経験は誰しもあると思うが，これらのメガネそのものは，右眼用の映像を右眼に，左眼用の映像を左眼に見せるための，つまり**両眼立体視**を可能にするための技術であって，視覚システムにとっては本質ではない。

人間の眼は左右にずれて2つ存在する。ともに顔の前方に存在するので，両眼で見ることができる視野の重なりが，馬などの草食動物より広い。眼は左右にずれた位置にあることにより，それぞれの眼が対象を見る角度が異なる。し

99

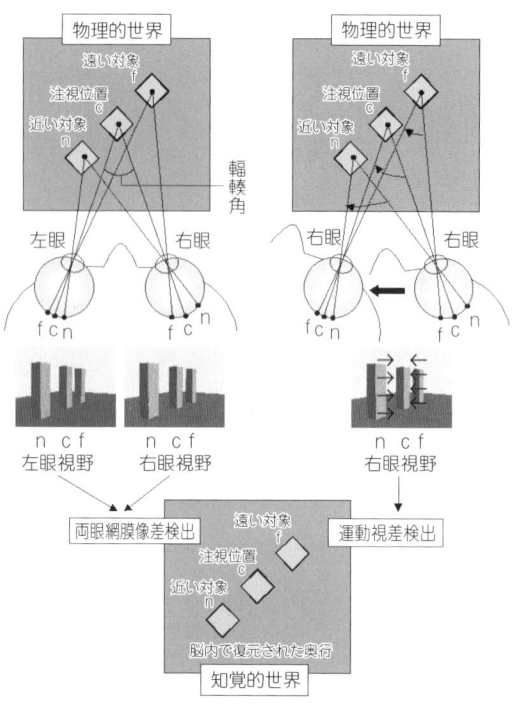

図 6-4 両眼立体視と運動視差

たがって，同一の対象の像が映る網膜上の位置が，左右の眼で違う場合がある。これが**両眼網膜像差**（**両眼視差**とよばれることもある）である。図 6-4 のようにある対象を両眼で見ると，両眼はその対象までの距離に応じて視線の交わる角度（**輻輳角**）を形成する。遠くを見るときは，輻輳角が小さくなり，近くを見るときは，輻輳角が大きくなる。輻輳角は，2～3 m 以内の近距離においては距離の手がかりとなりえ，ピント合わせのための水晶体の**調節**と連動する。注視した対象は両眼のそれぞれの中心窩（網膜の中心にあるとくに錐体（3 章参照）が密集しているところ）に像が映るが，そこから奥あるいは手前にある対象は，両眼の網膜上で同じ位置には像を結ばない。このとき，どちらの眼の像が網膜のどちら側にどのくらいずれて映るかが，対象間の相対的な距離，つまり奥行の手がかりとなる。左右の眼の視線の方向に高さ方向のずれがあると，

左右の眼に映る像の対応がとれなくなるため，左右の眼は像が同じ高さを保つよう，垂直方向にもつねに細かく調整している．

## 4 ステレオグラム

　両眼立体視によって，図6-5のような写真等を立体的に鑑賞することができる．ホイートストーン（Wheatstone, C.）の**実体鏡**（図6-6）は鏡によって2枚の写真を前方に重ねて見る構造になっている．もちろん，実際に合成するのは，頭の中においてである．図6-5の2枚の写真は，右眼用と左眼用の別々の写真である．同じ対象を写してはいるが，左右の眼の位置のずれに対応して2台のカメラで撮られた別々の写真なのである．

　器具を使わずに2つの写真を立体視する方法を**裸眼立体視**とよぶ．それぞれの眼の視線方向に左右の写真をそろえるために，輻輳角を開いたり閉じたりして融合（2つの写真の間にもう一つ写真が見える状態）が可能になるよう調整するのである．図6-7のように，右眼用写真を左に置くと，寄り眼にして左右の像を合成する（交差法）．また，右眼用写真を右に置き，遠くを見るように両眼を開きぎみにして左右の像を融合する方法もある（平行法）．交差法では融合した像が近くに小さく見え，平行法では遠くに大きく見える．裸眼立体視は，次に述べるランダムドット・ステレオグラムとしばしば結びつけられてしまうが，裸眼立体視は実体鏡と同様，たんなる一つの立体視の技法にすぎない．

　写真は，一枚一枚の中に，認識できる対象が存在する．右眼用写真の中の特定の像と左眼用写真の中の対応する像は明白である．しかし，図6-8のような**ランダムドット・ステレオグラム**はそうではない．ユレシュ（Julesz, B.）が1960年に制作したこのステレオグラムは，50％の確率の白と黒のドットでランダムに描かれた図の中に，右眼用画像と左眼用画像の中の対応するものを見つけだすことは困難である．つまり両眼の像が脳内で融合して奥行を作り出す際には，具体的に認識できる形がそれぞれの眼に提示されている必要はない．

　図6-9は，このランダムドット・ステレオグラムの幾何学的構造を示して

図 6-5　立体写真の例
左が右眼用画像，右が左眼用画像の交差法で見る

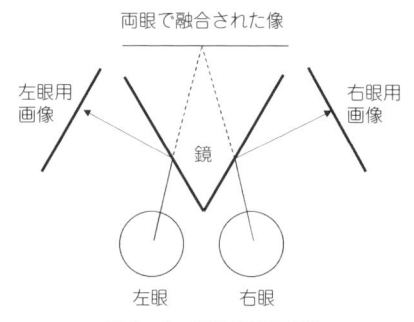

図 6-6　実体鏡の原理

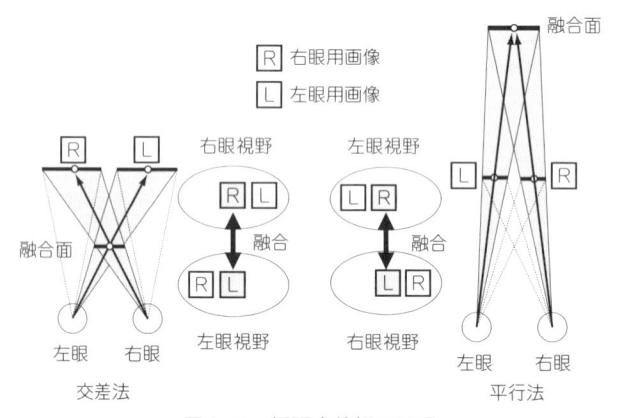

図 6-7　裸眼立体視の原理

6章 立体視

図6-8 ランダムドット・ステレオグラム
交差法では左2つ, 平行法では右2つを使用する

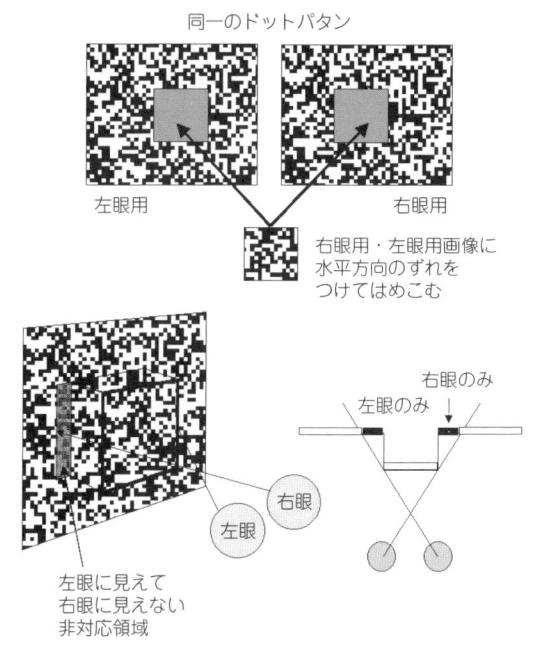

図6-9 ランダムドット・ステレオグラムの原理

いる。中央に四角形を飛び出させるには，左右の眼の画像に，対応する視差をつけなければならない。飛び出させる領域を右眼用の画像の中で左側にずらすのである。これに伴って，右眼用の画像にはあるが左眼用の画像にはない領域と，逆に左眼用の画像にはあるが右眼用の画像にはないドット領域が生じる。

この領域は片方の眼にしか見えないのであるが，立体的な面の配置によって矛盾なく解決されている。実際に片眼のみにしか見えない領域が立体視にとって重要であることが示されている。

　このランダムドット・ステレオグラムの発明によって，両眼網膜像差以外の奥行手がかりを一切排除することが可能になり，立体視の研究は飛躍的に発展することになった。しかし，数パーセントの割合で，このランダムドット・ステレオグラムから奥行を知覚できない人々が存在する。たいていは，両眼の視力が大きく異なっているか，斜視（少なくとも小さい頃斜視）の場合である。そのような理由がない場合は，図6-6のような適切な器具を用いればたいてい見えるものである。

　運動視差研究についてもランダムドットの手法は用いられており，ランダムドット・キネマトグラムとよばれる。こちらは止まっているときはただのランダムなドットであるが，動いているときだけその形がわかるものである（図6-3下図，5章図5-3も参照）。

　しばしば起こる勘違いは，両眼立体視は特殊な器具やメガネを用いて立体的にものが見える特殊な現象であるというものである。じつは，私たちは，眼をあけている間ずっと，世界を立体視して見ているのである。あまりに自然であるため，それが立体写真とまったく同様に，両眼立体視等によって成立した奥行感であるということに気付かないのである。

　また，両眼立体視は奥行感を際立たせるだけではなく，阻害する場合もある。たとえば，テレビ画面や写真など平面上の画像を見る際，両眼で見ると両眼網膜像差が「平面である」という情報を与えるため，平面的に見えてしまう。カメラが移動しながら撮影した映像や，絵画的奥行手がかりが豊かな写真などは，片眼を閉じて見ることによって立体映像を見る際のような立体感が得られる。

## 5　特殊な立体視

　**プルフリッヒの振り子**とよばれる現象がある。左右に揺れる振り子を，右眼

図6-10 プルフリッヒ効果の概念図

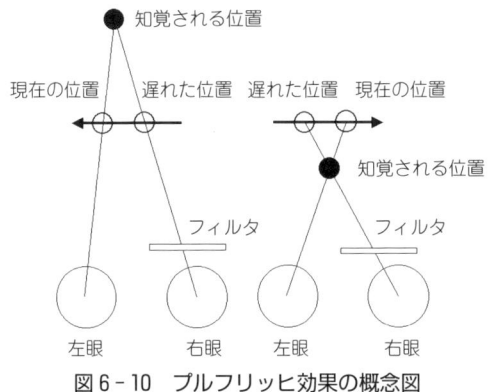

の視野を暗くするフィルタを使って見ると，振り子が右から左へ移動する際は奥に，左から右に移動する際は手前に見える。振り子の運動は奥行方向に楕円軌道を描いて動くように見えるのである。プルフリッヒ（Pulfrich, C.）は，この現象について，フィルタによる光量の低下が眼から脳へと至る信号伝達に遅延をもたらすと考えた。図6-10のように時間遅れを右眼の像に与えると，この現象をうまく説明することができる。この現象は，左右方向の運動視差を両眼網膜像差に変換することができ，運動視差と両眼網膜像差の幾何学的な類似を実証している。ただし，上下方向に動く対象については，運動視差を含んでいてもプルフリッヒ効果は機能しない。この現象は動画に応用した場合，フィルタなしでは運動視差による奥行き感のある画像が，フィルタがあることによって両眼網膜像差による奥行き感のある画像へと変化し，特殊な表示装置等が必要ないという利点がある。日本でもこれを使ったアニメ「家なき子」が放送されたことがあり，片眼の視野を暗くするメガネをかけて見ると立体感が得られたのであるが，その後は使用されていない。

**色立体視**は，物理的には平面上の図版であるが，典型的には，黒背景に赤や青で作られた画像が背景から浮きだしたり引っ込んだりして見える現象である。コンピュータの画面上で，黒背景に赤い文字と青い文字を表示してみるとよい。光の波長によって眼球での屈折率が違い（色収差），網膜上に視差ができると

| 右眼用画像 | 左眼用画像 | 右眼用画像 |

図6-11　ランダムドット・ステレオグラムによるミュラー＝リヤー錯視
左側2枚の画像を交差法で見るか，右側2枚の画像を平行法で見ること。

する説がある。これによって赤が手前，青が奥に見えることは説明できそうであるが，北岡明佳らの調査によると，逆に青が手前，赤が奥に見える人も少なからずおり，このことは色収差による説明とは矛盾する。

## 6　立体視と錯視

ランダムドット・ステレオグラムを用いて作られたミュラー＝リヤー錯視（2章参照）は興味深い（図6-11）。ここでは，ミュラー＝リヤー錯視が立体によって定義されており，黒い線分などは存在していない。このことから，この錯視は，白や黒の線分で描かれることは必要条件でないことがわかる。

また，エビングハウス錯視（2章，図2-4）の中央の円と周辺の円の間に視差をつけて知覚的に奥行を分離すると，大きさの錯視が減ることが知られている。大きさの対比効果は同じ奥行位置の平面上にあるときにもっとも大きくなると考えられる。

## 7　立体視と奥行逆転

メガネを使った立体映像などを見る際，しばしばメガネの左右を間違って逆にしているのに，そこから得られる立体感に違和感をいだかない場合がある。

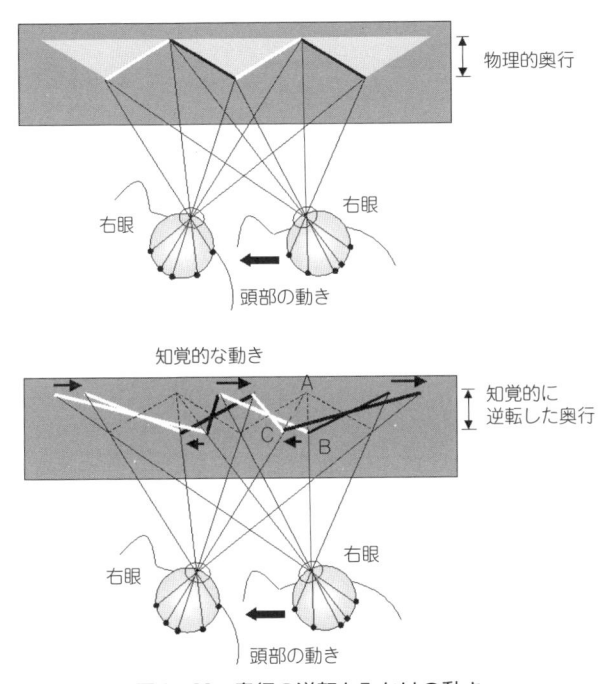

**図6-13 奥行の逆転とみかけの動き**

物理的にAの位置にある対象は，奥行が逆転するとBの位置に見える。眼の位置が左に動いていくとき，Bの位置に見えていた対象はCの位置に移動するように見える。

両眼立体視は，その幾何学的な明確さから期待されるほど，確固としたものではない。そもそもヒトの視野のうち両眼の視野が重なっている範囲（両眼立体視ができる範囲）は100度程度である。しかし，その範囲を超えて片眼視になったとたんに立体感がなくなるということはなく，両眼視と片眼視の境界さえ認識することができない。

　お面を裏から見ると，顔の奥行が物理的に反転するが，そこに下から照明を当てると，裏であるはずのお面が，正しい奥行に飛び出して見える。このとき，見ている人が移動すると，お面の顔が見ている人の方に回転してついてくるように見える。同様の錯視は，パトリック・ヒューズ（Hughes, P.）の作品群にも見られる（図6-12：口絵）。科学館等にしばしば展示してあるので，目にす

☕ **コラム　立体映像と大きさの知覚** ～～～～～～～～～～～～～～～～

　立体映像を見る際，人物やものの大きさがどのように見えるか確かめてみるとよい。しばしば，登場人物が小人のように見えたり，宇宙船等がおもちゃのように小さく見えることがある。大きさの知覚は，奥行，距離の知覚と密接に関係している。網膜上の大きさ（みかけの大きさ）が同じでも距離が遠いと判断されるほど，知覚的大きさは大きく評価されるのである（大きさの恒常性：1章参照）。立体映像の場合は，画面上の大きさだけでなく，視聴者からの距離，両眼視差の量によって，知覚的距離と大きさが変わってくる。この結果，しばしば大きさに違和感のある映像が現れるのである。

　しかし，このような大きさの違和感は通常の映像では起こらない。さまざまな大きさの映像がさまざまな大きさの画面上に映し出されるにもかかわらず，どんな場合もごく自然に見える。画面上の映像が同じ大きさであっても，立体感がつくと急に大きさの違和感が出るのである。これは，学習によって獲得された，映像リテラシー（映像を読み解く力）の問題なのか，人間の視覚システムに原因があるのかは不明であり，興味深い現象である。家庭用の3Ｄシステムも商品化されており，奥行を見せること自体は比較的容易であるが，大きさを正確に再現することは非常に難しい。

～～～～～～～～～～～～～～～～～～～～～～～～～～～～～～～～～～～～～～～～

る機会もあろう。彼の作品は，図6-13上図のように凹凸のあるキャンバスに描かれているが，凸の部分（物理的にもっとも近い部分）が線遠近法的にもっとも遠くに描かれており，凹の部分（もっとも遠い部分）がもっとも近くに描かれている。両眼網膜像差の手がかりは物理的な凹凸を示すはずであるが，絵画的手がかりが強力になると，見えの奥行は逆転し，物理的に遠い部分が近くに，物理的に近い部分が遠くに見える。これは裏返しのお面の奥行逆転と同様の現象であり，やはり鑑賞者が動くと，そちらについてくるように絵が動くのである。これらのみかけの動きは図6-13のシミュレーションによって理解できるであろう。

## 8  おわりに

　知覚心理学者は，これまで述べたように，網膜上の平面的な像から視覚情報処理をスタートさせて最終的に脳で奥行のある世界を構築すると考えがちである。しかし，むしろ，脳内にある3次元的な空間表象の中に，網膜から入ってきた情報を，奥行の手がかりに基づいて配置すると考える方が適切なのかもしれない。

〈サマリー〉
　本章では，人間がどのようにして視覚的な奥行や距離を知覚しているのかを概観した。これらは古くから議論されている問題であるが，テレビや映画での適切な3D映像の表現や，人に優しい3Dテレビの開発などにおいて，現代でも非常に重要な研究課題である。
　一般に，人間が感じる奥行感は，両眼立体視に基づいていると考えられがちであるが，かならずしもそればかりではない。本章で述べたように，絵画的な手がかりから動きを伴う手がかりまで，人間が利用できる奥行の手がかりは多種多様である。手がかり間で矛盾があると，その時々でもっとも信頼できる手がかりが優先される場合もある。また，距離を把握するのは視覚だけの機能ではなく，聴覚による空間の把握や，手の動き等の身体運動によるものもあり，それらとの間の相互作用も考えられる。奥行を含んだ空間の知覚はまだまだ多くの解明すべき謎に満ちている。

〈もっと詳しく知りたい人のための文献紹介〉
　下條信輔　1995　視覚の冒険——イリュージョンから認知科学へ　産業図書
　　⇨初心者にも立体視研究の面白さが十分に理解できるよう，平易で親しみやすく書かれていて，この教科書の読者にはお勧めである。ユレシュへのインタビューは貴重である。
　Julesz, B.　2006　*Foundations of cyclopean perception.*　The MIT Press.

⇨ランダムドット・ステレオグラムの開発者であるユレシュの記念碑的著作である。多数の図版が掲載され，立体視用赤青メガネも付いている。
Howard, I. P. & Rogers, B. J. 2002 *Seeing in depth : Basic mechanics/depth perception.* Oxford University Press.
　　⇨奥行知覚研究のバイブルでありかつ百科事典的存在である。1,296ページに及ぶ大著で，研究者でさえすべてを読みこなすことはまずできないが，立体視に興味があるならその存在だけは確認しておくべきであろう。少し大げさに言うなら，日本語の書籍ではこの本の内容の1/100程度の情報しか得られない。

# 7章　顔の知覚

- 私たちはどのようにして多くの人の顔を識別し，記憶しているのか？
- 私たちは他者の視線をどのようにして捉えるのか？

山口真美

> ヒトにとって顔は特別です。顔が特別だということは，顔を処理する特定の脳の領域があるということと，顔認識の生得性に示されています。前者については，脳の特定部位に損傷を受けると顔だけが見えなくなる「相貌失認」という状態になることが知られています。後者については，生まれたばかりの赤ちゃんでも顔を好み顔の方を見ようとするという実験結果によって示されました。
> 本章ではこうした研究の成果と，顔のなにが大切なのかを示す錯視図形を使った実験例を紹介していきます。

## 1　顔の認知を説明するモデル

　私たち人は，圧倒的な数の顔を記憶し，識別できるといわれている。これほどたくさん記憶できる対象は，顔以外には存在しない。こうした特殊な顔認知メカニズムを説明するモデルとして，「**顔空間モデル**」が考えられている。「顔空間モデル」とは顔がどのように学習されるかを示すモデルであり，たくさんの顔を学習した結果，どのような顔の見方をするかを説明するモデルでもある。
　「顔空間モデル」では，これまで見たさまざまな顔のデータが蓄積されていると考える。これらの顔は，見る頻度と顔の形状をもとに，より効率的に判断できるよう並べられ，蓄積されていくというのである。その結果，よく見る顔

を中心に，見る頻度の少ない顔を周辺に配置した「顔の見方のモデル」が作られる。このモデルを基準に，ヒトは顔を判断するというのである。

　顔認知で有名な現象に「**人種効果**」があるが，これはこの顔空間モデルにより説明されるものである。人種効果とは，他人種の顔を見分けにくいという現象を指す。海外の映画を見ているとき，登場人物に混乱した経験はないだろうか。多くの日本人にとっては白人や黒人の顔は，個人を区別しにくい。主人公が派手で，髪や目の色から悪役を推測できるような（たいていの悪役は黒である），わかりやすいハリウッド映画ならまだしも，地味な登場人物ばかりの文芸作品では，とくに難しくなるだろう。

　日本人ならばたいていの人が感じる「外国人の顔の覚えにくさ」，これが人種効果である。もう少し詳しく説明すると，駅に行く途中で誰かとすれ違ったとする。それがたまたま白人か黒人だったとしたら，そこに白人か黒人がいたということはしっかりと記憶できる。ところが，その人がどんな顔の人だったかと尋ねられると，個人の特定が難しいことがわかる。白人や黒人の顔は，目立つが区別しにくいというところに特徴がある。こうした現象の生起には，日本人特有の「顔空間モデル」がかかわっている。日本人の顔空間モデルでは，見る経験の多い日本人の顔が中心に，見る経験の少ない白人や黒人などの外国人の顔は周辺に位置することになる。中心にある顔はたくさん見ているため，学習が進んでいる。そのため，区別するのが得意となる。それと比べると，周辺に位置する顔は，区別が苦手になる。日本人が外国人の顔を区別しにくい人種効果が生じるのは，このためである。周辺にある顔は普段見ている中心の顔から離れているため目立つが，それぞれの分布がまばらであるために区別しにくいというのである。

　顔の学習モデルの研究から，このようなモデルを駆使して顔を区別できるようになるのは，10歳頃だと考えられてきた（Carey, 1992）が，その一方で，生まれたばかりの乳児が好む顔にも，このモデルが関係している可能性もある。

　こうした顔の学習は，言語の「**母国語の習得**」と類似すると主張する研究者がいる（Pascalis et al., 2002）。意外なことだが，生まれたばかりの新生児は，

あらゆる言語の母音を聞き分ける能力を持っている。それが生後10か月になると，自分の母国語の母音を聞き分ける能力だけを残し，他言語の母音は聞き取りにくくなるという。つまり，母国語の習得とは，聞きなれた言語に特化することを指す。経験によって母国語が成立するというのである。なんでも受け入れた状態から，自分の環境に合わせること，それが母国語習得なのである。そして顔学習も同じようなプロセスで成立すると考えるのである。人種効果は，母国語学習と同じように，よく見る日本人の顔認識に特化することによって生じるというのである。

　人種効果の成立を調べるため，乳児を対象とした実験が行われている。パスカリスら（Pascalis, O. et al., 2002）は，ヒト乳児を対象としてサルの顔とヒトの顔に対する識別能力を比較した。実験の結果，生後6か月の乳児はサルの顔もヒトの顔も同じように区別できたのに対し，生後9か月になるとヒトの顔は区別できても，サルの顔の区別ができなくなることがわかったのである。これは，母国語の獲得と類似したプロセスであると解釈されている。最初は霊長類一般という，より普遍的な顔を区別する能力を備えていたのが，生後9か月ほどでヒトの顔識別へと特化することを示すからだ。

　しかしながらその一方で，ヒトの中の人種効果を直接調べた実験では（Kelly et al., 2004），サル対ヒトとは矛盾したデータを示している。他人種の顔と自人種の顔を並べて乳児の選好を調べたこの実験では，すでに生後3か月で，他人種の顔よりも自人種の顔を好むことが示されているからだ。人種効果が意外に早いという結果は他の研究でも示されている。しかし，こうした人種効果を調べる実験では，人種間で肌の色や髪の色といったあまりにも目立つ特徴の違いが多すぎるため，顔そのものへの好みを正確に測定できないという難点がある。

　いずれにせよ，たくさんの顔を識別し記憶するための顔モデルは意外に早い段階に完成していることがわかる。顔の認識は，どのくらい特別なのだろうか。

## 2　顔認知の生得性

　生まれたばかりの乳児にとって，顔がわかることは生存するために必須の能力である。無力な状態で生まれるヒトの乳児にとっては養育者の保護は絶対不可欠なものであり，養育者の保護を得るために社会的なつながりを作り出す能力が生まれつきそなわっていると考えられている。

　とはいえ，そもそも生まれたばかりの乳児に顔が見えることは，とても不思議なことである。その理由に，新生児の視力の限界がある。生まれたばかりの新生児は視力が発達していない。視力発達は生後6か月までに急激に進むが，それでも0.1ていどしかない。基本的な見る能力の限界から考えると，乳児が生まれてすぐに顔を見抜いて注目することは，奇跡のようなものである。

　生まれたばかりの乳児でも，顔に注目する能力があるという事実の発見は，乳児を対象とした実験方法の開発までさかのぼる。乳児に2つの画像を提示してどちらを好むかを調べることによって図形の弁別を調べる「**選好注視法（preferencial looking）**」を開発したファンツ（Fantz, 1963）は，乳児が注目する「図形」を選出したところ，乳児の好む図形パタンの法則性を発見したのである（14章参照）。

　ファンツ（Fantz, 1963）は，生後46時間から6か月までの乳児を対象にして，図形の好みを調べる実験を行った。その結果，輝度（物理的明るさ）とは無関係に，図のパタンによって好みが決定されることが示されたのである。均質なものよりもパタンのあるもの，さらにパタンの中でも，同心円のものや縞，そして顔に模された図形パタンに選好があることが発見された（図7-1を参照）。これ以降，顔図形への認識は，これらの他の図形パタンとは独立して解明されることになったのである。以降の実験では，顔に注目するこの特性がスタートポイントとして利用して行われることになったのだ。

　まずはファンツの実験から，顔らしき図形を乳児が好んで見ることが発見されたわけではあるが，次に乳児にとって顔を規定する特徴とは何なのかが検討

7章　顔の知覚

図7-1　ファンツの実験で用いた図
(出所)　Fantz, 1963

されることになった。顔を見る上で大切な情報といえば，第一に目，そして顔の**配置情報**，この2つが知られている。現在でもこの2つのどちらが本当に重要かは明らかにされていない謎である。

## 3　目か顔（配置情報）か──顔認知にかかわる情報

### (1)　目の重要性

　目は**白黒コントラスト**がはっきりしているため，目立ちやすい。フェローニら（Farroni, T. et al., 2006）の研究では，生後数日の新生児に「自分を見つめている目」と「自分を見つめていない目」を対提示し，「自分を見ている目」に注目することが示されている。しかもその際，白目の上に黒目があるという目の基本構造が鍵となっていることも示された。顔を見る上で，白目と黒目の関係は重要であり（Otsuka et al., 2009b），目の部分だけをポジネガを反転させると，バンパイアのように不気味に見え，その人物を特定しにくくなる効果がある。こうした傾向を新生児期から持っているということは驚異的である。

　視線を検出する能力は，社会的な能力を調べるための指標としても使われている。相手の視線を見出す能力を基礎として，視線を共有し合う能力，そしてコミュニケーションをとる能力へと発展すると考えられているのだ。社会性が低いとされる**自閉症児**を対象とした実験もある。人と会話しているときに，顔

のどの部分に注目しているかを**アイカメラ**で調べたところ，目を見ずに口ばかり見ていることが発見された（Klin et al., 2002）。さらに視線を見ているときの脳活動を調べた研究では，自閉症の子どもでは「見つめられる目」と「あっちを見ている目」への反応の違いが小さく，「見つめられる目」への脳活動の効果が小さいことが明らかになった（Senju et al., 2003）。通常は「見つめられる目」への脳活動が高まるのだが，そうした効果がないのである。

（2） 配置情報の重要性

これらの目の重要度と対立するのが，顔を顔として見るときに重要とされる「**配置情報**」である。配置情報とは目が2つ，鼻が一つ，口が一つの逆三角形の配置である。たとえば人の顔を検出して自動的に焦点を合わせる機能をもったデジタルカメラなどの自動顔認識装置でも，顔を検出する鍵は配置情報にある。

乳児を対象に配置情報の重要性を検討したのがゴーロンら（Goren, C. C. et al., 1975）の実験だ。配置情報を崩しても，選好が成立するかどうかが実験で調べられた。図7-2にあるのが，実験で使われた顔パタンで，これらの顔パタンを新生児に一つずつ見せ，それぞれの顔を選好するかどうかが調べられたのである。もし乳児にとって「顔の配置情報」が重要であるならば，配置情報が崩れた②や③の顔は好まないはずである。実験の結果，②や③の顔は好まれないことが明らかとなり，乳児においても目鼻口の配置が重要であるということが証明されたのである。

こうした研究の一方で，乳児の顔への好みは顔の配置ではなく，顔の配置をもった図形の複雑さであると主張する立場もある。乳児の実験で使われた顔を見なおすと，目鼻口が並んだ顔は，目の白黒が縞状に並び，コントラストがはっきりとして見える。先のファンツの実験刺激パタンにあるように，白黒コントラストの縞は乳児の選好をひく。クライナー（Kleiner, K. A., 1987）の実験では，顔らしさと複雑さ，2つの要因にわけて顔パタンを改造して選好が調べられている。

7章　顔の知覚

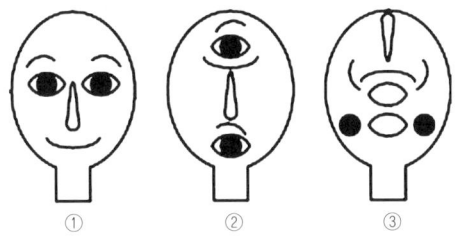

図7-2　①元の図
　　　②目鼻口の形はそのままで位置をバラバラにした図
　　　③目鼻口をまったく崩してバラバラにした図
（出所）　Goren et al., 1975

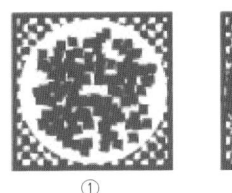

図7-3　①複雑さ（白黒のコントラストの強さ）を保ったまま顔らし
　　　　さを削った図
　　　②顔らしさを保ったまま複雑さ（白黒のコントラストの強さ）
　　　　を削った図
（出所）　Kleiner, 1987

　図7-3の①の顔らしさを削った図は，モザイクをかけることによって，白黒のコントラストの強さ（縞の見た目の複雑さ）をそのままにして，顔らしさを削っている。一方の②の複雑さを削った図は，白黒のコントラストを弱くすることにより，顔らしさを維持したまま，白黒のコントラストの強さ（縞の見た目の複雑さ）を削っている。もし乳児が②の画像としての複雑さが減って顔らしさが残った方を好むなら，顔パタンに選好があることになり，逆に①の顔らしさが減った方に選好があれば，図の複雑さを好むのであって，顔パタンを好んでいないことになる。実験の結果は，複雑な図も顔もどちらも好きという，はっきりしないものであった。
　2000年になって，顔配置の「上方に特徴が密集する top-heavy なパタン」

図7-4 シミョンらの実験で用いた刺激
（出所） Simion et al., 2002

が新生児の選好をひくことが示されている。その代表がシミョンら（Simion, F. et al., 2002）の実験である。top-heavy であれば図7-4の左側の3つのような，四角形が細かく並んだものであっても，新生児の選好をひくことが示されているのである。

　すなわち，顔の配置は目が2つで口が一つの逆三角形パタンである。この図形パタンを新生児が好むということになる。いずれにせよ，目や口や鼻ではなく，目鼻口の配置が重要であること，これが顔認識の基礎となるというのである。やがて顔学習は進み，たくさんの顔が区別できるようになる。そのように成人が顔を見るときの基本もこの目鼻口の配置であるといわれる（Cabeza & Kato, 2000）。成人がたくさんの顔を記憶・識別するためには，目鼻口の部分に注目するのではなく，それぞれのパーツの位置関係という顔の全体の配置関係に注目する「**全体処理**」が必要とされると考えられているのである。

　この「全体処理」を示す証拠の一つとして，「**倒立効果**」がある。顔を逆さにすると，その顔の印象や人物の判断も難しくなるという現象で，有名なものに「**サッチャー錯視**」がある（Thompson, 1980：図7-5）。逆さではそれほど

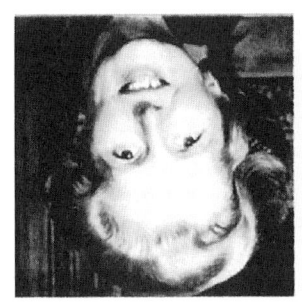

図7-5　サッチャー錯視
（出所）Thompson, 1980

強い印象をもたないが，正立にしてみるととたんにグロテスクに見える錯視である。対象の記憶でも，顔以外の家具や家などは逆さにしても記憶の成績は変わらないのに，顔を逆さにすると記憶成績が低くなることが知られている（Yin, 1969）。

　こうした顔認知のより高度な処理である「全体処理」が，発達的にいつ頃から可能となるかが検討されている。コーエンら（Cohen & Cashon, 2001）の研究では，**馴化・脱馴化法**（14章参照）を用いて，乳児が顔を「全体処理」するかを調べる実験が行われている。実験では男性と女性の顔に馴化させ（学習させ）たあと，この男女の顔の間で口や目を入れ替えた顔（合成顔）に脱馴化するか（先の学習顔と識別するか）が調べられた。口や目を入れ替えて作った合成顔は，馴化で学習した顔とはまったく異なる印象だが，ただしそれは，顔を「全体処理」した場合に限られる。部分だけに注目した場合，入れ替えられた口と目そのものは，馴化で学習した顔に存在している。そのため，口や目の部分だけに注目していたら，新しい組み合わせの合成顔の，目と口だけを見て「すでに見た」と判断することになろう。この場合，新しい顔を識別する（脱馴化する）ことはない。つまり，新しい組み合わせの合成顔を識別できるか（脱馴化できるか）どうかで，「全体処理」しているか，それとも目や口という部分にだけ注目して顔を見ているかを調べることができるのである。実験の結果，生後8か月児では，目や口を入れ替えた合成顔を新しい顔とみなし，識別

できる（脱馴化する）ことがわかった。この月齢であれば全体処理が可能であることが示されたのである。

　「目」と「顔の配置情報」，顔認知に与える影響はいずれも大きく，どちらにより重みがあるかについてはまだ解明されていない大きな謎である。視線の認知に全体処理が関係する可能性を示す実験について，次にみていこう。

## 4　視線の認知への全体処理のかかわり

　視線の認知においても，同様の全体処理がいつ頃から生じるかを調べる実験が行われている。仲渡ら（Nakato et al., 2009b）は，**ワラストンの錯視図形**（Wollaston, 1824：図7-6a）を改変した実験を行った。ワラストンの錯視図形は，目は同じでも輪郭を変えることによって視線の方向が変わって見えるものである。ｂの顔の図には「こっちを見ている（見つめられている）視線」を，反対にａの図の顔には「あさっての方向を見ている視線」を感じとることができるが，それぞれの顔の「目」だけに注目してみれば，じつはこれらの顔，「目」そのものはまったく同じである。輪郭を変えただけで，見つめられているように感じたり，あっちを向いているように感じたり，視線方向の見え方を変えることができるのである。視線の認識には「目」が重要だが，この錯視に関していえば，「目」だけを追っては，見ることはできない。この錯視を見るためには，顔を「全体処理」する必要があるのだ。

　実験で使用したのは図7-6の顔だ。左の馴化顔ａに学習させた後に，右のｂ，ｃの顔を見せるのである。ｂ・ｃのどちらを学習した顔と違うと区別するのか（どちらに脱馴化するか）を調べるのである。学習させる馴化顔ａは，左向きで視線の外れた顔である。それに対して，ｂ，ｃの顔は，馴化顔ａを左右逆さに反転（鏡映反転）したものである。ｃの顔は，ａの馴化顔をそっくりそのまま鏡映反転させたものであるのに対し，もう一方のｂの顔は，目の領域だけをもとのままにして，それ以外をすべて反転させたものだ。わざわざ鏡映反転させた顔を使うのは，顔の区別を調べる際に，顔や視線の記憶ではなく，網

7章　顔の知覚

　　　a　　　　　　　　b　　　　　　　　c

**図7-6　実験で用いた図**
　a馴化（学習）に用いた刺激図形と，テストに用いたbとcの図形。aとcは視線はこっちを向いていないが，bだけが視線がこっちを向いているように見える。しかし，目の部分の画像についていえば，aとbはまったく同じで，cはaの画像を鏡映反転したものである。
　（出所）　Nakato et al., 2009b

膜上に残った「視覚的痕跡」を利用して区別する可能性を排除するためである。実験の刺激を再度比べると，視線の方向の違いをもとに識別すると，馴化顔aとcの顔は，視線が正面からそれた顔である。bの顔だけが，視線が正面に合った顔であるため，違う顔とみなすことができる。ただしこの見方は，顔を全体処理したときにのみ当てはまるものである。目だけに注目して部分的に処理すると，馴化顔aとbの顔は同じ目で，cの顔だけが違うことになるのである。つまり，目という部分に注目して部分処理すれば，cの顔が馴化顔aと異なることに，顔を全体処理して視線を判断すれば，bの顔が馴化顔aと異なることになるわけである。それでは乳児は，b，cどちらの顔を，aの馴化顔と違うと判断するのだろうか。生後6-8か月を対象として実験を行ったところ，生後8か月児だけが顔の区別ができ，bの顔を違うと判断することがわかったのである。大人と同じように，全体処理で視線の向きで顔を判断するのは，この月齢であったのだ。

　さらに私たちはこの実験の成果を確かめるため，倒立させた顔を見せる実験を行った（Nakato et al., 2009b）。先に説明したように，顔を倒立させると「全体処理」が成立し難くなる。そうした場合，部分で判断しがちになるともいわれる。錯視顔をすべて逆さにして実験を行ったところ，先と同じく生後8か月児だけが顔を区別することができた。ところが今度は，先の結果とは逆に，cの顔を別の顔とみなしていたのである。つまり，逆さになったがために，目という部分に基づいて顔の違いを判断したのである。視線の錯視は，生後8か月

頃から成人と同じようになり，顔認識と同じように「全体処理」へと変化していくようである。

　ワラストンの錯視が興味深いのは，目に重きがある視線の認知においても全体処理が効いていることにあり，しかもそれが意外に月齢の低い乳児にも適用されることである。目と顔の配置，どちらが顔を見る上での鍵になるかのは，まだ解明されない謎である。

## 5　顔認知にかんする脳の領域

　顔が他の対象と比べて特殊である証拠の一つに，脳の中に顔認知に特化した部位があることがあげられる。この特殊な領域に脳血栓や脳卒中などで障害を受けると，顔だけがわからなくなる障害が発生する。**相貌失認**と呼ばれるこの症状では，親しい人の顔に親しみをもてず，誰であるかがわからない。息子の顔や自分の顔もわからない。わからないのは顔だけで，服装や声を手がかりにすれば，息子や妻を見出すことができるのである。そのおもな領域とは，側頭後ろの下方にある**紡錘状回**（fusiform gyrus）と**上側頭溝**（STS）である。

　乳児の脳活動を調べる実験が，近年開発された**近赤外線分光法**（NIRS）で可能となった。近赤外線分光法とは，近赤外線を吸収する度合いによって血中のヘモグロビン量の変化を計測するものである。脳が活動するとその部位のヘモグロビン量が増えることから，脳の特定の領域での活動状態を調べることができるのである。この近赤外線分光法を用いて，先に示した紡錘状回と上側頭溝（STS），顔に特化した**顔領域**と呼ばれる後方両側頭の血流の変化が調べられている。実験では生後5–8か月の乳児を対象に，逆さの顔と正立の顔の処理が調べられた（Otsuka et al., 2007）。果物を見たときの脳活動を基準として，顔を見たときにこの顔領域の脳活動が上昇するか，その際に倒立と正立の顔で違いがあるかが検討された。実験の結果，顔を見ることにより顔領域を含む右側頭の活動は高まり，とくに倒立よりも正立でこの活動が高まることがわかった。顔を処理するときにはとくに右半球の活動が高まることが成人でも知られ

ていることから，この月齢の乳児においても高度な顔処理が可能であることが示唆される。

さらに仲渡ら（Nakato et al., 2009a）の実験では，脳活動の発達過程を解明している。生後5-8か月児を対象にして，大塚ら（Otsuka et al., 2007）と同様の手続きで横顔と正面顔を見ているときの脳活動が計測された。その結果，生後8か月児では正面顔も横顔も同じように右側頭の活動が高まっているのに対し，生後5か月児では正面顔だけに右側頭の活動が高まることが示されたのである。このことは生後5-8か月の発達と，正面顔と横顔の処理の違いを示唆するものである。

## 6 顔認知における複雑な側面

顔の角度が変わっても同一人物と同定できることは，高度な能力なのである。そもそも髪型が変わっても同一人物と把握することからして，難しいことである。新生児で顔がわかり，月齢の低い乳児でも母親顔を好むという研究があるが，髪型で区別していると思われるところがある（Bushnell et al., 1982）。生後2か月あたりでは髪型を隠すと母親顔を発見できなくなり，髪型が隠されても母親顔を区別できるようになるのは生後4か月までかかることが知られている（Pascalis et al., 1995）。現実の顔では，輪郭と髪型との境界が一番コントラストをもち目立つから，月齢の低い乳児では髪型に注目がいくのは納得のいく話である。しかしながら顔認識にとっては，髪型は重要な情報とはいえない。髪型やめがね，そして服装などは頻繁に変わるために，他者を認識する手段としては不十分である。髪型のある現実の顔で，目・鼻・口といった特徴からなる配置情報に注目できると考えられるのは生後4か月頃以降である。

さまざまな角度の顔を読み取ることも同じ時期に完成する能力である。先の仲渡らの近赤外線分光法を使用した実験（Nakato et al., 2009a）で示されたように，横顔を見るのは難しいことであるのだ。目が2つある正面顔と違って，横顔では目が一つになる。形の上ではまったく異なるものとして映るのにもかか

回転条件　　ランダム条件

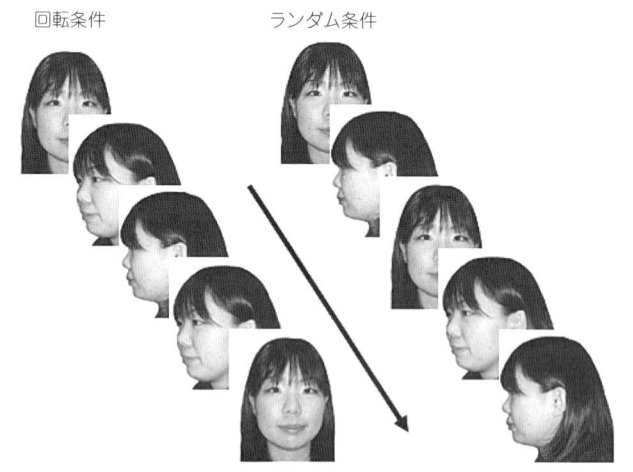

図7-7　異なる角度の顔学習実験の刺激
（出所）　Nakato et al., 2010

わらず，どんな角度の顔でも同一人物として把握できるということは，驚くべきことである。角度が変わっても同じ顔とみなすためには，顔が3次元の特性をもつことを理解し，さまざまな角度の顔を一つの顔として理解する必要がある。生後6-8か月の乳児を対象に，さまざまな角度で顔を学習させ，見たことのない角度で顔を再認できるかを調べる実験が行われている（Nakato et al., 2010）。一人の女性の正面顔と斜め顔・横顔を用意して，これをパラパラ漫画のように順番に見せるのである。この際，正面から横顔へと規則正しく回転させる条件と，回転の順序を無視してばらばらに見せる条件，2つの条件を設定した（図7-7）。こうして同じ女性の顔を何度も見せて学習させ，その後に同じ女性の見たことのない角度の顔を別の女性の顔とともに見せ，どちらが先に見た顔かを馴化・脱馴化法により判断させる実験が行われた。顔を回転させることにより，3次元の物体を理解しやすくする効果がある。実験の結果，生後6-8か月児で順序通りに回転して見せたときだけ学習が成立し，はじめて見る角度の斜め顔で見せた同一人物と別人を区別できることがわかった。ところが同じように回転して学習させても，はじめて見る向きの横顔でテストすると，

同一人物と別人の区別ができないことがわかったのである。やはり横顔の認識は，難しいのである。

　顔の学習に対する表情のような非剛体的な動きの効果も，発達的には同じ頃にみられる。一般的に，顔に動きの情報が加わると，表情や男女の識別などが容易になることが知られている（O'Toole, 2002）。大塚ら（Otsuka et al., 2009a）は乳児を対象に，非剛体的な動きの情報を加えることによって顔学習に促進があるかを調べる実験を行った。女性の顔を日常的に見られるような様子で動かして学習させた場合，静止した状態で学習させた場合，さらに通常見られないような不規則な動きを加えた場合とで学習成績を比較した。実験の結果，生後3-5か月の乳児でも，正しい動きの情報は顔の学習を促進する効果があることがわかったのである。

## 7　発達初期の顔学習の速さにかかわること

　発達の初期段階で，顔の学習は驚異的に速い速度で進んでいる。その理由の一つに，月齢の低い乳児の悪い視力の効果がある。視力が悪いことにより入力する画像の質が悪くなり，結果的に入力される情報量が少なくなる。少ない情報を学習することによってより速い学習につながるというのである（Valentin & Abdi, 2003）。視力発達があるていど完成した生後6か月以降の乳児を対象に，画像の悪い映像を見せて学習実験を行った乳児と通常の映像を見せて行った乳児とを比較したところ，生後6か月でも画像の悪い映像を見せた場合の学習がより速く，より正確であることがわかったのである。

　顔の学習に与える環境の影響は，男女の識別実験などにもあらわれている。生後6-8か月の乳児を対象として馴化・脱馴化法により男女識別の実験を行ったところ（Yamaguchi, 2000），生後8か月児では顔の男女識別が完全にできた一方で，生後6か月児では男女識別が不完全で，学習した顔が女性か男性かで結果が異なったのである（女性の顔を学習した場合は，男女を識別できるが，男性の顔を学習した場合は識別できない）。こうした不均衡の理由は，男女の顔

## コラム　ルネッサンス期に生まれた顔のだまし絵

　顔を使った有名なだまし絵に，ミラノ生まれの宮廷画家，アルチンボルド（Giuseppe Arcimboldo 1527-93）の絵がある。アルチンボルドは多数のだまし絵を残しているが，その作品に共通する面白さは，顔と無関係なさまざまな物体（図7c-1では野菜）で顔が構成されているところにある。そしてこの絵を見るとき，どちらかというと個々の「野菜」よりも先に「顔」に気づいてしまうところにある。

　アルチンボルドの絵を面白いと思うのは，顔を見る能力と関係している。優先的に顔を見ようとする性質があるからで，本章で示した「顔が見えない」相貌失認の患者には，この不思議さは理解できないと思われる。顔以外の物体を認識できない，物体失認の患者には，この絵に顔は見えても野菜に気づかないといわれている（Moscovitch et al., 1997）。なお，このだまし絵を逆さにすると，倒立効果によって顔がわかりにくくなるが，アルチンボルドの別の作品にはわざと逆さにして顔を見えにくくしているものもある。こうしたからくりは，本章で示した顔認知実験によって明らかにされた顔認知メカニズムに基づくものであるが，ルネッサンス期の画家が，この顔の秘密をすでに知っていたということは，驚きである。

図7c-1　ジュゼッペ・アルチンボルド「ウェルトゥムヌスに扮したルドルフ2世」

1590年もしくは1591年
板の油彩　68×56cm
Sweden, Skoklosters Slott, Bålsta
（出所）　クリーゲスコルテ（2001）より掲載

への経験の違いと考えられている。生後6か月の乳児は，女性の顔への日常的な学習（馴れ）があるため，男女の顔の見方が違うと考えるのだ。母親に育てられ周囲も女性が多い乳児の場合，女性の顔と男性の顔に対する日常的な経験は異なり，それが結果に影響する可能性がある。クインたち（Quinn et al., 2002）は，父親に育てられた乳児を対象とした実験を行ったところ，父親に育てられた乳児では，母親に育てられた乳児と異なる結果を示すことを指摘している。

　生まれて半年頃の顔認識の発達は，乳児が生まれ育つ環境での経験がもととなる。したがってこの頃の発達過程を調べることは，乳児がどのような環境において顔にかんする社会的経験をしたかを知ることにつながる。それは必然的に，赤ちゃんの育つ社会環境を考えることにもつながる。顔が他の物体の認識と比べて特殊であることの最大の理由は，他の物体と同じ視覚刺激であるにもかかわらず「社会性」という意味をもつ物体であるからかもしれない。顔も視線も，いずれも社会的な意味をもつという側面において，たんなる物理的な刺激よりも目立つのであろう。

〈サマリー〉
　顔は，他の物体とは違う特徴をもつ不思議な視覚刺激である。不思議さの一つが，脳の特殊な領域で処理されるということにある。それは紡錘状回（fusiform gyrus）と上側頭溝（STS），顔に特化した顔領域と呼ばれる後方両側頭であった。もう一つが生まれつき顔に敏感であるということにある。顔には，目と配置情報という2つの異なる重要な情報が存在したが，この2つともに新生児の段階から反応している。こうした顔の特殊性は，顔が他の物体と同じ視覚刺激であるにもかかわらず「社会性」という意味をもつ物体であることによると考えられた。

〈もっと詳しく知りたい人のための文献紹介〉
　吉川左紀子・益谷真・中村真（編）　1993　顔と心――顔の心理学入門　サイエン

ス社
　⇨出版年度は古いが，顔認知や記憶にかかわる基本的知識を示した書であり，とくに顔認知研究では必読書である。
山口真美　2010　美人は得をするか　「顔」学入門　集英社新書
　⇨最新の知見も踏まえた，顔認知に関する一般書。顔学の知見も網羅している。
山口真美　2003　赤ちゃんは顔をよむ――視覚と心の発達心理学　紀伊國屋書店
　⇨顔認知の発達について，すべての領域を網羅した一般書。

〈文　献〉

Bushnell, I. W. R., Sai, F., & Mullin, J. T. 1982 Neonatal recognition of the mother's face. *British Journal of Developmental Psychology*, **7**, 3-15.

Cabeza, R., & Kato, T. 2000 Features are also important: Contributions of featural and configural processing to face recognition. *Psychological Science*, **11**, 429-433.

Carey, S. 1992 Becoming a face expert. *Philosophical Transaction of the Royal Society of London, B*, **335**, 95-103.

Cohen, L. B., & Cashon, C. H. 2001 Do 7-month-old infants process independent features or facial configurations? *Infant and Child Development*, **10**, 83-92.

Fantz, R. L. 1961 The origin of form perception. *Scientific American*, **204**, 67-72.

Fantz, R. L. 1963 Pattern vision in newborn infants. *Science*, **140**, 296-297.

Fantz, R. L., & Fagan, J. F. 1975 Visual attention to size and number of pattern details by term and preterm infants during the first six months. *Child Development*, **46**, 224-228.

Fantz, R. L., & Yeh, J. 1979 Configurational selectivities: Critical for development of visual perception and attention. *Canadian Journal of Psychology*, **33**(4), 277-287.

Farroni, T., Csibra, G., Simion, F., & Johnson, M. H. 2002 Eye contact detection in humans from birth. *Procedings of the National Academy of Science*, **99**, 9602-9605.

Farroni, T., Menon, E., & Johnson, M. H. 2006 Factors influencing newborns' preference for faces with eye contact. *Journal of Experimental Child Psychology*, **95**(4), 298-308.

Goren, C. C., Starty, M., & Wu, P. Y. K. 1975 Visual following and pattern discrimination of face-like stimulus by newborn infants'. *Pediatrics*, **56**, 544-549.

Kelly, D. et al. 2004 The XIVth Biennial International Conference on Infant Studies. Chicago, U.S.A.

Kleiner, K. A. 1987 Amplitude and phase spectra as indices of infants' pattern preferences. *Infants Behavior & Development*, **10**, 49-59.

Klin, A., Jones, B. A. W., Schultz, R., Volkmar, F., & Cohen, D., 2002 Defining and quantifying the social phenotype in autism. *American Journal of Psychiatry*, **159**, 895-908.

クリーゲスコルテ, W. Yuko Aoki (訳) 2001 ジュゼッペ・アルチンボルド TASCHEN

Moscovitch, M., Winocur, G., & Behrmann, M. 1997 What is special about face recognition？: Nineteen experiments on a person with visual object agnosia and dyslexia but normal face recognition. *Journal of Cognitive Neuroscience*, **9**, 555-604.

Nakato, E., Kanazawa, S., & Yamaguchi, M. K. 2010 The effect of rotation information on infant's recognition of unfamiliar faces viewed from different viewpoint. *Japanese Psychological Research*, **52** (4), 257-267.

Nakato, E., Otsuka, Y., Kanazawa, S., Yamaguchi, M. K., Watanabe, S., & Kakigi, R. 2009a When do infants differentiate profile face from frontal face？: A near-infrared spectroscopic study. *Human Brain Mapping*, **30** (2), 462-472.

Nakato E., Otsuka, Y., Konuma, H., Kanazawa, S., Yamaguchi, M. K., & Tomonaga, M. 2009b Perception of illusory shift of eye gaze direction by infants. *Infant Behaviour and Development*, **32**, 422-428.

O'Toole, A. J., Roark, D., & Abdi, H. 2002 Recognizing moving faces: A psychological and neural synthesis. *Trends in Cognitive Sciences*, **6**, 261-266.

Otsuka, Y., Konishi, Y., Kanazawa, S., Yamaguchi, M. K., Abdi, H. & O'Toole, A. J. 2009a The recognition of moving and static faces by young infants. *Child Development*, **80** (4), 1259-1271.

Otsuka, Y., Motoyoshi, I., Kobayashi, M., Hill, H., Kanazawa, S., & Yamaguchi, M. K. 2009b Face discrimination in infants and adults: The role of contrast polarity of the eyes. The Vision Science Society 9th Annual Meeting (Florida, USA).

Otsuka, Y., Nakato, E., Kanazawa, S., Yamaguchi, M. K., Watanabe, S., & Kakigi, R. 2007 Neural activation to upright and inverted faces in infants measured by near infrared spectroscopy. *Neuro Image*, **34** (1), 399-406.

Pascalis, O., de Haan, M., & Nelson, C. A. 2002 Is face processing species-specific during the first year of life? *Science*, **25**, 1321-1323.

Pascalis, O., de Shonen, S., Moton, J., Deruelle, C., & Fare-Grenet, M. 1995 Mother's face recognition by neonates: A replication and extension. *Infant Behavior and Development*, **18**, 79-85.

Quinn, P. C., Kuhn, Y. A., Slater, A. M., & Pascalis, O. 2002 Presentation of the gender of human faces by infants: A preference for female. *Perception*, **31**, 1109-1121.

Schwarzer, G., & Zauner, N. 2003 Face processing in 8-month-old infants: Evidence for configural and analytical processing. *Vision Research*, **43**, 2783-2793.

Senju, A., Yaguchi, K., Tojo, Y., & Hasegawa, T. 2003 Eye contact does not facilitate detection in children with autism. *Cognition*, **89**, B43-B51.

Simion, F., Valenza, E., Macchi, V., Turati, C., & Umiltà, C. 2002 Newborns' preference for up-down asymmetrical configurations. *Developmental Science*, **5** (4), 427-434.

Thompson, P. 1980 Margaret Thatcher: A new illusion. *Perception*, **9**, 483-484.

Yamaguchi, M. K. 2000 Discriminating the gender of faces by 6 and 8 month old infants. *Perceptual & Motor Skills*, **91**, 653-663.

Yin, R. K. 1969 Looking at upside-down faces. *Journal of Experimental Psychology*, **81**, 141-145.

Valentin, D., & Abdi, H. 2003 Early face recognition: What can we learn from a myopic baby neural network? In O. Pascalis & A. Slater (Eds.), *The development of face processing in infancy and early childhood: Current perspectives*. NOVA Science publishers.

Wollaston, W. H. 1824 On the apparent direction of eye in a portrait. *Philosophical Transactions of the Royal Society of London, B*, **114**, 247-256.

# 8章　眼球運動

- 眼の動きにはどのようなものがあるか？
- 眼球が動いているのに対象は正しく見えるのはなぜか？

村上郁也

> 　脳は，網膜像を通して，外界の様子を推定しています。眼がどのように動いても，脳の情報処理の結果，静止外界とその中の自己の関係が正しく認知できます。しかしそれはすごいことです。眼が動くと，網膜像も動きます。なぜ，世界が動いて見えないのでしょうか。そもそも，なぜ私たちの眼は動くように進化したのでしょう。対象への興味のもち方と，自分の意思で眼を動かすこととは，何か関係がありそうです。また，いくらじっとしていても，頭は知らないうちに揺れており，頭が動けば，網膜像もぶれるはずですが，それを防ぐための眼の動きもあるというのです。さらにショッキングな特性として，眼がまったく動かないと，世界が消えてしまいます。眼が見えるために眼を動かすとは，どういうことなのでしょうか。
> 　このような多彩な眼球運動をいくつかのタイプに分けて順に紹介し，それらの機能と，関連する不思議な現象について触れることにします。

## 1　自分で自在に動かせるタイプの眼球運動

### (1)　眼を移す：サッカードと固視

　随意的眼球運動の代表的な種類として**サッカード**というものがある。これは視野上の一点から別の一点へとほぼ直線軌道を描いて眼の位置が急峻(きゅうしゅん)に変わる運動である。たとえば，黒板の右上隅を見ていたとき，黒板の左下隅に視線を移そうとする自分の意思によって，眼をすばやく動かすことができる。

意識的に眼を動かそうと思わなくても，じつはサッカードは常日頃から知らないうちに生じている。たとえばこの本文を読んでいる読者の眼は，文章中のある語にとどまった後にその数センチ先の語に向かってサッカードし，行末から次の行頭に向かってサッカードしている。またたとえば人物の肖像写真などを眼の前にもって眺める際にも，対象の眼・鼻・口などの特徴点の間でサッカードが生じている（図8-1）。

　サッカードとサッカードとの間には，**固視**と呼ばれる眼球静止状態が保たれている。頭部に対して特定の方角にある静止対象を見つめ続けるというのは，眼が休んでいるわけではない。眼がつねに同じ角度を保つよう，眼筋を緊張させて制御し続ける必要がある。たまに刑事ドラマで横目を向いて死んでいる俳優がいるが，筋緊張を失えば力学的平衡の位置に戻ってしまう。たとえまっすぐ前方を見る場合も，つねに生じている眼球運動（後述）によってずれていかないように，制御し続けている。さらに，眼を乗せた頭部そのものが向きを変えたときは，その結果の角度のずれをうまく相殺してはじめて，頭部運動によらず同じ対象への視線を保てる。固視を続けるのには高度な計算も必要なのだ。

　サッカードを実験室で起こすときは，中央の固視点を固視させておき，視野周辺にサッカード標的を突然呈示して眼を移動させる（図8-2）。標的を呈示してからサッカードが始まるまでの通常の潜時は約200ミリ秒である。この間に眼球運動系は，標的を同定して到達運動を行うことを決め，標的到達に必要な軌道の振幅を計算し，運動を実行する。ただし，振幅さえ決まれば眼球運動の速度と持続時間は自動的に決まって型通りの運動が生じる。

　サッカード潜時の最中には注意のスイッチの入/切というような高次の情報処理も関与しているらしい。それを示す研究の典型例では，標的を呈示する200ミリ秒前に中央固視点を消してしまう。そうすると，潜時が約120ミリ秒と短くなる（Fischer & Weber, 1993）。通常のサッカードでは固視点から注意をそらせてから標的に注意を向ける必要があるのに対し，この場合，固視点がすでに消えているので注意もすでにそれてしまっている。潜時の短縮する約80ミリ秒という時間は，固視点から注意を解放するという作業に必要な時間だという

8章　眼球運動

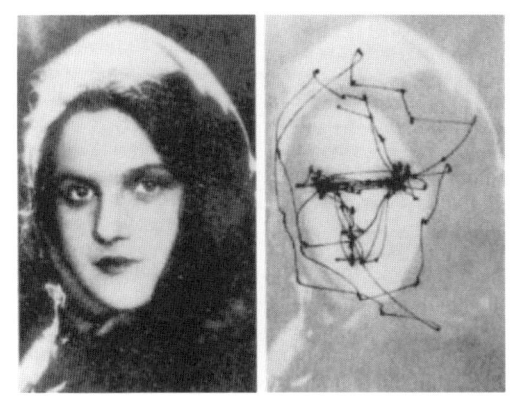

図8-1　人の顔の写真を観察しているときのサッカード
（出所）Yarbus, 1967

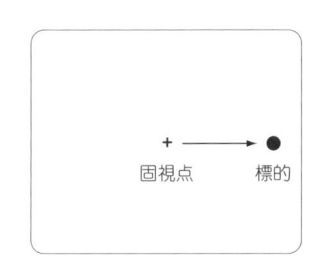

図8-2　固視点とサッカード標的

わけだ。

### （2）　眼で追う：追跡眼球運動

　静止した外界を眺めている間の随意的眼球運動では，このようにサッカードと固視とが交互に出現する。しかし，私たち人間のように視野中心の解像度視力がよい動物では，運動軌道を描いて動いている対象を視野中心でとらえ続けるための滑らかな眼球運動もみられる。これが**滑動性の追跡眼球運動**である（教科書によってはこれを追従眼球運動と呼ぶ）。野球で打者のフライを眼で追うときや，雑踏の行き交う中で連れの姿を見失うまいと眼で追いかけるときを想像してほしい。対象の動きは観察者側ではあらかじめ予測しきれないので，

対象が網膜の中心からどれだけ外れつつあるかをつねにチェックしながら適応的に眼球運動指令を発し続けるという制御を行っている。そのためにおもに働く原理は，対象の網膜上の速度を検出し，これを減らす方向の眼球運動を起こすということである。

### （3） 寄り眼をする：輻輳

　上記の眼球運動では両眼とも同じ方向に動く。それに対して，水平運動に関して両眼が互いに反対方向に動くこともあり，両眼が内向きに動く輻輳運動，外向きに動く開散運動がある。いわゆる寄り眼・離れ眼に向かう運動のことである。これらをまとめて，**輻輳**という。輻輳によって，観察距離の近い対象も遠い対象も両眼の網膜中心で固視することが可能になる。輻輳は固視対象の両眼網膜像差（6章参照）を減らす方向に誘発されるゆっくりした動きで，サッカードのような急峻な動きはできないとされている。

### （4） 眼が動いても視覚世界が動いて見えないわけ

　一度サッカードが生じただけで視線が数十度も変わることがあるので，網膜像は似ても似つかないものになる。眼の動きにかかわらず同じ事物は同じ位置に見え続けるという性質，すなわち視覚世界の**位置の恒常性**（1章参照）を保つにはどうすればいいだろうか。

　片眼だけ開け，自分の指でその眼のまぶたを横から軽く揺さぶってみると，指の力で眼が少し動くが，そのとき，視野全体がどう見えるのか体験してみよう。面白いことに，指の動きに応じてぐらぐらと揺れて見える。つまり，眼球運動系のあずかり知らない原因で眼が動いたときは恒常性が崩れ，脳による指令で眼が動いたときは恒常性が実現するのだ。

　脳は，自分がサッカード眼球運動の指令を発したことを利用して，この指令のコピーを視覚系に入力して，現在の眼の向きがどうなっているかを知らせる。この信号を**遠心性コピー**と呼ぶ。視覚系はそれを受け取り，視覚情報を表現する枠組みを，網膜を基準にした座標系から適切に座標変換して，頭部を基準に

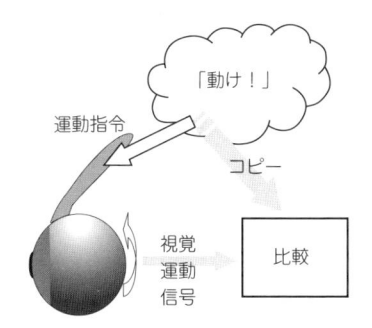

図8-3 眼球運動指令の遠心性コピー

した座標系に変える。このため，眼がどの向きを向いても，頭部を基準にして静止した視覚世界が実現できる。同じように頭部運動の指令の遠心性コピーを視覚系に入力して座標変換に用いれば，眼や頭がどの向きを向いても，観察者自身にとっての上下左右軸という，いわゆる自己中心的な座標系において視覚世界を表現することができる。

追跡眼球運動に伴う網膜像のずれに関しても，運動指令の遠心性コピーが用いられているようだ。右向きに飛んでいる飛行機を眼で追いかけるために右向きに追跡眼球運動が生じると，飛行機は網膜の中心で静止していて，それ以外の視野全体が左に動いている。にもかかわらず私たちをとりまく環境は安定して感じられ，飛行機は右向きに飛んでいると知覚される。それは，網膜上の視覚刺激の運動を視覚系によって推定し，同時に同じ視覚系で眼球運動指令のコピーを使って現在眼球がどう動いているかを推定し，それらの間で比較をしているからだと考えられている（図8-3）。

輻輳に関しても，どれくらい寄り眼になっているかという輻輳角の情報が視覚系に送られているため，輻輳が変わっても視野全体が迫ったり遠ざかったりしては見えず，その代わりに，固視対象までの観察距離が変わったと認識する。言い方を変えれば，この特性から，輻輳は固視対象までの距離の手がかりとして利用されている（6章参照）。

### （5） サッカードの最中は何も見えない

　意識的か否かを問わず，サッカードは日常的に生じている眼球運動である。どんな場合もサッカードに伴って網膜像は動いている。サッカードと同じ速さで急に動かした動画像を，眼を動かさずに観察すれば，明瞭に光の流れが見えてしまう。にもかかわらず，サッカードによって日常的に生じているはずの網膜像の運動が知覚されることはない。サッカード最中の視覚の感度が鈍る，このような現象を**サッカード抑制**という。

　ためしに，鏡に映った自分の顔の右眼を固視し，急に左眼に視線を移してみよう。サッカード中は顔の鏡映像の中で右眼と左眼とを結ぶ線分に沿って視線位置が徐々に変わっているのだが，どんなにがんばってもそれに気づくことはなく，自分の顔が眼の動きと反対方向にずれていく印象は生じない。（ちなみに，試してみてほしいのだが，こうして鏡の中の自分の顔をいくら眺めても，自分の眼の動きを自分で見ることはまったくできない。）

　サッカード抑制のメカニズムとしては，サッカード前と後の止まった外界の網膜像にじゃまされてサッカード中の網膜像の流れが視覚マスキングを受けて見えなくなっているという説や，サッカード中の網膜像は脳に入る前に眼球運動信号がスイッチとなって遮断されているという説などがある。

### （6） 追跡眼球運動に伴う錯覚現象

　追跡眼球運動に伴う網膜像の動きを補正して知覚にのぼらせないために，運動指令のコピーを用いると述べた。しかしそのコピーはあまり正確ではなく，実際の眼球運動速度の7割といったように小さな速度で見積もるようである（Freeman, 2001）。このため，右方向に速度1で動光点を追う追跡眼球運動をしながら同時に静止刺激を観察する場合，その刺激の網膜像運動の速度を補正しきれず，たとえば速度0.3などといったように，静止刺激がゆっくりと左方向に動いて見えてしまう。これを**フィレーネ錯視**という。同じように，速度1で動いている対象を完璧に追跡できたときには運動対象はつねに網膜中心に静止しているが，これを補正するための運動指令のコピーが眼球運動速度を過小

評価するため，眼を動かさずに同じ運動対象を観察する場合に比べて，眼で追いかけたときの方が，たとえば速度0.7などといったように遅く見えてしまう。これを**アウベルト=フライシル現象**という。

## 2 反射的に動くタイプの眼球運動

### (1) 頭の動きを相殺する：視運動性眼振，前庭動眼反射

私たちの身体は随意運動だけをしているわけではない。日常的な行動においては，むしろ，反射による不随意運動が大半を占めている。眼球運動に関しても，随意運動だけでなく，適応的な反射運動が生じて，視野のぶれを防いでいる。

**視運動性眼振**（**OKN**）は，視野上のやや広い領域の動きによって誘発される反射的眼球運動である。とくに，視覚刺激が動き始めるのに引きずられるように70-80ミリ秒の潜時で最初に生じる成分を**追従眼球運動**（**OFR**）と呼んで区別することがある。OKNの特徴としては，視覚刺激の動きと同じ方向にゆっくり眼が動く緩徐相とその反対方向にすばやく眼が戻る急速相との2種類が交互に出現して，これらが反復することで眼が震え続ける。

走る電車の窓の景色を見ても生じるので，知人と電車に乗ったとき，誤解されないように留意しながら，眼球運動を観察してみてほしい。進行方向と反対方向に，したがって窓の景色の動きと同じ方向に，比較的ゆっくり眼が動いているのがわかるはずである（14章も参照）。

**前庭動眼反射**（**VOR**）は，とくに視覚刺激がなくても生じる反射的眼球運動である。なので，完全暗黒下であっても生じる。これを誘発するには，頭を振る。頭部の両耳の内耳（9章参照）には前庭器官が備わっていて，そのうちの三半規管という場所では頭部回転の角加速度を検出している。また同じ前庭器官である耳石器という場所では直線加速度が検出される。前庭器官からの出力が眼球運動系に入り，頭部が右に回転したら両眼とも眼球は左に回転するといったように，反対方向の眼球運動が反射的に生じるような神経回路ができて

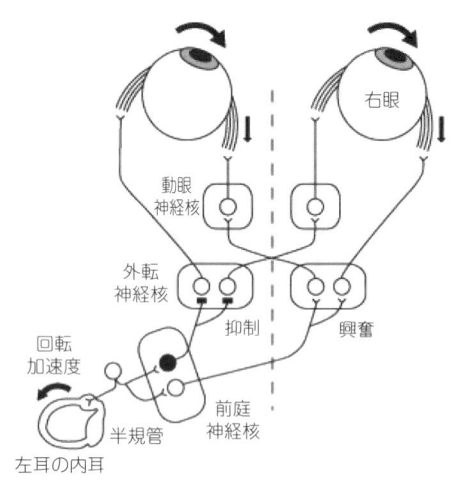

図8-4　前庭動眼反射の神経回路

いる（図8-4）。

　これを観察するには誰かと向かい合って突然びんたを張り，その人の視線が反射的に自分に向くか実験すればよいが，どうせいずれ向くだろうからよい例ではない。まわりに物があまり置かれていない環境で，自分で首をゆっくり左右に振ってみよう。そうしながら同じ静止対象に眼を止め続けることはいとも簡単にできるが，逆に頭に対して眼を動かさずに首を振るのはとても難しい。どうしても反射が起きてしまうからだ。

　OKNにせよVORにせよ，特殊な事態に生じる反射ではなく，常日頃生じている。私たちは自由に動き回れる動物であって，しかも眼球を乗せた頭部自体がたくみな動きをするので，眼にとびこんでくる視覚信号にはほとんどいつも動きが存在する。一方，私たちの視覚系は時間解像度がよくないので（11章，13章参照），身体や頭といっしょに眼や網膜が動いてしまうと画像がぶれて視認性が悪くなってしまう。OKNのように広い視覚刺激を追いかけるかのような眼の動きや，VORのように頭部回転によらず同じ場所を眺め続けるかのような眼の動きは，身体を動かしながら明瞭な視認性を保つための大事な仕掛けだといえる。

## （2） 反射の抑制と錯覚現象

　OKN や VOR といった反射を見た目の上で抑制することができる。それには，静止した光点を固視してやればよい。

　OKN を生じさせるには視野上のやや広い領域に運動刺激を与えると述べた。ところが，同時に視野中心の静止点を固視させると，反射的な眼の震えが抑制される。これは **OKN 抑制**と呼ばれる事態で，面白いことに，中央の固視点は中央の位置に見え続けながらも同時に周辺の動きと反対方向に動いて見える。この錯覚は**誘導運動**の範疇に入れられている。誘導運動とは，静止した対象が周囲の運動と反対方向に動いて見えるという視覚現象である（5 章参照）。

　純粋な VOR を生じさせるには暗黒下で頭部回転すればよい。ところがその際に，たとえば頭にかぶったヘルメットや自分の座っている回転椅子に堅固な棒をくくりつけて眼前にかざしたりして，頭部回転と同じ加速度で動き，かならず眼の前に静止している光点を固視すると，反射的な眼の動きが抑制される。これは **VOR 抑制**と呼ばれる。このときやはり，中央の固視点は中央の位置に見え続けながらも同時に頭の回転方向に動いて見える。この現象には**眼球旋回錯視**という名前がついている。

　これらの錯視を説明する考え方の一つとして，見かけ上の反射の抑制にはじつは追跡眼球運動がかかわっているとするものがある（Post, 1986）。OKN 抑制にせよ VOR 抑制にせよ，固視点を自発的に固視しているということは，反射的な眼球運動を相殺する方向に自発的に眼を動かしているということである。そのため，その方向への眼球運動が指令され，同時に，その運動指令の遠心性コピーが視覚系に入って視野安定のための比較演算が行われる。先ほど，追跡眼球運動のために網膜の中心で静止している飛行機が右向きに動くのがわかるのはこの運動指令の遠心性コピーとの比較のおかげだと述べたが，それと同じ理屈で，固視点が動くように見えてしまうのだという。反射的眼球運動の指令の遠心性コピーは視覚系に送られず，自発的眼球運動のもののみが送られる，というのがこの議論の前提になっている。

## 3 つねに生じているタイプの眼球運動

### (1) いつも震えている：固視微動

日頃の眼球運動でサッカードとサッカードとの間には固視が保たれていると述べた。また，静止対象の1点をじっと見つめることで，意識的に固視を続けることができる。その最中には厳密に眼が静止しているのだろうか。

眼球運動測定装置で測ってみると，たとえ固視中であって自覚的には眼を止めているつもりであっても，微小な運動成分がさまざま混在していることがわかる。これらの不随意的眼球運動を総称して**固視微動**という。固視微動は大きく分けて3種類に区別されている。**マイクロサッカード**は，サッカードに似た急峻な振る舞いを示し毎秒1-2回起こるが，サッカードに比べ振幅が小さく，自発的に起こすことはできず意識的に止めることも難しい。**ドリフト**は，固視点を中心に，ブラウン運動に似たランダムなゆっくりした眼の揺れとしてつねに生じている。**トレマー**は，1秒に30回以上の非常に速い震えで，振幅は角度にして1/60度以下と小さく，視知覚への関与は明らかでない。

### (2) 眼が揺れてくれるおかげで世界が見え続ける

いったいなぜこのような眼の揺れが必要なのだろうか。この問いに答えるために，特殊な装置を用いて固視微動に伴う網膜像の揺れを消して，同じ視覚対象が網膜上の同じ場所に投影され続けるようにした，いわゆる**静止網膜像**の実験がある（図8-5）。これを観察すると，面白いことに，十数秒観察し続けるだけで視覚対象が意識から消えてなくなり，背景の色で覆われてしまう。

特殊な装置がなくても静止網膜像のようなものを観察するやり方としては，視野の周辺に，あらかじめぼけている静止画像を置き，横目で観察すればよい。周辺視野は視力が悪いので，ぼけた画像が眼の揺れに伴って少しくらい揺れても検出できないという理屈である。こうしてやると，眼を止めて観察し続けているうちにだんだん対象が視界から消失してしまう。これを**トロクスラー効果**

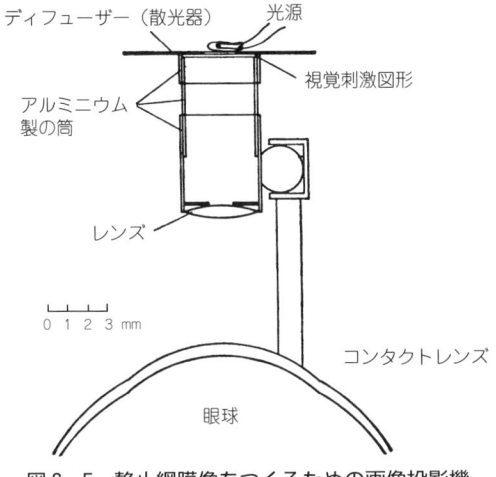

図 8-5　静止網膜像をつくるための画像投影機
　　　　つきコンタクト・レンズ
(出所)　Pritchard et al., 1960

という（1章参照：図1-15（口絵））。

　これらからわかることは，固視微動には対象の視認性を保つという重要な機能があるということだ。視覚系の初期のニューロンである光受容器をはじめとする網膜神経細胞は，光強度の変化には敏感に応じるが，定常光に対する順応が早く，同じ光強度で同じ場所が照射され続けていると応答が弱くなる。入力段階での視覚応答を保ち，知覚にのぼった静止対象の視認性を保つために，あえて眼球をつねに震わせ続けているといえる。固視微動はネコ，ウサギ，カメなど多くの動物でもみられる。

(3)　視野安定にかかわる錯覚現象

　完全暗黒中に静止光点を一つだけ呈示し，固視させると，固視し続けているにもかかわらず，光点が勝手にいろいろな方向に動いて見える。この古くから知られた現象は**自動運動**と呼ばれ，視覚対象の位置の恒常性というものは周囲の視覚環境が見えていてその中に対象を位置づけてはじめて実現するということを示している。そのときなぜ動いて見えるのかに関しては，上述の眼球旋回

## コラム　ローテク装置で錯視の実験

　固視微動と視知覚の関係を研究していて，錯覚現象を発見した（Murakami & Cavanagh, 1998）。『ジター錯視』と名づけたこの現象では，ふだん気づかない固視微動を自分自身で感じることができる。放送電波の入っていないＴＶ受像機の画面の砂嵐のようなちらちら模様を見た後に，静止図形を観察すると，視野の中の今までちらちら模様があった場所は止まって見え，その隣の場所はゆらゆらして見える。研究の結果，このゆらゆらがじつは観察者自身の固視微動による網膜像の揺れだとわかった。

　それを調べる実験装置のローテク具合が思い出される。静止網膜像を体験したかったが，そのための装置がない。便宜的に，ストロボ光を焚いて残像を眼に焼きつけて観察した。残像は網膜上で静止しているから，静止網膜像の代わりとなった。VORのような眼の揺れをつくりたかったが，そのための装置がない。自分でオフィス・チェアに座り，チェアごと回転した。4回転したところで突然チェアの回転を止める。回転が止まると逆方向の頭部回転の角加速度が生じ，VORが誘発された。あまりたくさん実験すると本当に眼が回ってVORを肌で感じ，世界が回った。自分の眼を人工的に揺らしたかったが，そのための振動装置があるかと思って，ラボの指導教員といっしょに数時間夢中になってインターネットを調べてみたが望みのものはヒットしない。便宜的に，ラウドスピーカーの振動面に発泡スチロール製の棒を突き立てて先端をまぶたに当て，毎秒4回スピーカーが震えるように音を出して，4 Hzの眼の人工的振動を実現させた。高価な装置を使うよりよほど楽しいひとときを過ごせたのが今でも懐かしい。

錯視と同じ説明が提案されている。すなわち，ランダムな固視微動のせいで勝手に眼がずれていくのを固視点に戻してやるための眼球運動が起こり，その遠心性コピーが視覚系に送られ，実際は網膜中心に投影され続けている光点の見かけ上の運動を決めているという。

　固視微動や自発的な固視がつねに生じていても，明るい環境では自動運動は起こらない。視野安定には，遠心性コピーによる演算だけでなく，視覚系の中での推論がはたらいているらしい。固視微動は微小ではあるが，視覚ニューロンを興奮させるに十分な速度である。したがって，初期視覚皮質では固視微動に伴って全体的に揺れている視野が脳内に表現されている。この表現が脳内情

報処理を経るうちに，安定した視野の表現に変換されてゆく。おそらく脳内のどこかで，「視野全体が揺れることは外界のせいではありえない，自分の眼が揺れるせいなのだろう」と推理して，世界はすべて静止しているとみなし，視野の一部だけが動く場合のみ，それを外界で動いているものとみなすのだろう。

近年発見され研究が進みつつある**蛇の回転錯視**においては，静止図形であるにもかかわらず，明瞭な運動印象が得られる（2章の図2-21：口絵）。最近の研究では，固視微動が大きく起こる人ほど蛇の回転錯視も強く生じるという関係が見いだされている（Murakami et al., 2006）。固視微動は，つねに生じて視覚世界の視認性を保つ機能をもち，その代償として視野全体がいつも揺れているが，脳内の視野安定の情報処理のおかげで私たちはそのことにふだん気づかない，しかしある種の運動錯視の原動力になっているかもしれない，微小ながら興味深い種類の眼球運動である。

〈サマリー〉

本章では，眼球運動をさまざまなタイプに分けて記述した。自分で自在に動かせる随意的眼球運動としては，サッカード，滑動性追跡眼球運動，輻輳がある。また，眼球運動が起こっていない期間では固視をしている。眼を動かせば網膜像がずれていくが，視覚世界は動いて見えない。現在の眼の動きに関する情報が，眼球運動指令の遠心性コピーの形で視覚系に入力されて，網膜像の情報と比較されているため，眼の動きによらない安定視野が実現できる。

反射的に動くタイプの眼球運動としては，広い領域の動きと同じ方向に眼が動くOKNと，頭部運動の加速度を検出して頭と反対方向に眼球が回転するVORを挙げることができる。いずれも，自分の身体や頭部の動きに伴って網膜像がぶれるのを防ぐ，適応的な制御と考えられる。

これら以外でつねに生じているタイプの眼球運動は，固視微動と総称される。これが生じないと，静止外界の投影像が網膜の同じ位置にあり続け，その結果，ものが見えなくなってしまう。

〈もっと詳しく知りたい人のための文献紹介〉

フィンドレイ, J. M.・ギルクリスト, I. D.　本田仁視（監訳）　2006　アクティヴ・ビジョン——眼球運動の心理・神経科学　北大路書房
　⇨眼球運動に関する心理学・神経科学が1冊の本にまとめられ，平易な記述で基本的知識から最先端の研究知見までが網羅されている。大学院受験レベルの難易度だが，本章で紙数の都合により扱いきれなかった重要な概念を知ることができる。

〈文　献〉

Fischer, B., & Weber, H. 1993 Express saccades and visual attention. *Behavioral and Brain Sciences*, **16**, 553-567.

Freeman, T. C. A. 2001 Transducer models of head-centred motion perception. *Vision Research*, **41**, 2741-2755.

Murakami, I., & Cavanagh, P. 1998 A jitter after-effect reveals motion-based stabilization of vision. *Nature*, **395**, 798-801.

Murakami, I., Kitaoka, A., & Ashida, H. 2006 A positive correlation between fixation instability and the strength of illusory motion in a static display. *Vision Research*, **46**, 2421-2431.

Post, R. B. 1986 Induced motion considered as a visually induced oculogyral illusion. *Perception*, **15**, 131-138.

Pritchard, R. M., Heron, W., & Hebb, D. O. 1960 Visual perception approached by the method of stabilized images. *Canadian Journal of Psychology*, **14**, 67-77.

Yarbus, A. L. 1967 *Eye movements and vision*. Plenum.

# 9章 聴　覚

- 「知覚される音」と「物理的な音」の関係は？
- 「知覚される音」を生みだす情報処理原理はどのようなものか？

柏野牧夫

> 「百聞は一見に如かず」という諺に代表されるように，聴覚の重要性は視覚に比べて軽視されがちです。「人間は外界の情報の大半を視覚から得ている」などと言われることもあります。しかし本当にそうでしょうか。背後から近づく自動車を避けることができるのも，会議で白熱した議論を戦わせるのも，すばらしい音楽の演奏に感動するのも，聴覚があればこそ。視覚と聴覚の重要性や「情報量」を単純に比較することはそもそも困難ですが，聴覚が日常生活の中で大きな役割を果たしていることは確かです。
> また，「聴覚は視覚に比べて単純だ」，「視覚には錯覚があるが聴覚にはない」などという言説もときどき耳にします。おそらく，「耳に音が入れば聞こえる。聴覚とは，それ以上でも以下でもない」と考えているのでしょう。しかしこれも大きな誤解です。本章では，聞くとはどういうことか，それがどのような仕組みで実現されているか，一見奇妙に思える錯覚現象などを通して考えていきましょう。

## 1　欠けた音の知覚的補完

### (1)　連続聴効果

「音が聞こえる」のは，「物理的に音が存在する」からであるとは限らない。知覚される音が物理的な音そのものではないということを如実に示す現象を紹

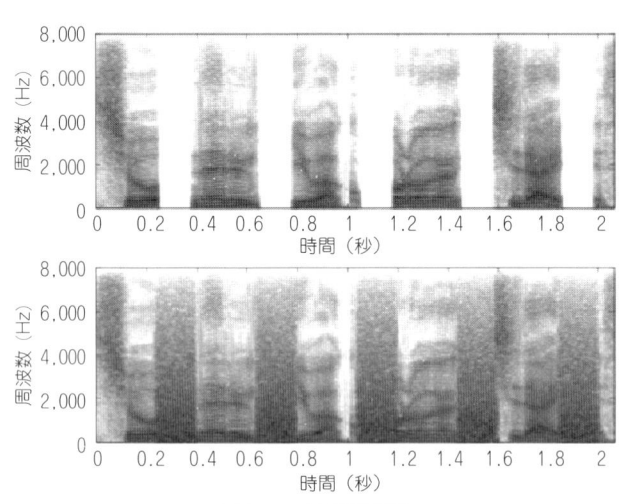

図9-1 連続聴効果

上段：「省エネルギーは心がけ次第です」という音声を一定時間ごとに削除（無音置換）したもの。下段：上段の無音置換の部分に広帯域雑音を挿入したもの。

介しよう。文章を声に出して読み上げたものを録音し，その文章の頭から100〜200ミリ秒程度の間隔ごとに**音声**（speech）を削除して無音にする（図9-1）。こうすると，何を言っているのか非常に聞き取りにくくなる。次に，音声を削除した部分に**雑音**を挿入する。雑音は音声よりも**広帯域**[1]で，**音圧レベル**[2]は音声よりも高くする必要がある。こうすると，雑音の背後で，削除されたはずの音声が補完され，滑らかにつながって聞こえる。このような知覚的補完現象を**連続聴効果**（auditory continuity illusion, auditory induction）という（Warren, 2008）。雑音があろうがなかろうが，同じ分量の音声が削除されたことに変わりはないが，聞こえ方は劇的に違う。雑音が挿入されると，たんに滑らかに聞こえるだけでなく，発話の中身が聞き取りやすくなる（書き取りの成績が上がる）。これをとくに**音素修復**（phonemic restoration）と呼ぶ。音素修復

➡ 1 含まれる周波数の範囲（帯域）が広いこと。
➡ 2 ある音の音圧の実効値と基準音圧との比の常用対数の20倍。基準音圧は空気中の音の場合 $20\,\mu$Pa（マイクロパスカル）。

9章 聴　覚

の効果は劇的で，最適な条件下では，どの音素が欠落しているのかわからないほどである。また，「本当は音声が削除されている」というからくりを知っていても，この現象を阻止することはできない。意識的に欠落部分を推測するのではなく，自動的に「聞こえてしまう」のである。

このような連続聴効果が生じるのは音声に限らない。対象が音楽でも環境音でも，あるいは**純音**でも雑音でも，特定の条件さえ満たされていればどのような音でも生じる。

### （2）マスキング可能性の法則

連続聴効果の生起条件を明らかにするために，補完される側の音（被誘導音），補完を誘導する側の音（誘導音）ともに純音として実験してみよう。まず，1,000 Hz の被誘導音を 200 ミリ秒ごとに繰り返しオンオフする。これはその通りにオンオフして聞こえる。ここで，被誘導音がオフになっている部分に，1,000 Hz の誘導音を挿入する。誘導音の音圧レベルは被誘導音よりも高くする。こうすると，連続聴効果が生じ，誘導音の背後で被誘導音が鳴り続けているように聞こえる。次に，誘導音の音圧レベルは一定に保ったままで，被誘導音の音圧レベルを次第に上げていく。すると，ある値を境に被誘導音の連続性が不完全になっていき，さらに音圧レベルを上げると完全にとぎれて聞こえるようになる。今度は被誘導音の音圧レベルを最初の状態に戻し，被誘導音の周波数を変えてみる。被誘導音の周波数が誘導音の周波数からある程度以上遠ざかると，被誘導音がとぎれて聞こえるようになる。しかし被誘導音の音圧レベルを下げていくと，また連続しているように聞こえるようになる。このような操作を系統的に繰り返すと，ある誘導音に対して，被誘導音の周波数ごとに，連続聴効果が生じる最大の音圧レベル（連続聴限界）を求めることができる（図 9-2）（Warren et al., 1972）。連続聴限界の形は，補完を誘導する音（狭帯域雑音）の周波数を中心として山型の曲線になる。

じつは，この連続聴限界の曲線とよく似た特性を示すものがある。それは**マスキング**（masking）である。マスキングとは，ある音の検出閾が，別の音

147

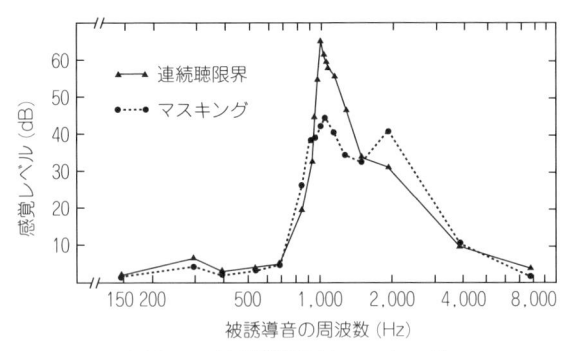

図9-2 連続聴限界とマスキング

感覚レベル（sensation level）とは，音の強さのレベルを，その音の最小可聴値を基準として表したもの。
（出所）Warren et al., 1972

（マスカー）の存在によって上昇すること（つまり検出しにくくなること）である。先ほどと同様にマスカー，ターゲットともに純音としてマスキング量を測ってみよう。マスカーの音圧レベル，周波数は固定する。ターゲットの音圧レベルが低いとマスカーにマスキングされて検出できないが，音圧レベルを上げると検出できるようになる。このような操作をターゲットの周波数ごとに行い，検出できる最低の音圧レベルを求める。こうして得られたマスキング曲線とさきほどの連続聴限界の曲線を重ねてみると，形がよく似ていることがわかる（図9-2）。つまり，連続聴効果が生じるためには，補完を誘導する側の音が，補完される側の音と同時に存在していたとしても，それをマスキングすることができるような特性（音圧レベル，周波数）をもっている必要がある。これを**マスキング可能性の法則**と呼ぶ。わかりやすく言えば，「隠されたときだけ補完される」ということである。「聴覚系は，そこに音がないという証拠がないときにはあるものと見なす」と言い換えることもできるだろう。

連続聴効果に見られる補完機能は，妨害音の多い日常的な環境でも安定して音を聞き取るうえでおおいに役立っている。ただし補完が必要なのは，本来存在している音が別の音でマスキングされた場合だけであって，もともと切れている音を補完する必要はない。この点，マスキング可能性の法則はきわめて理

に適っている。聴覚には，マスキングされた可能性が高い場合に限って補完するという選択性が備わっているのである。

## （3） 音響信号の冗長性を利用した推定

連続聴効果において，欠落部分を補完するか否かはそこに挿入される音のマスキング能力によって決まるとしても，そこをどのように補完するかはそれだけでは決められない。とくに音素修復の場合，なぜ本来存在していた音素が知覚されるのだろうか。そのヒントとなる錯覚を紹介しよう。

前提として，ある発声を録音し，逆転再生しても文字を逆から読んだようには聞こえない。それどころか，普通は日本語にすら聞こえない。ところが，次のような逆転再生では様子が違う (Saberi & Perrott, 1999)。まず，録音した音声を50ミリ秒程度の区間に区切る。次に，それぞれの区間を時間的に逆転させる。しかし区間同士は入れ替えない。つまり，それぞれの区間を仮にA，B，C，D，E，…と名付けるなら，Aを逆転したもの，Bを逆転したもの，Cを逆転したもの，…というように並べ，つなぎ合わせる。これを再生してみると，意外にも，もとの発話内容がそのまま聞き取れる。若干エコーがかかったような感じにはなるが，少なくとも何かが逆転しているような印象はない。

このような現象が生じる原因は，音声の生成過程に求めることができる。たとえば「いた（/ita/）」と発声するとしよう。/a/や/i/のような**母音**は，**声帯**の周期的な振動によって生じるブザーのような音を，唇，舌，口腔などで形成される**声道**で共鳴させることによって生成される。声道の形状を変えると共鳴特性が変化し，さまざまな母音を発声し分けることができる。/ita/という発声では，/i/から/a/へ，顎，唇，舌などが連続的に動いていく。その途中に，**子音**/t/を生成するための動作が入る。すなわち，舌の先が上の歯の後ろの部分に一瞬接触して呼気をせき止め，すぐに離れて呼気が勢いよく流れ出る。呼気がいったんせき止められる直前から声帯振動は止まっており，呼気が解放されるやいなや声帯振動が再び始まる。/ita/というきわめて単純な発声でさえ，複数の調音器官が精妙にタイミングを合わせて動いている。

ここで重要なのは，調音器官は自由自在には動けないということである。舌であれ顎であれ，質量があるので慣性が働き，ある状態から別の状態へは滑らかにしか移れない。また，動ける範囲にも自ずと限界があり，他の調音器官とまったく独立に動けるわけでもない。したがって，たとえば/ita/という発声において，/a/を調音するための準備はすでに/i/を発声している時点から行われているし，/a/を発声している時点には/i/の調音の影響が尾を引いている。さらにこれに/t/を調音する動作の影響が重なる。このような調音運動の特性を反映して，音声では各音素 /i/,/t/,/a/ についての情報が互いに重なりながら数百ミリ秒程度の範囲に分散することになる。したがって，素朴な内観と裏腹に，音声の上でここからここまでがこの音素，などということはできない。無理に音声の一部を切り出して聞いてみると，本来の音素とはまったく違ったものに聞こえることが多い。機械による音声認識や音声合成が難しい理由の一つはこれである。活字を並べて文章ができるというようなわけにはいかないのである。

　しかし裏を返せば，これは音声が時間的に冗長であるということに他ならない。部分逆転再生の場合には，破壊されているのは逆転させる区切りの長さ（上記の例では50ミリ秒）よりも細かい構造だけであって，調音動作に対応するような緩やかな変化は比較的保存されている。音素修復に話を戻せば，100ミリ秒程度の信号が欠落しても，やはりそれより緩やかな変化の情報は残されている。だからこそ，当て推量ではなく，適切な補完が可能なのである。もちろん音声の欠落が上記の例よりひどくなれば，残存した音声に含まれる情報だけでは不十分である。もっとも実際には，その場合でもただちに音素修復ができなくなるわけではない。文の意味や文法など，より高次の情報も効果的に使われるからである。

　音声に限らず，日常生活で遭遇する音は200-300ミリ秒程度の範囲では滑らかに変化することが多い。したがって，多くの場合，100ミリ秒程度の区間の情報が欠落しても，その前後からある程度推定可能である。連続聴効果で知覚されているのは，音そのものではなく，この推定結果であると考えれば，マス

キング可能性の法則とも辻褄が合う。欠落部分に，本来存在していた音をマスキングできる音を挿入すると，推定結果と矛盾する情報がないので（推定された音が存在していたとしても所詮マスキングされるわけだから），推定結果が知覚として採用される。一方，欠落部分が無音のままだと，そこには音がないという強力な反証情報（アリバイ）があるので，推定結果が棄却される。こうしてみると，「聞こえる」というのは聴覚系の高度な情報処理のたまものだということが理解できるだろう。ただし，推定といってもあくまでも自動的，無自覚的なものであることを再度強調しておきたい。

## 2 聴覚系の周波数分析

### (1) 周波数分析の必要性

　前節で説明したように，マスキングも，その補償である連続聴効果も周波数選択的である。このことは，聴覚系が，耳に入ってきた音を周波数成分に分解する**周波数分析**を行っていることを示している。図9-1に示したサウンドスペクトログラムは音の波形を**フーリエ変換**という手法で周波数分析したものであるが，聴覚系も，これと似た周波数分析を行っている（後述するように特性は異なる）。

　周波数分析は，音の特徴を分析し，音源を識別するうえで有効である。日常耳にする音のほとんどはさまざまな周波数成分を含んでいる。たとえば音声の場合，声帯振動の周期が10ミリ秒であれば，生成される音は，**基本周波数**が100 Hz（周期の逆数）で，その整数倍（200，300，400，… Hz）の周波数成分（**倍音**）を含んだブザーのような音になり，基本周波数が声の高さに対応する（図9-3）。前節で述べた通り，このブザーのような音が声道で共鳴することによって特徴的な**スペクトル**形状となり，しかもそれが時間的に変化していくことによってさまざまな音素列からなる音声が生成される。音声以外の音，たとえば楽器音でも，詳細な発音メカニズムはそれぞれ異なるが，周波数成分の構成やスペクトル形状，およびその時間変化によって特徴づけられる点は共通

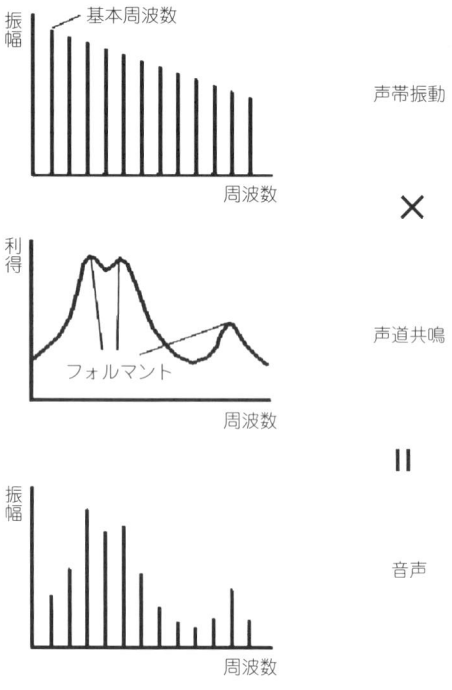

**図 9-3 音声（母音）の生成過程**

フォルマントとは，声道（声門から口を通して唇に至る通路）の共鳴によって生じる，周波数スペクトル上の山。フォルマントの周波数は，母音の音韻性を決める重要な手がかりとなる。

している。したがって，音声をはじめとするさまざまな音の識別には，ある時点でどのような周波数成分がどのくらいの振幅で含まれているかという情報が重要である。この情報を捉えるには，まず音を周波数成分に分解すること，すなわち周波数分析が必要となる。

周波数分析は，日常の環境のように複数の音源が混在している場合にも役に立つ。複数の音源が同時に鳴っていれば，耳に入ってくる音はそれらを加算したものになる。音源信号が既知のときにその和を求めるのは可能だが，その逆，すなわち加算された信号からそれを生み出した個々の信号を求めるのは，原理的にきわめて困難な問題である。しかし聴取者は日常過不足ない程度に，複数

の音源を聞き分けている。これを**聴覚情景分析**（auditory scene analysis）とよぶ（Bregman, 1990）。にぎわったパーティで特定の相手と会話をすることができるのも聴覚情景分析のおかげである（カクテルパーティ効果）。周波数分析は，この聴覚情景分析の実現にも一役買っている。多くの音源では，周波数成分は広帯域雑音のようにすべての周波数に密集して存在しているわけではなく，基本周波数とその整数倍の周波数というように（音源によっては非整数倍のことも多いが）離散的に存在している。したがって，独立の音源に由来する周波数成分が偶然にも完全に重なっている可能性は低い。複数音源の混合音に対して情報処理の最初の段階で周波数分析を行えば，完全とは言えないが，ある特定音源に由来する周波数成分のうちいくつかは単独に近い形で取り出せる可能性がある。こうして分離された周波数成分を何らかの原理（たとえば，単一の音源に由来する周波数成分は，周波数が簡単な整数比になっている，ほぼ同時に開始・終了する，など）に基づいてまとめれば，個々の音源に関する情報をある程度復元できるわけである。

（2） 聴覚フィルタ

　聴覚系では，情報処理の最初の段階で周波数分析が行われる。したがって，その方法や特性が後続の情報処理のすべてに影響を与える。

　耳に到達した音は，鼓膜を振動させ，その振動が中耳の耳小骨を経て内耳の**蝸牛**に伝わる。この蝸牛の中にある**基底膜**が機械的な周波数分析装置である（図9-4）。基底膜は，音が入力されると蝸牛の入り口に近い方から奥の方に向かって振動が伝わっていくが，その際，入り口側は高い周波数に対して大きく振動し，奥側は低い周波数に対して大きく振動する。つまり基底膜の特定部位は特定周波数に同調している。基底膜の振動は**聴神経**の発火へと変換されて聴覚系の中枢へ情報が伝達される。このとき，基底膜の振動が大きいほど，聴神経の**発火率**（単位時間あたりの発火数）が増大する（図9-5）。それぞれの聴神経は基底膜の特定部位に連絡しているので，入力音の振幅を一定にして周波数を変えていけば，その基底膜部位が同調している周波数に対して聴神経の発

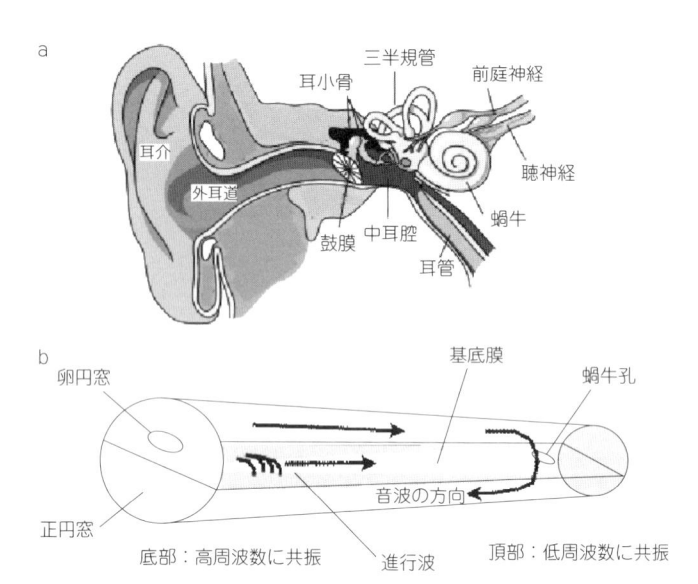

図9-4　a：耳の構造，b：蝸牛の中にある基底膜を引き延ばした模式図

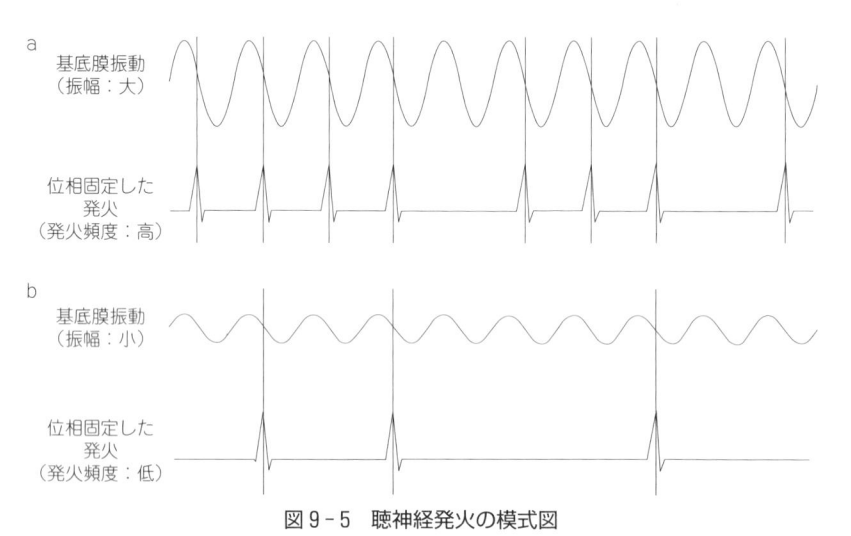

図9-5　聴神経発火の模式図
　a：振幅が大きい場合，b：振幅が小さい場合

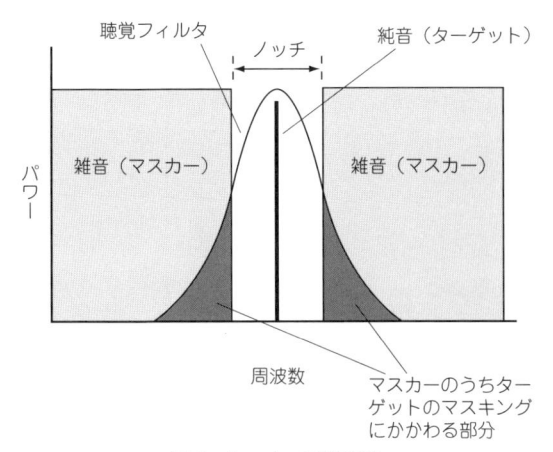

図9-6 ノッチ雑音法

火率が最大となる。つまり，聴神経は特定周波数に感度のピークをもつ。言い換えれば，**帯域フィルタ**の性質をもつ。したがって，聴覚系の最初の段階は，互いに重なり合い，少しずつ通過帯域の異なる，多数の帯域フィルタから構成されると見なせる。これを**聴覚フィルタ**（auditory filter）と呼ぶ。聴神経はまた，4-5 kHz よりも低い周波数の音に対しては，基底膜振動の特定位相のときに発火する傾向がある（図9-5）。これを**位相固定**（phase locking）とよぶ。位相固定によって，特定周波数における音の位相（もしくはタイミング）が表現される。

聴覚フィルタの特性は，心理物理学的には，マスキングを用いて測定することができる。ただし，聴覚フィルタでは隣接するいくつかのフィルタの通過帯域に重複があるので，1節で述べたような方法で測ったマスキングは，重なり合った複数の聴覚フィルタの出力の総和に対応すると考えられる。一つの聴覚フィルタの通過特性を知るには，何らかの工夫が必要である。そこで開発されたのが，**ノッチ雑音法**（notched-noise method）と呼ばれる方法である（図9-6）。ある周波数の純音をターゲットとし，ターゲットの周波数を中心とした帯域に矩形状のノッチ（エネルギーがゼロの帯域）をもつ雑音をマスカーとして，ターゲットの検出閾（検出可能な最低の音圧レベル）を測定する。ノッチ

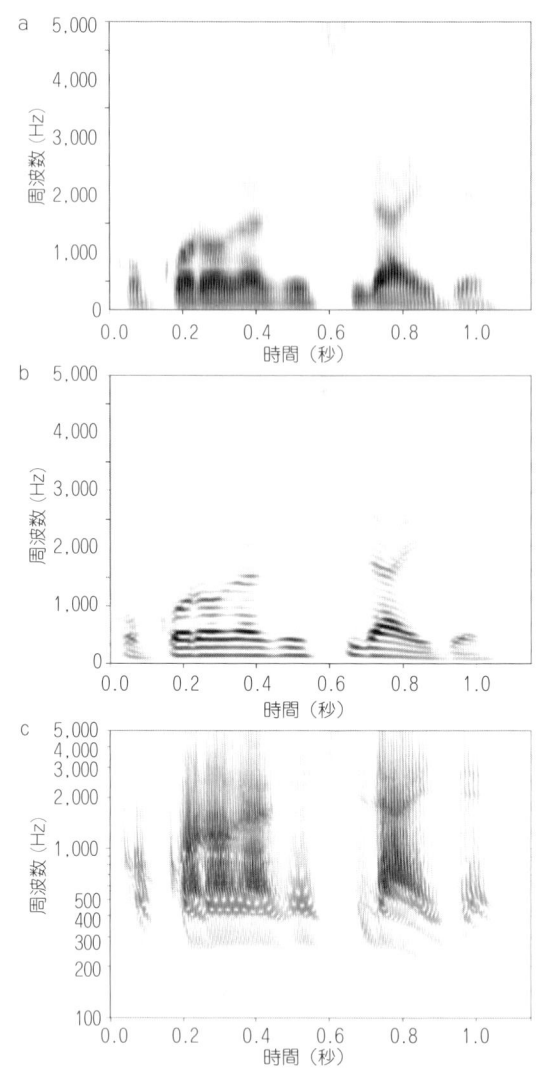

図9-7 同一の音声「心がけ次第です」に広帯域フーリエ分析(a),狭帯域フーリエ分析(b),聴覚フィルタによる周波数分析(c)を適用した場合のスペクトル表現

(a)では,時間分解能が高く,周波数分解能が低い。
(b)では,周波数分解能が高く,時間分解能が低い。
(c)では,低周波数領域では周波数分解能は高いが時間分解能は低く,高周波数領域では周波数分析能は低いが時間分析能は高い。

の幅が狭くなるほど,ターゲット周波数を中心とする聴覚フィルタを通過するマスカーのエネルギーが増すので,ターゲットの検出閾は上がる。ノッチの幅と検出閾との関係から,聴覚フィルタの形状がわかる。こうして求められた聴覚フィルタの帯域幅は,中心周波数が高いほど広くなる(帯域幅 $ERB$ (Hz)

と中心周波数 $F$ (kHz) の間には，$ERB=24.7(4.37\ F+1)$ という近似式が成り立つ)。周波数分析における周波数分解能と時間分解能の間にはトレードオフがある（両方を同時に最大化することはできない）ので，低周波数領域では周波数分解能は高いが時間分解能は低く，高周波数領域では逆に周波数分解能は低いが時間分解能は高いことになる。この特性は，音響分析に広く用いられるフーリエ分析（図9-1のサウンドスペクトログラムを求める際に利用した分析法）とは異なっている。フーリエ分析では，周波数分解能および時間分解能は全周波数について一定であり，目的に応じて，分解能を切り替えて使う。同一の音声にフーリエ分析と聴覚フィルタによる周波数分析とを適用した場合のスペクトル表現を図9-7に示す。両者の違いに注目して欲しい。

## 3 音の高さ（ピッチ）の知覚

### (1) ミッシング・ファンダメンタル

音の高さの感覚，すなわち**ピッチ** (pitch) は，聴覚のもっとも基本的な属性の一つである。ピッチは，音源の大きさ，質量，張力などに関する情報をもたらす。西洋音楽をはじめとする多くの音楽では，ピッチの時間的な上昇下降のパターンによって旋律が形づくられる。音声では，ピッチは性別など話者を識別する情報となり，ピッチの変化パターンは**韻律情報**を担う。さらに，中国語に代表される音調言語では，ピッチの変化パターンが意味の区別に用いられる。

ピッチと周波数はしばしば混同されることがあるが，ピッチは心理量，周波数は物理量であるから，両者は区別しなければならない。また，両者の対応関係も単純ではない。たしかに，音叉の音のような純音であれば，周波数の高低はピッチの高低と対応する（ただし周波数を2倍にしたからといってピッチも2倍になるわけではない）。しかし，日常環境のほとんどの音は純音ではなく，複数の周波数成分からなる複合音である。その場合，まったく異なった周波数成分の組み合わせで同一のピッチが生み出されることがある。このことを如実に示す現象をまず紹介しよう。

図9-8 (a)純音，(b)調波複合音，(c)ミッシング・ファンダメンタルによる「きらきら星」

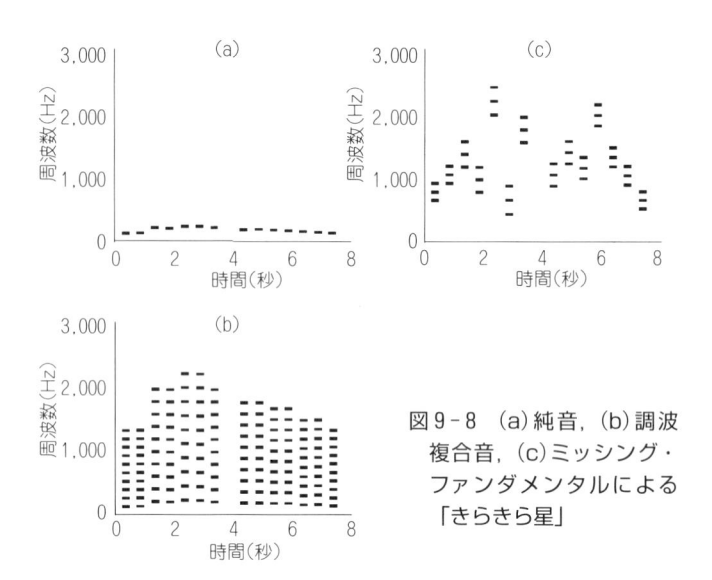

　図9-8に示した3種類の音は，サウンドスペクトログラムがまったく異なっているにもかかわらず，同一のメロディー（「きらきら星」）に聞こえる。図9-8aは各音符が一つの周波数成分だけからなるもの（純音）である。この場合，周波数成分の高低とメロディーの高低は一致している。次に図9-8bは，それぞれの音符の音が，10個の周波数成分から構成されている。一番低い周波数成分（基本周波数）は図9-8aと同一であり，その2倍，3倍，…というように，整数倍の周波数成分が加わっている。この場合も，知覚されるメロディーの高低は基本周波数成分の高低と一致している。問題は図9-8cである。ここでは，周波数成分の上下は知覚されるメロディーと対応していない。たとえば，最初の2つの「ド」は同じ高さのはずであるが，それらを構成する周波数成分は違う。さらに「ドドソソ」と進むと，メロディーは上がっていくが，周波数成分は下がっていく。つまり，一つの音を構成する周波数成分の高低と，知覚される音の高さ（ピッチ）の高低とは，単純には対応していない。じつはこの音は，図9-8bの音（基本周波数およびその2倍から10倍までの周波数成分をすべて含む複合音）から，音符ごとに，2倍から10倍までの周

波数成分からランダムに選んだ3つの連続した周波数成分（3倍・4倍・5倍，9倍・10倍・11倍など）で構成されている。したがって，この音には基本周波数成分は含まれていない。しかし，聴覚系には，基本周波数成分が物理的に存在していなくても，残っている倍音成分から欠落した基本周波数（**ミッシング・ファンダメンタル**）を推定する能力が備わっている。推定された基本周波数がピッチに対応するのである。

　このような機能は，たんに奇妙な錯覚というわけではなく，日常生活でもおおいに役立っている。日常生活では，妨害音によるマスキングや，通信機器の周波数特性などによって，本来含まれているはずの基本周波数成分が失われてしまうことがしばしばある。たとえば電話で話しているとき，音声の基本周波数成分は伝送されていないが，男性の声は女性の声よりも低く感じられるし，ピッチの変化パターンに基づく韻律情報も伝わる。これもミッシング・ファンダメンタルを知覚するメカニズムが機能しているからである。

(2) ピッチ知覚のメカニズム

　複合音において，基本周波数が存在していてもいなくても，それに対応するピッチが知覚されるのは，どのような情報処理原理によるのだろうか。

　耳に入力された音は，まず，聴覚フィルタ（蝸牛の基底膜）で周波数分析される（図9-9）。2節で述べた通り，聴覚フィルタの帯域幅は低周波数領域では狭く高周波数領域では広い。言いかえれば，低周波数領域では周波数分解能が高く，高周波数領域では低い。そのため，入力信号が調波複合音の場合，おおむね8次（基本周波数の8倍）までの倍音成分は正弦波に分解されるが，それより高次の倍音成分は完全には分解されず，聴覚フィルタの出力は基本周波数に対応する周期性をもつような形となる。

　ここで，ピッチを求めるには大きく分けて2種類の方法が考えられる。一つ目は，聴覚フィルタで分解される低次の周波数成分の構成からピッチを求めるというものである。たとえば300，400，500 Hzという周波数成分が存在していれば，それは100 Hzの3倍，4倍，5倍になっているので，基本周波数は

## コラム　脳計測は万能か？

本章ではもっぱら聴覚の現象的，機能的側面について解説したが，神経科学的なメカニズムについての研究も急速に発展している。その原動力の一つが，機能的磁気共鳴画像（fMRI），脳磁図（MEG）などに代表される非侵襲的な脳イメージング技術である。これらの技術によって，ヒトが音を聴取している際の脳活動を分析することができるようになり，個々の知覚現象に関与する脳部位についての知見が飛躍的に増大した。

しかし，脳イメージングを万能視する風潮には問題がある。まず，それぞれの脳イメージング手法には技術的な限界がある。たとえば fMRI は神経活動そのものを捉えているのではないし，時間分解能もあまりよくない。一方 MEG は活動位置の推定には原理的な問題がつきまとう。また，いずれの方法も，多数回の試行を繰り返さないと意味のある情報は得られない。脳はつねに何らかの活動をしているわけだが，そのうちのどれが特定の情報処理（たとえば，ピッチの判断）に関係しているのかを見分けるには，条件間の差分をとるなど，周到に計画された実験と慎重な分析が必要である。テレビ番組などで，あたかもリアルタイムで脳活動が読めるかのような演出がよくあるが，実際の実験とはかけ離れている。さらに，より本質的な問題として，脳イメージングでわかるのは「どこが活動しているか」ということであって，「何をどのような手順で処理しているか」ということではない。カレーの作り方を尋ねて，「台所で作る」と答えられたら満足できるだろうか？

ネガティブなことばかり列挙したが，脳イメージングが有用なものであることは疑いない。脳イメージングに限らず，万能な手法は存在しない。各手法の特徴や限界をわきまえた上で，うまく使えばよいだけの話である。一つの有望な方法は，錯覚の心理物理学と脳イメージングを組み合わせることだ。筆者も，同一の音列や単語を反復提示すると何通りかの聞こえ方が切り替わるという錯覚を利用して，fMRI で聴覚の知覚形成にかかわる脳部位を特定するという実験を行ったことがある。錯覚の心理物理学は，今日いっそう重要性が増しているのだ。

100 Hz であろうという具合である。たしかにもっとも明瞭なピッチを生じるのは低次の倍音成分なのでこの説は一理ある。しかし，聴覚フィルタで分解されない高次成分のみからなる複合音でもミッシング・ファンダメンタルのピッチが生じるので，この説だけではピッチ知覚の全貌は説明できない。

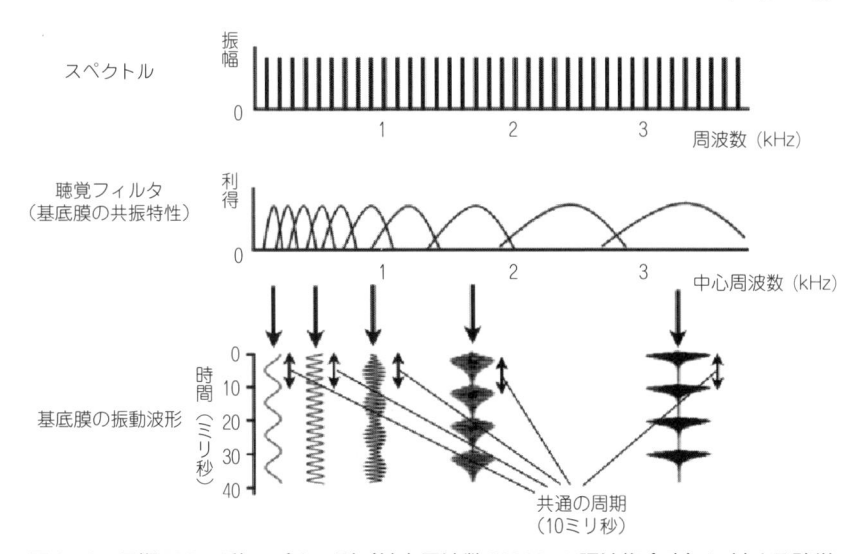

図9-9 周期10ミリ秒のパルス列（基本周波数100 Hzの調波複合音）に対する聴覚フィルタの周波数分析

　もう一つの説は，聴覚フィルタで分解されない高次成分の振幅変化の周期からピッチを求めるというものである．たとえば，基本周波数が100 Hzの調波複合音であれば，高周波数領域では，聴覚フィルタの出力は10ミリ秒の周期をもつ．この周期の逆数をとることによって基本周波数が求められる．この説単独だと，先の説と逆に，聴覚フィルタで分解される低次成分のみからなる音の方にむしろ明瞭なピッチが生じることを説明できない．

　現在では，いわば両者の折衷案が主流である．すなわち，まずそれぞれの聴覚フィルタの出力の周期が検出され，次にその情報が異なった聴覚フィルタ間で比較されて，共通の周期（＝基本周波数の逆数）が検出されるという説である（図9-9参照）．この説は，ここでは取り上げなかったものも含め，種々のピッチ現象を包括的に説明することができる．

〈サマリー〉
　本章では，連続聴効果，周波数分析，ピッチ知覚に絞って，聴覚の知覚現象の特性，機能，および情報処理の原理について解説した。連続聴効果やピッチ知覚におけるミッシング・ファンダメンタルは，「私たちが知覚している音の世界は，耳に入ってくる音そのものではない」ということを示している。しかし，これはかならずしも，人間の聴覚情報処理が不正確であることを意味しない。むしろ逆で，そこにあらわれているのは，聞きたい音やそれを妨害する音が混在する日常の環境で，安定して効率よく音を聞き取るための数々の巧妙な仕組みである。このような仕組みが無自覚のうちに働いているからこそ，耳に入ってくる音「以上の」ものが聞こえるのである。このことは，今回紙面の都合で割愛した音源定位（音源がどこで鳴っているかを判断すること），音源分離（複数の音源が同時に鳴っているときにそれぞれを分離すること）など，聴覚のすべての側面でも言えることである。
　聴覚というとすぐに耳が連想されるが，耳はあくまでも聴覚系の入り口であって，その後に続く脳での膨大な情報処理が，聴覚現象の背後に見え隠れする巧妙な仕組みを支えている。聴覚現象の詳細な分析から，脳での聴覚情報処理メカニズムを解明するための有効な手がかりが得られる。

〈もっと詳しく知りたい人のための文献紹介〉
柏野牧夫　2010　音のイリュージョン──知覚を生み出す脳の戦略　岩波科学ライブラリー168　岩波書店
　⇨聴覚のさまざまな錯覚現象を通して，環境適応的な情報処理原理を解き明かしている。
柏野牧夫　2010　聴覚　村上郁也（編）イラストレクチャー認知神経科学　オーム社
　⇨認知神経科学全般に関する最新のわかりやすい教科書。聴覚の章では基本的な知覚特性とその背後にある神経メカニズムについて，2000年以降の研究成果を中心に簡潔に説明している。
Plack, C. J.　2005　*The sense of hearing.* Lawrence Erlbaum Associates.
　⇨聴覚の心理物理学を中心とした教科書。比較的新しく，カバーする分野のバランスもよい。記述のレベルが専門的過ぎず，あまり特殊な予備知識を必要

としないので,これから聴覚を本格的に勉強したい人が全貌をある程度詳しく把握するのに好適。

〈文 献〉

Bregman, A. S. 1990 *Auditory scene analysis: The perceptual organization of sound (Bradford Books)*. The MIT Press.

Saberi, K., & Perrott, D. R. 1999 Cognitive restoration of reversed speech. *Nature*, **398** (6730), 760.

Warren, R. M. 2008 *Auditory perception: An analysis and synthesis*, 3rd ed. Cambridge University Press.

Warren, R. M., Obusek, C. J., & Ackroff, J. M. 1972 Auditory induction: Perceptual synthesis of absent sounds. *Science*, **176** (39), 1149-1151.

# 10章 嗅　　覚

- 「におい」とは何か？
- 「におい」の感覚は生得的なのか？

綾部早穂

　食品の産地偽装事件が発覚することがあります。私たちの鼻や舌は欺きを見抜けないものなのでしょうか？
　赤と白のワインの香りを嗅ぎ，そしてそれらを記述する表現（言葉）を，専門家が使う表現リストから選ばせるという実験がありました。赤ワインの香りにも白ワインの香りにもそれぞれに適した言葉が選択され，赤と白のワインの香りが区別できていることが確認されました。次に，この白ワインに赤で着色した「色だけ赤の」白ワインを作り，この香りに対してリストから適した言葉を選ばせました。その結果，選択された言葉は赤ワインに対するものでした。香りは白ワインのものであるはずなのに，赤に着色されただけで赤ワインの香りとして捉えてしまったのです。このときの評価者はワイン醸造学を学ぶ学生でした（11章コラム参照）。赤と白のワインの違いをよく知らない人が香りの評価をすれば，かえって「騙されず」に済んだのかもしれません。知識が感覚をゆがめてしまうのですね。

## 1　はじめに

　日常生活の中で，「カレーのにおい」や「うなぎのかば焼きのにおい」に遭遇する。しかし，カレーがさまざまなスパイスから作られているように，「カレーのにおい」も，何百種類ものにおいを呈する化学分子の集合体が「カレーのにおい」を構成しているのである。そして，さらに，私たちは「カレーのにおい」と「うなぎのかば焼きのにおい」を同時に嗅ぎ分けることもできる。両者ともに多くのにおい分子の集合体であるので，そのうちの一部が本来の集合

## 10章　嗅覚

体から抜け出し，別の集合体を作りだして，第3のにおいを構成することも可能である。しかし実際はそうならないのは，におい分子の物理化学的特徴も関与するのであろうが，においを知覚し認知する嗅覚(きゅうかく)システムのにおい情報の処理の仕方にかかわるところが大きいからと推測される。視覚などと同様に，外部からの入力情報を逐次的に解析していたのでは，私たちが日常生活で経験する嗅覚現象は成立しないであろう。経験や知覚学習によってボトムアップされてきた情報をパターンとして**トップダウン**的に読み込むようになっているはずである。

　視覚においても，物理的情報が網膜上の視神経を刺激しただけでは，私たちが見えていると信じている私たちを取り巻く世界を「見る」ことにはならない。何かを知覚するということは，入力された感覚情報を自分の過去の経験に基づいて処理し，自分の頭の中に外的世界を再構築することである。鼻の中ににおい分子が入りこみ，嗅神経を刺激しただけでは，私たちはにおいの世界を楽しむことができない。そのにおいが何のにおいであり，過去のどのような状況でそのにおいを嗅いだかという記憶に基づいてはじめてそのにおいを認知することができるである。

　嗅覚は本来，摂食行動・生殖行動・敵の認識といった基本的な生命維持活動において，非常に重要な「**原始的な感覚**」であるはずであるので嗅覚系が有する「生得的」要素を決して無視することはできないが，私たちが日常生活の中で意識できる「においの感覚」は経験によって構築されている嗅覚系に多くの場合，起因していると考えられる。また，においを呈する化学分子は呼吸とともに鼻腔だけでなく肺へと送られ，血中に溶け込み，体内に取り込まれるため，このことによる生理的な変化が生じる場合も想定される。においを嗅いだことで生じる何らかの身体的変化が嗅覚神経系への刺激によるものなのか，におい物質の薬理的効果なのかを明確に分離することは容易ではない。このように，「においの感覚」がすべてトップダウン的に生じているとは限らないが，本章では，「原始的な感覚」や「薬理的効果」を考慮しないで，話を進めることをご了承願いたい。

## 2 嗅覚のメカニズム

　はじめに手短に嗅覚系の生理学的メカニズムについて触れておく。においの感覚は，におい分子が鼻腔内の**嗅上皮**に到達することではじまる化学受容感覚である。空気中を飛来しているにおい分子が呼吸に伴って吸い込まれ，嗅上皮内の嗅細胞を刺激するオルトネーザル嗅覚（orthonasal olfaction）と，口腔内の食べ物から発せられるにおい分子が中咽頭を通って後方から鼻腔に上がり，嗅細胞を刺激するレトロネーザル嗅覚（retronasal olfaction）がある。におい分子はにおいを発している事象から発生している。

　嗅上皮は，鼻の奥の上部，両眼間の位置あたりに左右対称に存在する。嗅上皮表面は粘液で覆われていて，呼吸によって運ばれた空気中に含まれるにおい分子がこの粘液に取り込まれる。嗅上皮には嗅細胞が存在し，その細胞体からは樹状突起が嗅上皮表面まで伸び，その先には繊毛が広がっている。繊毛の表面にはにおい分子を感知する**におい受容体**が存在する。

　他の感覚モダリティでは，たとえば，色彩感覚は基本3原色のように，刺激受容レベルでの非常に少ない基本系の組み合わせで複雑な色を感じる（3章参照）。最近，におい受容体を発現させる遺伝子が哺乳動物では1,000種類存在することが確認された（2004年ノーベル生理学・医学賞は，この研究成果に対してアクセル（Axel, R.）とバック（Buck, L.）両氏に授与された）。この数は哺乳類の遺伝子全体の3％を占める（ただし，人間の場合，1,000種類すべての遺伝子が発現するわけではなく，400種類程度であると推測されている）。嗅覚が本来は生命維持活動に非常に重要な役割を果たしている（た？）ことはこの事実からも疑いの余地はなさそうである。ある一つの嗅神経細胞は，特定の1種類のにおい受容体しか発現しないが，ある特定のにおい受容体にとりこまれるにおい分子は1種類ではない。つまり，におい分子と受容体は一対一の対応関係にないために，基本臭は400種類と単純に結論づけることはできない。

　嗅細胞からの情報は，第一次嗅覚野である**嗅球**に送られる（ただし，嗅細胞

—嗅球は視覚系では網膜に相当し，次に投射される梨状皮質を第一次嗅覚野とする考え方もある）。嗅球の表面には約2,000個の糸球体が存在し，一つの嗅細胞の軸索は一つの糸球体へと投射している。ある特定のにおい受容体を発現する嗅細胞は，嗅球の決まった場所にかならず投射することがわかっている。

　嗅球を出た外側嗅索は梨状皮質（第二次嗅覚野）に達する。その後の経路は多岐にわたり，感覚の中継核である視床を介さずに大脳皮質に直接情報が送られる系も存在する。視床を介さずに扁桃体や辺縁系に感覚情報に関する信号が直接送られる系が存在するのは嗅覚だけである。情動系と見なされている扁桃体や辺縁系への直接的な信号入力があるので，嗅覚は他の感覚よりも情動的反応を引き起こしやすいと考えられている。

## 3　においの強さ

　一般的に，感覚刺激に対する主観的**強度**は刺激の物理量に依存する。においの強さも濃度に依存し，ボトムアップ情報処理，末梢レベルでの応答の反映と考えられることが多い。その一方で，強度と親近性の間に一貫した正の相関関係があり，自分が知っているにおいは強く感じ，においが何のにおいかよくわからない場合に強度が弱く感じられる傾向がある（Distel et al., 1999）。綾部ら（2002）は，日本人の日常生活の中で馴染みの低いアニスで，これを経験する前後でこのにおいに対する強度変化を調べた。アニスは西欧ではよく利用されるハーブの一種だが，アニスシードは日本人にはまだあまり馴染みがない。アニスの香りの主成分はアネトールという化学物質で，アネトールだけを嗅いでも「アニスのにおい」と感じる。においを日々経験することによってそのにおいに対する知覚がどのように変わるのかを調べる研究に，アニスは，アニス茶として日々飲用することで経験させられるという点で大変便利な材料である。実際に西欧では胃腸の働きに作用するお茶として伝承されている。日々のお茶の時間にアニス茶を1か月程度毎日飲用してもらうことによって，アニスのにおいに対する快不快度，強度，熟知度がどう変化するのか，さらにはアニスの

主成分アネトールの閾値がどのように変化するのかを調べた。結果は，はじめはほとんど嗅いだことのないにおいであり，快でも不快でもなく，あまりにおいがしない（弱い）と感じられたアニスのにおいに対して，1か月後には熟知度が高まり，かなり快で，においをはっきり感じる程度になった。においを熟知していくに従って，においの質を鮮明に捉えられるようになり，主観的にそのにおいを強く感じるようになったと推察される。ただし，アネトールの閾値に関しては変化が見られず（これだけでは，末梢レベルでの変化を否定できるものではないが），少なくとも，この影響が末梢レベルよりも中枢レベルで大きいことが推測された。

また，あるにおいが何のにおいか正しく同定できる場合には，できない場合と比べてにおいを強く感じることや，あるにおいが対提示されている名前にあっている（適合している）と判定された場合には，あっていない（適合していない）と判定された場合よりもにおいを強く感じることが示されている（Distel & Hudson, 2001）。におい強度を判断する際に用いる主観的枠組みが，においの捉えかたによって異なると結果と考えられる。

あるにおいに対する強度を時間軸に沿って計測していくと，**順応**現象が観察される。今までの研究結果からにおいの順応に関して以下のことが示されている（Doty & Laing, 2003）。①順応の程度は刺激の持続時間・濃度・被験者の注意レベルに依存する。②比較的速く生じる。③順応からの回復の速さと程度は刺激の濃度と持続時間に依存する。④交差順応（あるにおいAに対して暴露されたことにより，別のにおいBに対する感度が抑制されること）は多くの場合非対称である（においBに対して暴露された場合でも，においAに対する感度は変わらない）。⑤あるにおいに対する感度は，基本的に他のにおいに暴露された場合よりもそのにおいに暴露された場合の方が低下する。⑥ただし，あるにおいの交差順応は自己順応（そのにおい自体に暴露されることによる順応）よりも大きいことがある。⑦片方の鼻腔で生じた順応は，もう片方の鼻腔での順応も生じさせる。⑧複合臭への順応は単体のにおいへの順応よりも弱い。

上記①に関連して，あるにおい物質を提示し，このにおいに接することによ

## 10章　嗅　覚

☕ **コラム　味な話**

　レモン味やイチゴ味といった食品は私たちの身の回りに沢山ある。しかし，私たちがレモンやイチゴと感じるのはじつは「味」ではなく，フレーバー（におい）である。本文中にも出てくるがレトロネーザル嗅覚による感覚である。

　ところで，ここでは味覚についても少し説明したい。舌で感じることのできる味の種類は苦味，甘味，塩味，酸味，うま味の5基本味であることが現在の共通認識となっている。それぞれの味の感覚（味覚）を引き起こす化学物質が舌に存在する味細胞によって受容されるしくみはそれぞれ異なっている。塩味の受容体はナトリウムチャネルで，酸味には水素イオンがかかわっている。塩味や酸味に味質のバラエティーが少ないのはこのような一様の受容メカニズムのために生じている。甘味やうま味，苦味には受容体が複数存在する。それゆえ，（苦味の味質の違いは見出すことが難しいが）甘味とうま味にはそれぞれさまざまな味質がある。

　子供向けの科学雑誌のみならず，大学で使用する教科書にもよく掲載されているのが，味覚地図（tongue map）である。舌の場所によって各味への感度が異なること（たとえば「先端は甘味に敏感」），すなわち舌上の味覚局在が広く信じられている。しかし，これは100年以上昔の論文を後世の研究者が間違って解釈したものが現在に至るまでに広まってしまった結果で，近年ではこの味覚地図とは一致しない実験結果が複数報告され，味覚研究の領域ではこの味覚地図は否定されている。現在の共通見解としては，すべての味は舌先端において敏感に感じられ，奥の方（舌根）は地図通り，苦味に敏感であるが，同時に酸味やうま味にも感度が高いことが言われている。また舌中央部がすべての味に感度が低いことも示されている。この感受性の高低については舌上の味細胞の分布や味覚神経との対応関係からも検討されている。

---

る身体へのリスクを教示で統制した実験の結果，リスクが高いという教示を受けた群では時間経過に伴う強度低下は認められず順応が生じなかったが，リスクは低いという教示を受けた群では順応が生じやすかったことが報告されている（Dalton, 1996）。

## 4 においの快不快

### （1） 育まれるにおいの快不快

　目で見える世界は，母親の胎内から誕生して，はじめて遭遇し，その後徐々に構築されていく世界である。一方，味やにおいの世界については，母親が飲んだり食べたりしたものの成分が羊水に含まれるために，胎児期から口や鼻から味物質やにおい物質に触れているのである。妊娠後期・授乳期それぞれの母親に3週間にわたって1週間につき4日間，1日300 mlのにんじんジュースを摂取させた実験（Mennella et al., 2001）で，その後，その子供たちが食べ物を口にできるようになった時期に，プレーンなシリアルかにんじんフレーバーのシリアルのどちらを好んで摂取するかが調べられた。統制群（母親がいずれの時期にもにんじんジュースの代わりに水を同様に飲用していた群）は，どちらのシリアルを摂取するかは半々であったが，母親が授乳期ににんじんジュースを飲んでいた群では，にんじんフレーバーのシリアルを選ぶ率は55％で，妊娠後期ににんじんジュースを飲んでいた群では，にんじんフレーバーの選択率は62％となった。この実験に参加した子供たちは，実験以前ににんじんフレーバーに接することがないように統制されていたため，このような選択率の差異は母親の胎内での影響，母親の母乳の影響によると考えられる。

　においに対する**快不快**反応に大きな**個人差**が見られることは，生育環境や食生活の中でにおいの**知覚学習**が行われている結果と考えられる。新川ら（1988）は，ワカサギと茎ワカメを切って水に浸し濾過して作った溶液のにおいに対して，海辺で育った人は「磯や海苔のにおい」と受けとめ，さほど不快ではないと感じたのに対して，育った環境の近くに海岸がなかった人は「腐敗，下水のにおい」と受け止め，不快と感じるケースが多かったと報告している。日常的なにおいに対する反応を日本人とドイツ人で比較した研究（Ayabe-Kanamura et al., 1998）では，18種類のにおいの強さ，馴染みの程度，快不快度，そのにおいのするものが食べられると思うか，何のにおいか（同

定）について回答を求めた。日本人とドイツ人の間で見られた反応の差異は，快不快度と食べられるかの評定において顕著だった。たとえば，かつおぶしのにおいに対して，日本人の68％は「かつおぶし」と同定し，快不快度については，平均的には快でも不快でもない程度と評定し，95％の人が「このにおいのするものは食べられる」と回答した。一方，ドイツ人の60％は「何かが腐ったにおい」と同定し，非常に不快と評定し，41％の人しか「食べられる」と回答しなかった。そのにおいが「何」のにおいかという情報はにおいに対する嗜好判断に影響し，そのにおいが「何」のにおいかという受け止め方や好き嫌いは後天的要因の影響を強く受けることがわかる。

　身体に無害という観点から，アメリカで国防省がサポートした「におい爆弾」開発プロジェクトがあり，普遍的に嫌われるにおい物質を探し出す研究が行われた（Science Observer, 2002）。腐敗した有機体のにおいがもっとも嫌われる傾向があったが，文化・地域・人種に共通な絶対的な悪臭の発見には至らなかった。自分にとって利益のあるものはそのにおいまでもがいいにおいであり，不利益をもたらすものであればそのにおいは悪いにおいなのである。自分にとって利益のあるものが他の人にとっても利のあるものとは限らないので，必然的ににおいに対する嗜好もバラエティーに富む。人間以外の動物では，生体に不利益もしくは危害をもたらすものは，人間のように個体によって異なるというケースはほとんどなく，生得的な反応が観察されるであろう。人間にもこのような要素がないと否定はできないが，**学習的要因**の影響が強く，**生得的反応**は遮蔽されてしまっていると考えられる。

### （2）　言語ラベルがにおいの快不快に及ぼす影響

　においの再認記憶（後述）について調べる実験（綾部ほか，1996）の中で，テスト課題を実施するときに再認判断だけでなく，快不快度評定と何のにおいか（同定）についても実験参加者に合わせて回答を求めた。同定を求めたのは，学習課題時にそれぞれのにおいに対応づけて提示された**ラベル情報**との関連を調べるためで，快不快度の評定を求めたのは，情動性の高いにおい刺激はよく

記憶できるかどうかを検討するためであった。においは日常生活の中で接する機会のあるものでも目隠しして提示されると何のにおいであるのか正確に言い当てることが非常に難しい。この実験の中でも，1種類のにおいに対してもさまざまな同定がされ，名前（ラベル）がつけられた。そのラベルと快不快度にある関係が見られた。ラベル毎に快不快度を求めると，たとえば，ぬかみそのにおいを「ぬかみそ」と正しく同定した人はこのにおいを「快でも不快でもない」程度に評定し，「何かが腐っている」と同定した人はこのにおいを「かなり不快」と評定し，この評定間には有意な差が認められた（綾部，2001）。

　しかし，「嫌なにおい」と最初に感じ，それゆえに，「何かが腐ったにおい」に違いないと考えた可能性も考えられた。直接的に「何か」というにおいのラベルの影響を調べるための筆者らによる実験（杉山ほか，2000）では，干しぶどうを中身の見えないボトルの中に入れて提示して，そのにおいを嗅がせ，一つめのグループには，これは「干しぶどうのにおいです」と教示，2つめのグループには「汗のしみたシャツのにおいです」と伝え，3つめのグループには何も情報を与えなかった。においとラベルが一致している，すなわち，実験参加者がそのにおいはラベルのにおいであると信じたのは，本物のラベルの場合はほぼ100％で，偽物ラベルの場合には80-90％であった。偽物ラベルの場合にはこのラベルとにおいが一致していると信じた人のデータだけを用いた（偽物のラベルとは言え，多くの人に「そう言われればそうかもしれない」と思わせるラベルを実験には用いた）。それぞれのグループにおける干しぶどうのにおいに対する快不快度の平均は，「干しぶどう」ラベル，ラベルなし，「汗のしみたシャツ」ラベルの順で統計的に有意に快不快度が異なった。ラベルなしの条件では，被験者はこのにおいは何のにおいだろうかといろいろと考えるわけだが，よくわからないままに好き嫌いを評定すると，好きでも嫌いでもどちらでもない程度に収まったことも興味あるところであった（従来，得体の知れないニオイは拒否反応として不快と感じると言われている）。

　また，80-90％の人が偽物ラベルを信じたが，違和感（「このラベルどおりかもしれないが，ちょっと違うような気がする」）が不快感を生んだのではないか

という疑問も残った。そこで，実際に（テニスを数時間したときに着ていた）汗のしみたシャツを用意し，これを上記の干しぶどうのときと同様に提示した。一つめのグループには，「干しぶどうのにおいです」と言い，2つめのグループには「汗のしみたシャツのにおいです」と伝えた。快不快度評定の順番は，干しぶどうを提示した場合と同様に，「干しぶどう」ラベル，「汗のしみたシャツ」ラベルの順で統計的に有意に快不快度が異なった。すなわち，ボトルの中身が実際に何であろうと（干しぶどうでも汗のしみたシャツでも），「汗のしみたシャツ」が入っていると思ってしまえば，そのにおいは嫌なにおいと感じられた。この結果から，においの発生源情報（ラベル）がにおいの嗜好に影響を及ぼす可能性が示唆された。においに対する嗜好はそのにおいが何かという知識によっても十分変容しうるのである。

このように，あるにおいに対して，そのにおいの正体は何かという情報によって，そのにおいに対する快不快感の評価は左右されることは他の研究からも支持されている（Herz & von Clef, 2001）。また，最近の神経心理学的研究からは，同じイソ吉草酸のにおいを嗅ぐ場合でも，それが「チェダーチーズのにおい」と言われた場合と「体臭」と言われた場合では，帯状回や眼窩前頭皮質での応答の仕方が異なることが報告されている（de Araujo et al, 2005）。

## 5　においの記憶

においには過去の経験を生き生きと思い出させる特別な性質があると言われる。フランスの小説家プルーストは，においが過去の記憶と強く結びついている現象を小説『失われた時を求めて』の中で象徴的に描写し，それ以来，においがきっかけで生々しく過去の出来事を思い出すことは**プルースト現象**と呼ばれている。過去の記憶を感情を伴って喚起させるのはにおい刺激だけではなく，音楽でもそのような現象は体験されるであろう。実験参加者に，写真と組み合わせて，におい・手触り・音といった感覚モダリティ刺激を連合学習させ，これらの刺激を手がかりとして写真の再生を求めたところ，再生（記憶）成績間

には刺激手がかりの差は認められなかったが，においを手がかりとして再生された写真は，他のモダリティを手がかりとした場合よりも，情動性が高く評価される傾向が認められたという（Herz, 1998）。また，自伝的記憶は文字や写真よりもにおいを手がかりとした場合に喚起されることがもっとも多く，その記憶の内容は文字や写真から喚起された記憶よりも，より情動的であると言われている（Herz, 2004）。さらに，文字や写真による自伝的記憶は，10代に経験された体験が多いのに対して，においによる自伝的記憶は，それよりも以前の幼少の頃の体験が多いという特徴があるとされている（Willander & Larsson, 2007）。においの記憶にそのときの感情状態の記憶が伴いその感情をも併せて想起しているのか，想起したにおいの記憶が感情を喚起させるのか，そのメカニズムはまだ明確にはされていない。

　視覚的イメージや音楽などは頭の中に思い浮かべることや，絵に描いたり，口ずさんだりすることができるが，においのイメージを想起（再生）することは難しく，それを他者に伝えることはふつうはできない。そもそも**嗅覚イメージ**が存在するのかという議論もあったが，最近では心理学的・神経生理学的研究から嗅覚イメージの存在が支持されている（Bensafi et al., 2003 ; Djordjevic et al., 2004 ; Sugiyama et al., 2006）。このようににおいの再生が困難であるという方法論的限界から，においの記憶テストには通常は再認が用いられる。実験参加者はまず数種類のにおいを嗅ぎ，一定時間（保持時間）後に行われるテストにおいて，はじめに嗅いだのと同じにおいや違うにおいがさまざま提示される中で，そのにおいが最初に嗅いだにおいかどうかを順次判断する。

　においの**再認記憶**については，においの名前を用いた言語的な符号化処理を行うことでよりにおいの記憶が保持されやすいこと，またこのような言語的符号化処理の他に嗅覚的符号（嗅覚イメージ）が保持されている可能性が高いことの2つの可能性が示唆されている。とくに保持時間が長い場合（長期記憶）は，正確で適切な言語的符号化処理が一貫して行われることでにおいの記憶がより正確に保たれることが多くの研究から示されている（レビューとして，Herz & Engen, 1996 ; White, 1998）。最初に言語的符号化処理が不適切に行われ

ると，その不適切な言語情報が保持され，テストの段階で誤った再認を導くことになる。ケインとポッツ（Cain & Potts, 1996）は，においの学習段階で提示されたにおいAをBのにおいであると間違って同定してしまった場合，2日後の再認テストでは，Aに代わって提示されたBのにおいを「（前に嗅いだ）覚えたにおい」と再認することを報告している。

　前述の通り，においはたとえ日常生活の中でよく接するようなにおい，よく口にするような食べ物のにおいであっても，そのにおいだけを嗅がされると何のにおいか言い当てることは難しく，ときに，まったく異なるものを連想することがある。そして正しいラベルを聞かされると「あっ，そのにおいだ！」とおおいに納得し，なぜ自分がその前にまったく異なるものを連想したのかと驚くことがある。ケイン（Cain, 1979）はにおいの同定に関する研究において，日常生活の中で慣れ親しんでいるにおいでさえ目隠しした状態では40〜50％程度しかその名前を言い当てることができないとしている。

## 6　おわりに

　原始感覚と呼ばれる嗅覚も（そのような要素については解明されていないが），日常生活の中では，そのにおいの経験の仕方や思い込み的なトップダウン処理によって支えられている面が大きいことを示してきた。

　香水を創造するパフューマーは日常生活の中では，香りを楽しめないと言う。香りが漂ってくるとその香りはなんであろうかと分析してしまうからだそうだ。無意識のうちに香りを楽しめるような状況，無意識のうちに受ける香りの影響などに関する研究が現在，増えつつある。

〈サマリー〉
「カレーのにおいがする。ああ〜いいにおい！」と感じたときに，私たちの頭の中ではどのような現象が生じているのか，すなわちにおいを感じるしくみ（嗅覚系）について本章では概観した。はじめに，化学分子であるにおいが鼻腔に入り，受容体を

刺激し，脳へとその情報が伝わるしくみについて簡単に触れた。それから，においの強さはにおいの物理的濃度だけで決定するわけではないこと，においの快不快感には個人差が大きいのはなぜなのか等について，具体的な研究を紹介しながら解説した。最後に，においの記憶の特徴やプルースト現象についても述べた。

　嗅覚は「原始的な感覚」であると言われ，生得的に決定されている要素が強いと考えられていることが多いが，実際には，経験や学習によって後天的に形成されるトップダウン的要因も大きいことがわかるであろう。

〈もっと詳しく知りたい人のための文献紹介〉

綾部早穂・斉藤幸子（編著）　2008　においの心理学　フレグランスジャーナル社
　⇨嗅覚心理学の基礎から応用まで，心理学の観点からにおいを考えるのに必要と思われる嗅覚現象（生理学的メカニズムから日常生活に密着する問題まで）を幅広くとりあげて解説している。

倉橋隆　2004　嗅覚生理学——脳から鼻へ　香りを感じるしくみ　フレグランスジャーナル社
　⇨初学者にもわかりやすい嗅覚生理学理解を促すための入門書であり，と同時に最新の知見を含めた高度な内容も幅広く取り入れた嗅覚研究の専門家にも価値ある書である。

斉藤幸子・小早川達（編）　2018　味嗅覚の科学——人の受容体遺伝子から製品設計まで　朝倉書店
　⇨幅広い分野の多くの研究者によって味嗅覚の解説がされている。特に，マクロな視点での人間の味嗅覚心理学やその応用分野を知ることができる。

〈文　献〉

新川千歳・斉藤幸子・飯田健夫・山村光夫　1988　生育環境によるニオイに対する知覚認知差異の研究　第18回官能検査シンポジウム発表論文集, 153-158.

綾部早穂　2001　においの快不快感に及ぼすラベルの影響　*Aroma Research*, **6**, 159-163.

綾部早穂・菊地正・斉藤幸子　1996　ニオイの再認記憶に及ぼすラベルの影響　日本味と匂学会誌, **3**, 27-36.

綾部早穂・斉藤幸子・菊地正　2002　ニオイの知覚に及ぼす経験の影響　筑波大学

心理学研究, **24**, 1-5.

Ayabe-Kanamura, S., Schicker, I., Laska, M., Hudson, R., Distel, H., Kobayakawa, T., & Saito, S. 1998 Differences in perception of everyday odors: A Japanese-German cross-cultural study. *Chemical Senses*, **23**, 31-38.

Bensafi, M., Porter, J., Pouliot, S., Mainland, J., Johnson, B., Zelano, C., Young, N., Brenner, E., Aframian, D., Khan, R., & Sobel, N. 2003 Olfactomotor activity during imagery mimics that during perception. *Nature Neuroscience*, **6**, 1142-1144.

Cain, W. S. 1979 To know with the nose: Keys to odor identification. *Science*, **203**, 467-470.

Cain, W. S., & Potts, B. C. 1996 Switch and bait: Probing the discriminative basis of odor identification via recognition memory. *Chemical Senses*, **21**, 35-44.

Dalton, P. 1996 Odor perception and beliefs about risk. *Chemical Senses*, **21**, 447-458.

de Araujo, I. E., Rolls, E. T., Velazco, M. I., Margo, C., & Cayeux, I. 2005 Cognitive modulation of olfactory processing. *Neuron*, **46**, 671-679.

Distel, H., Ayabe-Kanamura, S., Martinez-Gomez, M., Schicker, I., Kobayakawa, T., Saito, S., & Hudson, R. 1999 Perception of everyday odors: Correlation between intensity, familiarity and strength of hedonic judgment. *Chemical Senses*, **24**, 191-199.

Distel, H., & Hudson, R. 2001 Judgment of odor intensity is influenced by subjects' knowledge of the odor source. *Chemical Senses*, **26**, 247-252.

Djordjevic, J., Zatorre, R. J., & Jones-Gotman, M. 2004 Effects of perceived and imagined odors on taste detection. *Chemical Senses*, **29**, 199-208.

Doty, R. L., & Laing, D. G. 2003 Psychophysical measurement of human olfactory function, including odorant mixture assessment. In R. L. Doty (Ed.), *Handbook of olfaction and gustation*. Marcel Dekker. pp. 203-249.

Herz, R. S. 1998 Are odors the best cues to memory?: A cross-modal comparison of associative memory stimuli. *Annals. New York Academy of Sciences*, **855**, 670-674.

Herz, R. S. 2004 A naturalistic analysis of autobiographical memories triggered by olfactory, visual and auditory stimuli. *Chemical Senses*, **29**, 217-224.

Herz, R. S., & Engen, T. 1996 Odor memory: Review and analysis. *Psychonomic*

*Bulletin & Review*, **3**, 300-313.

Herz, R. S., & von Clef, J. 2001 The influence of verbal labeling on the perception of odors : Evidence for olfactory illusions ? *Perception*, **30**, 381-391.

Mennella, J. A., Jagnow, C. P., & Beauchamp, G. K. 2001 Prenatal and postnatal flavor learning by human infants. *Pediatrics*, **107** (6), E88.

Science Observer（雑誌中のコラム）2002 Science that stinks. *American Scientist*, **90** (3), 225.

杉山東子・綾部早穂・菊地正　2000　ラベルがニオイの知覚に及ぼす影響　日本味と匂学会誌, **7**, 489-492.

Sugiyama, H., Ayabe-Kanamura, S., & Kikuchi, T. 2006 Are olfactory images sensory in nature ? *Perception*, **35** (12), 1699-1708.

White, T. 1998 Olfactory memory : The long and short of it. *Chemical Senses*, **23**, 433-441.

Willander, J., & Larsson, M. 2007 Olfaction and emotion : The case of autobiographical memory. *Memory and Cognition*, **35** (7), 1659-1663.

# 11章　多感覚相互作用：
## 　　　五感による世界の認識

- 感覚同士の相互作用にはどのようなものがあるか？
- 感覚同士の相互作用にはどのような機能があるか？

和田有史

> これまでは視覚に関する話題に加え，聴覚，嗅覚など，それぞれの感覚による知覚について説明してきました。しかし，日常的には，視覚だけ，聴覚だけというように，単一の感覚だけで外界を認知することはなかなかありません。たとえば，コップに入った炭酸のオレンジジュースを飲むときでも，私たちはまず，その色をみて，コップに口をつけて飲みます。飲んでいるときは甘味や酸味といった味，オレンジの香り，炭酸のシュワシュワ感，冷たさ，ごくごくと飲む喉ごしと音…。このように多くの感覚器官からジュースに関する情報が入ってきます。私たちは，これらの情報をうまく結びつけて統一された世界を知覚しているのです。
> 　この章では，多感覚情報から，どのように統一された世界が形成されるのかを，多感覚相互作用によって生じる錯覚や，多感覚情報を処理しているときの脳機能計測の結果を紹介しながら説明します。

## 1　多感覚情報の時間的・空間的統合

### (1)　感覚同士の同時性

　私たちがだれかと会話するとき，相手が発した声を聞き取ると同時に，話し手の唇の動きや視線，身振りが伴う。このように一つの出来事から発せられた

音や光は同時に生じ，それらを同時に感じるということは一見ごく当たり前だ。しかし，知覚の同時性はそれほど単純な話ではない。たとえば，遠くの雷の雷光と雷鳴は，同じ出来事であると知っていても，けっして同時には感じられない。光の速度が$3×10^8$メートル／秒であるのに対して，音の速度は330メートル／秒であり，両者の伝播スピードの差は著しい。さらに，光に対する単純な反応時間（刺激を感じたらすぐにボタンを押すときにかかる時間）は音に対するそれよりも約40ミリ秒程度は長い。これらに基づいて，一つの対象から発せられた音と光が同一の反応時間になる観察距離を計算すると，12.5メートル程度になる（Pöppel, 1985）。このように，物理的な刺激が完全に同時に感覚受容器に達したり，異なる感覚（たとえば，視覚や聴覚などの**感覚モダリティ**）への刺激に対して同一の反応時間が得られたりするのは稀な事態だ。同時性をあまり厳密に狭い範囲に限定すると，結びつけるべき多感覚情報を結びつけられないし，ルーズすぎても不適切な情報の結合を行なってしまう。

では，どのような時間の範囲にあると，私たちはその刺激が，同時であると判断するのだろうか？　この範囲は**同時性の窓**と呼ばれている（13章参照）。この範囲は，光が生じる時間と音が生じる時間の差が－130ミリ秒-250ミリ秒程度（－（マイナス）では音が光よりも先行し，＋（プラス）だと逆になる）であり（Guski & Troje, 2003），音が光よりも前に生じるときよりも，後に生じる場合のほうが同時性の窓がより広い。上述したように音は光よりも非常に遅いため，同一の事象から両者が発せられた場合はつねに光に遅れて音が私たちの感覚受容器に届く。同時性の窓はこの日常経験に対応しているのだろう。

普段の経験によって同時性が変化することを示す事実がいくつかある。たとえば，ヘッドホンからのホワイトノイズ（ザーッという雑音）と観察者から1-50メートル先にある光のどちらが先に感じられたかという時間順序の判断は，観察距離が1-20メートルの範囲では視覚刺激の観察距離が長くなるにつれてヘッドホンによって提示される音が視覚刺激より遅れて提示されるほうにシフトする（Sugita & Suzuki, 2003）。これは光に対する音の伝達の遅延を観察距離に応じて補正して，視聴覚情報を統合していることを示唆している。また，視

聴覚刺激の同時性の知覚が音と光のわずかな時間のズレに対する順応によって変化する（Fujisaki et al., 2004）。

　同時性の窓は音源と視覚刺激提示位置の空間的な要因にも影響される。視覚・聴覚・触覚への刺激が異なる位置にあらわれると，多感覚に提示された刺激の時間順序の判断がしやすくなる（Spence et al., 2003；Zampini et al., 2003a, 2003b；Kitagawa et al., 2005）。逆にいえば同一の空間的位置に提示された視聴覚情報は同一の事象としてまとめて知覚されやすい。

　連続的に現れる多感覚刺激同士が同期しているかどうかを正確に判断できるのはどのくらいの範囲なのだろうか？　視—聴覚，視—触覚同士の結びつきは，各感覚において際立った特徴のある目立つ（＝**セリエント**な）刺激が4 Hz（すなわち1秒間に4周期）以下，聴—触覚間だと8 Hz程度の周期の同期までしか，正確な判断はできない（Fujisaki et al., 2005, 2006, 2007a, b）。

　これらの現象は，多感覚知覚の大前提である同時性は，時間・空間的な近接や日常的に生じる時間ずれなどに基づくことを示している。すなわち多感覚情報のまとまり（体制化）も，「近接」，「共通運命（同じ方向に動く，など）」，「経験（時間ズレへの順応，など）」などのゲシュタルト要因に則って生じるのだ（Spence et al., 2007：1章参照）。

## （2）　腹話術では，人形の口から音が聞こえる（腹話術効果）

　腹話術では，動いていない腹話術師の口ではなく，音声にあわせて動く人形の口から声が発生しているかのように聞こえる（見える）。これは，視覚と聴覚に，同時に刺激が与えられると，視覚刺激の位置から音が聞こえる錯覚で，**腹話術効果**と呼ばれている（図11-1）。実際に実験してみると，音声と音声を発する顔の動画が水平方向で視角20度離れていてもその効果が生じる（Jack & Thurlow, 1973）。ただし，腹話術効果が生じる音源と視覚刺激の距離は，実験条件によって変化するようだ。

　この現象は音源の場所という空間的な知覚（**音源定位**）では，視覚が聴覚に強く影響を与える場合が多いことを示している。これは聴覚よりも視覚の方が

**図11-1 腹話術効果**
実際の音源である腹話術師の口からではなく，
音を発していない人形の口から音がする気がする。

空間の知覚において信頼性が高いことを利用して，より正確な環境の知覚を実現する巧妙な仕組みの副産物だ。その証拠に，視覚刺激をボカすことにより視覚的な位置情報の信頼性を低くすると視覚情報の影響を受けにくくなり，音源定位は聴覚判断の方が優位になる（Alais & Burr, 2004）。このように多感覚知覚においてどの感覚に重みをおくかは，そのときどきに得られる情報の信頼性に依存する。

　腹話術効果は音の聞こえ方にも影響を及ぼす。同一話者が発話した2つの単語を同時に一つのスピーカーで提示した場合は，2つの音声を分離してどちらか一方を聞きとることは難しい。しかし，音声と同時に，どちらか1つの音声を発話している顔の動画をスピーカーからわずかに離れた場所に提示すると顔が発話している方の音声の正答率が上昇する（Driver, 1996）。腹話術効果によって動画の位置に対応する音声が定位され，2つの音声が分離し，聞き取りやすくなったのだろう（図11-2）。

## （3）視覚刺激のタイミングが音によって変化する（時間的腹話術効果）

　これまで，視覚が聴覚に影響を与える現象をみてきたが，いつも視覚が他の感覚に対して優位であるわけではない。視覚も聴覚をはじめとした他の感覚の影響を強く受ける。たとえば，音を伴って連続的に提示される2つの光の順序

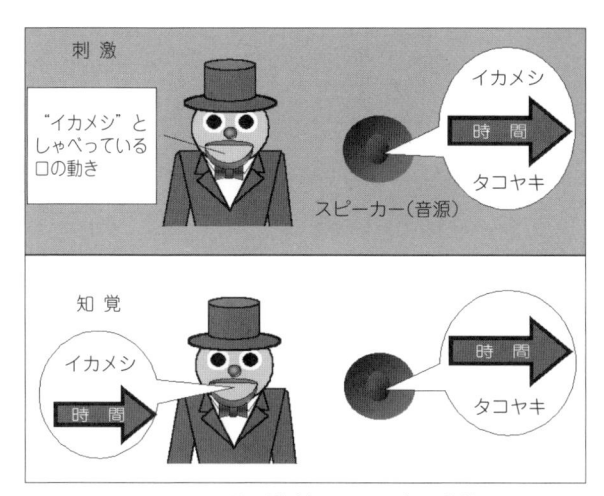

11章　多感覚相互作用：五感による世界の認識

図11-2　腹話術効果による音の分離
画像の動きにあった音だけの音源定位が分離される。

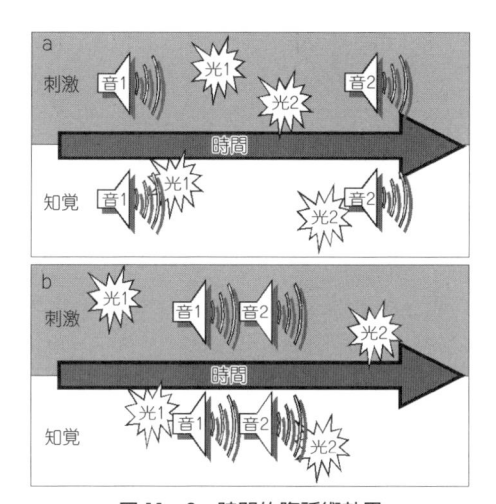

図11-3　時間的腹話術効果
音に引きずられて光の提示順序の判断が難しくなったり，簡単になったりする。

を判断する実験を行うと，最初の光の前と次の光の後に音を提示した場合では，光のみの時間順序の判断よりも成績が向上する（図11-3a）。しかし，2つの光の間に音を挟み込む場合は低下する（図11-3b；Morein-Zamir et al., 2003）。この現象は，視覚的な時間判断が聴覚刺激の提示される時間に引きずられることを示している。これは**時間的腹話術効果**と呼ばれている。

　視覚と聴覚から連続的な刺激提示がなされた場合は，視覚刺激の提示頻度が，聴覚刺激と同期するように感じられることが多い（Shipley, 1964）。この錯覚は時間知覚において，聴覚の方が視覚よりも信頼性が高いことによって生じる。とくに，視覚的な判断手がかりが乏しい場合に聴覚刺激の影響が強くなる。また，聴覚の提示頻度判断も，聴覚的な判断手がかりが乏しい条件下では視覚刺激の影響を受ける（Wada et al., 2003）。

　さらに，音は視覚的な知覚内容を変化させる。単一の視覚的フラッシュに複数のビープ音（ピピッという音）が伴うと，複数のフラッシュの点滅が知覚されるのだ（Shams et al, 2000；**ダブルフラッシュ錯覚**；図11-4）。これらの実験での単一フラッシュの長さである13ミリ秒の範囲の中で実際に2回以上のフラッシュを提示しても1回のフラッシュとして知覚されてしまう。このような視覚の限界よりも狭い時間内で2つ以上のフラッシュを知覚するのは2つ以上の聴覚的な刺激が伴うときのみだ。これらの現象は，知覚系が視覚的な時間分解能の低さを聴覚によって補うように視聴覚情報が統合されることを示している。

　視覚刺激と聴覚刺激の両者を提示することで，視覚刺激への反応時間が短縮することは古くから知られている（Adams & Chambers, 1962）。すなわち，多感覚による知覚は単一の感覚による知覚の時間分解能力を促進する。たとえば，光はあまりに速く点滅すると，一様に光っているように見える。蛍光灯は1秒間に100 Hzか120 Hzで点滅しているが，その点滅は視覚の能力を超える速さであるため，ずっと光を放っているように見える。しかし，光の点滅に同期した音を提示すると，光だけでは見えなかった点滅が見える頻度が高くなる（Ogilvie, 1956）。つまり，音によって，光を時間的に分解する能力が高まるのだ。先ほど紹介した時間腹話術効果やダブルフラッシュ錯覚と併せて考えると，

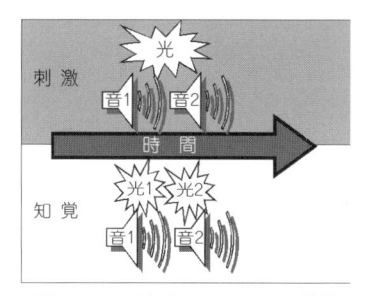

11章　多感覚相互作用：五感による世界の認識

**図 11-4　ダブルフラッシュ錯覚**
1回しかフラッシュが出ていないのに，音に引きずられて2回フラッシュが見える。

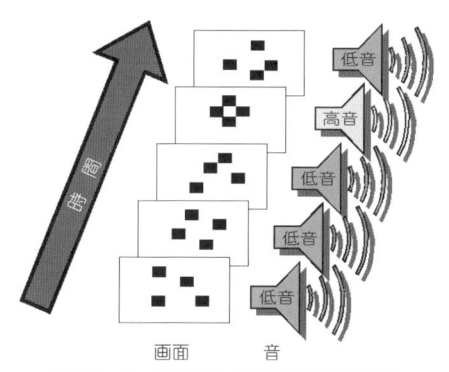

**図 11-5　聴覚による視覚探索の促進**
音は見つけたい視覚目標の形や位置の情報を含まないのに探索は促進される。下から4枚目がターゲット。

　この例も音による視覚のバイアス（錯覚）であるともいえる。しかし，日常的には同一の事象から視覚的な変化と音が同時に発せられることが多い。このことから，音による視覚の時間的なバイアスは，大抵，日常での知覚の時間分解能を高めることになる。
　視覚的な目標の検出も音によって促進される。97ミリ秒ごとに連続的に提示される視覚パターンの中から目標を検出するとき，目標に目立つ高音，それ以外の画面には低音を同期させると検出成績が向上する。目標とずらして高音を

提示したり，メロディの中に高音を織り交ぜたりするとこの効果は弱くなる。音には視覚目標の形や位置に関連する情報は含まれていない。つまり，視覚刺激に関係なくても，目立つ音が同期して提示されると視覚の時間的な能力が促進されるのである（Vroomen & de Gelder, 2000；図11‐5）。

## 2　日常的に経験する事象における多感覚統合

### （1）　聞こえている音が視覚によって変化する

視覚情報は，聞こえている内容すら変化させる。その典型例が**マガーク効果**だ。たとえば，/ga/という音声に/ba/と発話している顔の動画を組み合わせると，両者が融合して/da/と聞こえる（McGurk & MacDonald, 1976）。この錯覚は，音声知覚において口の動きが重要な手がかりであることを示す現象である。

また，**仮現運動**（5章を参照）の見え方がメロディの聞こえ方を変化させる。画面の上の方と下の方で光が交互に点滅する場合，点滅が遅く，上下の光の距離が近いと一つの光の上下運動が見えるが，光の頻度が速く，上の方の光と下の方の光の距離が遠いと，上下2つの光がそれぞれ細かく動いて見える（図11‐6）。この画面上の高さとあわせて，音の高さが変わる音を聴くと，一つの光の上下運動が見えているときは一つのメロディが聞こえ，2つの小さな運動が見えているときには高い音と，低い音の2つのメロディが聞こえやすくなる（O'Leary & Rhodes, 1984）。逆に，メロディが2つに分かれるか，一つにまとまるか，も仮現運動の見え方に影響を与えるが，その効果は比較的小さい。

音の知覚が視覚によって変化するのは，両者の刺激が同時に生じるときだけではない。滝をしばらく眺めたあとに周囲の静止した岩肌に目を移すと，岩肌が上昇しているように見える（**滝の錯視**）。これは**運動残効**という現象である（詳しくは5章を参照）。視覚的運動の残効は奥行き方向の運動でも生じるが，視覚だけではなく音の大きさの変化の知覚にまで影響を与える（Kitagawa & Ichihara, 2002）。音の大きさの変化は奥行き運動の手がかりの一つであり（た

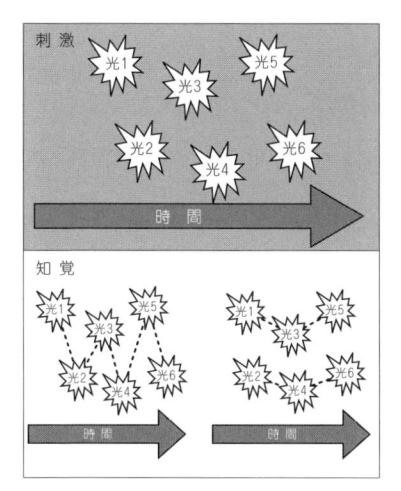

11章　多感覚相互作用：五感による世界の認識

図11-6　仮現運動の見え方
　一つの光の上下の運動か，2つの光の運動のいずれかが見えやすくなる。音の高低でも，一つのメロディに聞こえるか，2つのメロディが並行して存在するように聞こえる。

とえば近よってくる車のエンジン音は次第に大きくなるように聞こえる），奥行き運動の知覚において，視聴覚情報の連絡が密接であることを示している。

（2）　視覚的な運動の見え方と音（交差―反発錯覚など）

　ここでは，視覚現象としての運動の見え方が，聴覚刺激によって変化する例をいくつか紹介する。2つの円盤が左右から移動してきて画面の中央で重なりさらに離れていく映像は円盤が衝突して反発するように見えることよりも交差してすれ違っていくように見えることが多い。このとき，2つの円盤が重なる瞬間に短い音を提示すると円盤が反発するように見え，音を提示するタイミングがずれると音の影響は減少する（**交差―反発錯覚**；図11-7；Sekuler et al., 1997）（5章参照）。ただし，円盤の重なりと同期する音が目立たなければ（**セリエント**でなければ）この効果は生じない。つまり，同じ音を前後に提示したり，同期する音の音圧を低くしたりして，目立たなくした場合には反発の知覚

187

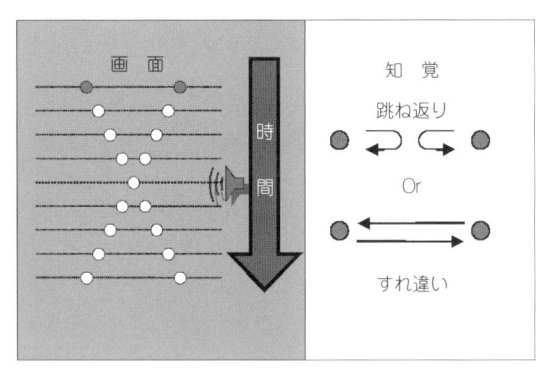

**図11-7 交差―反発錯覚**
音がないとすれ違いが見えることが多いが，2つの円盤が重なったときに短い音が聞こえると跳ね返りが見える確率が高くなる。

を誘導する効果は弱まる（Watanabe & Shimojo, 2001）。

**フラッシュ・ラグ効果**も複数の感覚にまたがって生じる。フラッシュ・ラグ効果とは運動する視覚対象のすぐ近くにフラッシュを提示すると，フラッシュが後ろにずれて見える錯覚である（Nijhawan, 1997；詳しくは13章を参照）。この効果は，視覚的運動だけでなく水平方向に動く音や高さが変化する音に対して短い音を提示する場合でも生じる（Alais & Burr, 2003）。空間的に運動する刺激を用いた場合，フラッシュ・ラグ効果が視覚刺激と聴覚刺激の間でも生じる。運動する視覚刺激と短い音の組み合わせの方が，運動する聴覚刺激とフラッシュの組み合わせよりもフラッシュ・ラグ効果が強い。これらの現象は，特徴的なタイミングで短い音が加えられることで視覚的に知覚される出来事が変化することを示している。

さらに音の提示時間の長さや運動方向によっても視覚的な事象は変化する。たとえば，左右に動く仮現運動（踏み切りの赤色灯にみられるような動き）を生じさせる2つの視覚パターンの間に短い音をはさむと仮現運動の速度が，音を提示しない場合や長い音をはさんだ場合よりも速く知覚される（Manabe & Riquimaroux, 2000）。また，ノイズなどによって視覚による運動検出がしにくい場合には，音の運動方向と同じ方向の視覚的な運動が見えやすくなる

(Meyer & Wuerger, 2001)。

　また，音色と動きのパターンのような本来関係のない視聴覚情報であっても，短時間その組み合わせを観察するだけで学習され，音によって視覚的運動の知覚が誘発されるようになる（Teramoto et al., 2010）。

## 3　触覚や体性感覚における多感覚知覚

### （1）　視覚と触覚・体性感覚の相互作用

　実際は直線を触っているのだが，プリズムによって光がゆがめられて，触っているものが曲線に見える場合，観察者は曲線に触っているように感じる（Easton, 1976）。また，同じ重さの物体であっても，体積が大きく見える方がより軽く感じられる（Charpentier, 1891）。この現象は**シャルパンティエ効果**とよばれている。この錯覚は視覚情報とは関係なく力学的に生じる触覚・運動感覚経験であるという説もあるが（Amazeen & Turvey, 1996），視覚等から得られた情報に基づいた高次の認知的メカニズムが影響するという説も根強い（Flanagan & Belzner, 2000）。

　自分の身体の知覚にも視覚は強く影響する。それをもっとも印象的に紹介したのはラマチャンドラン（Ramachandran, V. S.）の鏡による**幻肢**の治療だ（Ramachandran & Rogers-Ramachandran, 1996）。幻肢とは，何らかの事情で失った手足の感覚が存在しないのに感じられる現象である。たとえば腕をなくした場合，残された上腕のある箇所に触ると失ったはずの部分に触られたような感覚がする。幻肢には痛みも伴うこともあり，治療が非常に厄介であった。このときに，左腕を失った患者の右腕をボックスの中にいれ，鏡ごしに見ると，あたかも左右の腕がそろったような感じがする（図11-8）。さらに右手を動かすと，右手だけではなく，ないはずの左手も一緒に動かしているように感じる。この経験を繰り返すと，幻肢の痛みも消えるという。見えている手が自分の手と取り違えられるには，それが鏡越しの手のように実物である必要はない。片腕を失っていない健常者であってもゴム製の実物大の手のおもちゃを自分の手

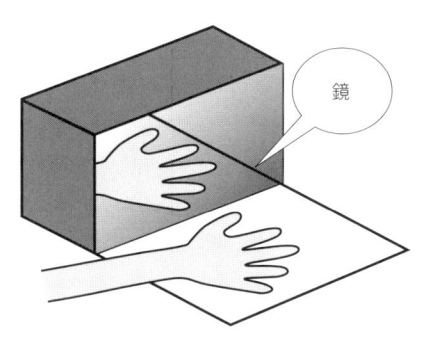

図11-8 鏡ごしに見る幻の腕

右手を鏡ごしに見ると自分の左手がそこにあるかのように見える。両者を同時に動かす（動かしたつもりになる）と，実際には腕がない幻肢患者も自分の腕を動かしているような感覚がする。

のように見える位置において，おもちゃと本当の手の両方をなでる。そのとき，なでられた人は，おもちゃの手であるとわかっていても，それが自分の手のように感じられるという報告がある（Botvinick & Cohen, 1998）。この現象は**ラバーハンド錯覚**と呼ばれている。これらの例は，四肢などの自分の身体を見ることが，自分の動きや触覚，身体の存在の知覚に大きな影響を持つことを示している。

これまで見てきたのは，視覚が触覚や体性感覚に与える影響だったが，逆の効果も存在する。たとえば，ランダムドット・ステレオグラム（6章参照）と，触覚提示装置で提示された横棒の太さの判断を行なうと，横棒が鮮明に見えていれば，その判断は視覚に大きく依存する。しかし，不鮮明になってくると，次第に触覚の影響が強くなる（Ernst & Banks, 2002）。また，幾何学的錯視（2章参照）の見え方も触覚情報によって偏向される（Omori et al., 2007）。

### （2）皮膚感覚同士の相互作用

皮膚には，触覚・圧覚・痛覚・温覚・冷覚などに対応する感覚受容器が混在する。すなわち，私たちが感じている皮膚感覚のほとんどは多感覚知覚なのだ。

# 11章　多感覚相互作用：五感による世界の認識

## コラム　食品は多感覚で味わう

　私たちの日常はつねに多感覚知覚のさなかにある。このコラムでは，多感覚知覚の日常例として食べ物を"味わう"という，一見，味覚経験のようなものも，じつは多感覚現象であるという証拠を紹介する。

　果汁をさまざまに着色しそれらの味を比較すると，赤いものが一番甘く評価され，緑色が一番甘くないと評価される（Pangborn, 1960）。薄めたフルーツジュースが，オレンジ色ならばみかんのジュースであると判断される確率が高まるなど，フレーバーの判断は色によって左右される（DuBose et al., 1980）。さらに，意味的に一致するにおいと写真（たとえばバニラのにおいとクッキーの写真）が同時に提示される場合は，においだけが提示された場合や，においと意味的に一致しない写真（たとえば，ガソリンのにおいにクッキーの写真）が提示された条件よりも，においがあったかどうかという判断の成績が向上し，反応時間も短くなる（Gottfried & Dolan, 2003）。

　また，食感についても多感覚情報統合が影響している。顕著な例としては，ポテトチップスのパリパリ感（触感＝**テクスチャ**）や，炭酸飲料のシュワシュワ感も，音によって左右されることが示されている（Zampini & Spence, 2004, 2005）。

　このような食体験における感覚間相互作用は，多少の熟練によって簡単に矯正できるようなものではない。たとえば，ワインの殿堂であるボルドー大学ワイン醸造学科の学生が，赤・白ワインの香りの記述を行なった実験がある。評価されるワインには赤い染料で着色された白ワインも混ぜておいた。その結果，評価者は一貫して赤い白ワインを赤ワインに使われる典型的な言葉で形容し，白ワインに用いられるタームを避けた（Morrot et al., 2001）。味わう訓練を受けた人間であっても，フレーバーの経験は視覚情報の影響を強く受けることがわかるだろう。

　これらの例は，多感覚によって味わうことが，たんなるバイアスではなく，私たちの知覚メカニズムに根ざした本質的な経験であることを示している。

　しかし，受容器同士が近接しているため，その相互作用のメカニズムを解明することは難しい。たとえば，温度条件によって振動感覚が感じられる強さが変化する（Stevens, 1979）が，それが末梢神経の感度変化によるのか，中枢神経による情報統合によるのかは区別できない。

**図11-9 触覚によって生じる温度錯覚**
中指で人肌程度の温度のものを触り，両脇の指で冷たい（温かい）ものを触ると全ての指が冷たい（温かい）ものを触っているように感じる。

　中枢神経系の統合に由来する皮膚感覚同士の相互作用の例として，**参照温度錯覚**がある。人差し指と薬指が温かい（冷たい）もの，中指が人肌程度のものに触れると，3本の指とも温かい（冷たい）ものに触っているように感じる（図11-9）。これは，空間的な判断が苦手な温度感覚が，熱源の位置的な探知に触覚情報を利用することから生じるのだろう（Green, 1977 ; Ho et al., 2007）。また，この錯覚が起こっているときに，中指に触れたものの硬さの判断を行なわせると，温かい（冷たい）ものに触れていると感じられる場合は軟らかく（硬く）感じる（Wada et al., 2008）。この場合，中指で感じた温度は錯覚によるため，末梢での変化はない。すなわち，温度による硬さ知覚のバイアスは中枢神経系に依存して生じることを示唆している。

## 4　多感覚知覚の仕組み

　これまで紹介したさまざまな現象は，私たちは時間的，空間的に近く，さらに，経験的に結びつきやすい顕著な感覚情報同士を結びつけて知覚することを

示している。この多感覚統合における各感覚の重みづけは固定的ではなく，状況に応じて変化する各感覚の信頼性に応じて，より信頼性が高い感覚の情報により大きな重みを置くという柔軟な情報統合を行っているようだ（Ernst & Banks, 2002）。これは，**最適重みづけ仮説**と呼ばれる。

　このような感覚間相互作用は，いつ頃から，脳内のどのような機能で実現されるのだろうか？　新生児でも多感覚情報を統合したかのように反応するが，これは脳内の分業が未分化であることと，複数の感覚が共通の情報を供給する冗長性（**感覚間冗長性**；Bahrick, 1994）から生じるらしい（橋彌・和田，2008；和田，2008）。大人に近い多感覚情報統合を示す行動は，生後7か月くらいから生じるようだ（一例は Wada et al., 2009）。発達初期では，感覚と大脳皮質との結合は非常に緩やかで，柔軟に変化する性質（可塑性）がある（Shimojo & Shams, 2001）。たとえば，生後間もないげっ歯類の聴覚や体性感覚に反応していた領域（内側膝状体，腹側基底核）への感覚入力を断つと，それらの領域が網膜上への光刺激の投射に反応するようになる（Sur et al., 1990）。人間でも生後すぐに視覚や聴覚などの感覚入力を失うと，従来失われた感覚入力におもに反応していた脳の領域が他の感覚入力に反応する。初期に視覚を失った視覚障害者が点字を読むときには，健常者では視覚処理のみを行っている領域であると信じられていた**第一次視覚野**・第二次視覚野が活動する（Sadato et al., 1996）。また，点字を読むときの視覚障害者の後頭葉に強力な磁気刺激を与えると，点字を読むという触覚課題の成績が下がる（Cohen et al., 1997）。つまり視覚入力がない状態では，視覚情報処理をもっぱらとしていると考えられていた領域が，触覚情報も処理していることが浮き彫りになるのだ。

　脳機能イメージングによって，多感覚刺激（たとえば視覚＋聴覚）によって，単一の感覚刺激（視覚だけ or 聴覚だけ）によって生じる活性の度合を足し合わせたよりも大きな（**スーパーアディティブ**）活性が生じる脳領域があることや（Calvert et al., 2000；Gottfried & Dolan, 2003），視覚処理をしていると考えられていた脳領域の反応が聴覚刺激によって非常に強く促進されること（Macaluso et al., 2000；図11-10）など，多感覚知覚に特有な脳活動が次々に報告されてい

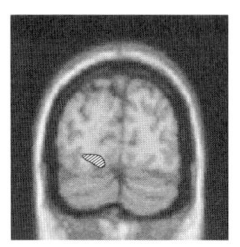

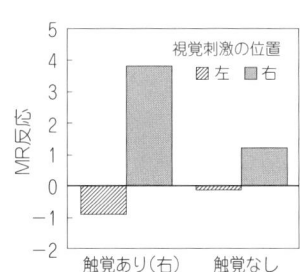

**図 11 - 10　多感覚刺激による脳の活性化**

左舌状回（左図の斜線部分）は右視野に提示される視覚刺激にのみ反応すると考えられていた領域だが，同じ側（右側）の触覚刺激を同時に提示されると，視覚刺激のみを与えられた場合よりも非常に強く反応する。
（出所）　Driver & Spence, 2000 より改変

る。さらに，解剖学的研究によって系統発生的に人間に近いサルの脳で，聴覚領域から第一次視覚皮質への直接的な神経入力が発見された（Falchier et al., 2002）。

　これらの事実は，脳の各領域が，どの感覚からの情報をどのように処理をするか，というのは生まれながらに固定されているのではなく，入力される情報の状態が変化すれば，それに応じてフレキシブルに変化することを示唆している。

　私たちの日常生活を支える多感覚知覚は，感覚器官の入力を受けた脳の多くの領域同士の緊密な連携によって織り成される柔軟な情報統合によって実現されると考えられる。

〈サマリー〉

　私たちは日常的に多感覚からの情報を統合して，環境を知覚している。多感覚による錯覚は数多く存在するが，そのおもな特徴としては以下のものがあげられる。

① 多感覚情報統合は日常的に行われており，知覚の本質的な機能である。
② 時間的・空間的に近接して発生する感覚入力は結合されて知覚されやすい。
③ 空間的情報に関しては視覚，時間的な情報に関しては聴覚が他の感覚に影響を与

えることが多い。
④ 上記の関係はつねに固定的なのではなく，より信頼性の高い感覚情報の影響が強くなるように変化する。
⑤ 多感覚情報の統合はほとんどの感覚の組み合わせで行われる。
⑥ 一次感覚野は各部位でそれぞれ単独の感覚入力だけを処理していると考えられていたが，実際には各部位に多感覚情報が届いて処理されていることが明らかとなった。これまで固定的と信じられてきた大脳皮質の感覚モジュールは，じつは入力される情報によってフレキシブルに形成される。

〈もっと詳しく知りたい人のための文献紹介〉

大山正・今井省吾・和気典二・菊池正（編） 2007 新編感覚・知覚心理学ハンドブック Part 2 誠信書房
 ⇨最近の感覚間相互作用の研究を非常にコンパクトに紹介した章がある（北川ほか，2007）。皮膚感覚・味覚・嗅覚の章にも多感覚相互作用に関する記述がある。

シトーウィック，R.E. 山下篤子（訳） 2002 共感覚者の驚くべき日常——形を味わう人，色を聴く人 草思社
 ⇨共感覚者とは，ある感覚入力から，別の感覚での経験が生じる人を意味する。本章では一般の人間に生じる感覚間相互作用についての説明に限定したので触れなかったが，多感覚知覚の特殊事例として興味深いトピックである。

〈文 献〉

Adams, J. A., & Chambers, R. W. 1962 Response to simultaneous stimulation of two sense modalities. *Journal of Experimental Psychology*, **63**, 198-206.

Alais, D., & Burr, D. 2003 The "flash-lag" effect occurs in audition and cross-modally. *Current Biology*, **13**, 1-5.

Alais, D., & Burr, D. 2004 The ventriloquist effect results from near-optimal bimodal integration. *Current Biology*, **14**, 257-262.

Amazeen, E. L., & Turvey, M. T. 1996 Weight perception and the haptic size-weight illusion are function of the inertia tensor. *Journal of Experimental Psychology: Human Perception and Performance*, **22**, 213-232.

Bahrick, L. E. 1994 The development of infants' sensitivity to arbitrary intermodal relations. *Ecological Psychology*, **6**, 111-123.

Botvinick, M., & Cohen, J. 1998 Rubber hands "feel" touch that eyes see. *Nature*, **391**, 756.

Calvert, G. A., Campbell, R., & Brammer, M. J. 2000 Evidence from functional magnetic resonance imaging of crossmodal binding in the human heteromodal cortex. *Current Biology*, **10**, 649-657.

Charpentier, A. 1891 Analyse experimentale de quelques elements de la ensation de poids [Experimental study of some aspects of weight erception]. *Archieves de Physiologie Normales et Pathologiques*, **3**, 122-135 (in French).

Cohen, L. G., Celnik, P., Pascual-Leone, A., Corwell, B., Falz, L., Dambrosia, J., Honda, M., Sadato, N., Gerloff, C., Catala, M. D., & Hallet, M. 1997 Functional relevance of cross-modal plasticity in blind humans. *Nature*, **389**, 180-183.

Driver, J. 1996 Enhancement of selective listening by illusory mislocation of speech sounds due to lip-reading. *Nature*, **381**, 66-68.

Driver, J., & Spence, C. 2000 Multisensory perception: Beyond modularity and convergence. *Current Biology*, **10**, R731-R735.

DuBose, C. N., Cardello, A. V., & Maller, O. 1980 Effects of colorants and flavorants on identification, perceived flavor intensity, and hedonic quality of fruit-flavored beverages and cake. *Journal of Food Science*, **45**, 1393-1415.

Easton, R. D. 1976 Prismatically induced curvature and finger-tracking pressure changes in visual capture phenomenon. *Perception & Psychophysics*, **19**, 201-205.

Ernst, M. O., & Banks, M. S. 2002 Humans integrate visual and haptic information in a statistically optimal fashion. *Nature*, **415**, 429-433.

Falchier, A., Clavagnier, S., Barone, P., & Kennedy, H. 2002 Anatomical evidence of multimodal integration in primate striate cortex. *Journal of Neuroscience*, **22**, 5749-5759.

Flanagan, J. R., & Belzner, M. A. 2000 Independence of perceptual and sensorimotor predictions in the size-weight illusion. *Nature Neuroscience*, **3**, 737-741.

Fujisaki, W., Koene, A., Arnold, D. H., Johnston, A., & Nishida, S. 2006 Visual search for a target changing in synchrony with an auditory signal. *Proceedings of the Royal Society of London B : Biological Science*, **273**, 865-874.

Fujisaki, W., & Nishida, S. 2005 Temporal frequency characteristics of synchrony-asynchrony discrimination of audio-visual signals. *Experimental Brain Research*, **166** (3-4), 455-464.

Fujisaki, W., & Nishida, S. 2007a Feature-based processing of audio-visual synchrony perception revealed by random pulse trains. *Vision Research*, **47** (8), 1075-1093.

Fujisaki, W., & Nishida, S. 2007b Audio-tactile, visuo-tactile, and audio-visual temporal synchrony perception. 8th International Multisensory Research Forum.

Fujisaki, W., Shimojo, S., Kashino, M., & Nishida, S. 2004 Recalibration of audio-visual simultaneity. *Nature Neuroscience*, **7**, 773-778.

Gottfried, J. A., & Dolan, R. J. 2003 The nose smells what the eye sees : Crossmodal visual facilitation of human olfactory perception. *Neuron*, **39**, 375-386.

Green, B. G. 1977 Localization of thermal sensation : An illusion and synthetic heat. *Perception & Psychophysics*, **22**, 331-337.

Guski, R., & Troje, N. F. 2003 Audiovisual phenomenal causality. *Perception & Psychophysics*, **65**, 789-800.

橋彌和秀・和田有史　2008　視聴覚統合の発達　山口真美・金沢創（編）　知覚・認知の発達心理学入門――実験で探る乳児の認識世界　北大路書房　pp. 83-97.

Ho, H.-N., Watanabe, J., Ando, H., & Kashino, M. 2007 Discrimination of referred thermal sensation with uncrossed and crossed fingers. *Proceedings of 12th Annual Conference of Virtual Reality Society of Japan.*

Jack, C. E., & Thurlow, W. R. 1973 Effects of degree of visual association and angle of displacement on the 'ventriloquism' effect. *Perceptual & Motor Skills*, **37**, 967-979.

Kitagawa, N., & Ichihara, S. 2002 Hearing visual motion in depth. *Nature*, **416**, 172-174.

Kitagawa, N., Zampini, M., & Spence, C. 2005 Audiotactile interactions in near and far space. *Experimental Brain Reseach*, **166**, 528-537.

北川智利・和田有史・加藤正晴・市原茂　2007　感覚間相互作用　大山正・今井省

吾・和気典二・菊池正（編）　新編感覚・知覚心理学ハンドブック Part 2　誠信書房 pp. 3-20.

Macaluso, E., Frith, C., & Driver, J. 2000 Modulation of human visual cortex by crossmodal spatial attention. *Science*, **289**, 1206-1208.

Manabe, K., & Riquimaroux, H. 2000. Sound controls velocity perception of visual appararent motion. *The Journal of the Acoustical Society of Japan*, **21**(3), 171-174.

McGurk, H., & MacDonald, J. 1976 Hearing lips and seeing voices. *Nature*, **264**, 746-748.

Meyer, G. F., & Wuerger, S. M. 2001 Cross-modal integration of auditory and visual motion signals. *Neuroreport*, **12**, 2557-2560.

Morein-Zamir, S., Soto-Faraco, S., & Kingstone, A. 2003 Auditory capture of vision: Examining temporal ventriloquism. *Cognitive Brain Research*, **17**, 154-163.

Morrot, G., Brochet, F., & Dubourdieu, D. 2001 The color of odors. *Brain & Language*, **79**, 309-320.

Nijhawan, R. 1997 Visual decomposition of colour through motion extrapolation. *Nature*, **386**, 66-69.

O'Leary, A., & Rhodes, G. 1984 Cross-modal effects on visual and auditory object perception. *Perception & Psychophysics*, **35**, 565-569.

Ogilvie, J. C. 1956 Effect of auditory flutter on the visual critical flicker frequency. *Canadian Journal of Psychology*, **10**, 61-68.

Omori, K., Kitagawa, N., Wada, Y., & Noguchi, K. 2007 Haptic can modulate the Hering and Wundt illusions. *Japanese Psychological Research*, **49**(1), 79-85.

Pangborn, R. M. 1960 Influence of color on the discrimination of sweetness. *American Journal of Psychology*, **73**, 229-238.

Pöppel, E. 1985 *Grenzen des Bewußtsein: Über Wirklichkeit und Welterfahrung.* Deutsche Verlags-Anstalt GmbH.（田山忠行・尾形敬次（訳）　1995　意識のなかの時間　岩波書店）

Ramachandran, V. S., & Rogers-Ramachandran, D. 1996 Synaesthesia in phantom limbs induced with mirrors. *Proceedings of the Royal Society of London*, **263**, 377-386.

Sadato, N., Pascual-Leone, A., Grafman, J., Ibanez, V., Deiber, M. P., Dold, G., &

Hallett, M. 1996 Activation of the primary visual cortex by Braille reading in blind subjects. *Nature*, **389**, 180-183.

Sekuler, R., Sekuler, A. B., & Lau, R. 1997 Sound alters visual motion perception. *Nature*, **385**, 308.

Shams, L., Kamitani, Y., & Shimojo, S. 2000 What you see is what you hear. *Nature*, **408**, 788.

Shimojo, S., & Shams, L. 2001 Sensory modalities are not separate modalities: Plasticity and interactions. *Current Opinion in Neurobiology*, **11**, 505-509.

Shipley, T. 1964 Auditory flutter-driving of visual flicker. *Science*, **145**, 1328-1330.

Spence, C., Baddeley, R., Zampini, M., James, R., & Shore, D. I. 2003 Crossmodal temporal order judgments: When two locations are better than one. *Perception & Psychophysics*, **65**, 318-328.

Spence, C., Sanabria, D., & Soto-Faraco, S. 2007 Intersensory Gestalten and Crossmodal Scene Perception. In K. Noguchi (Ed.), *The psychology of beauty and kansei: A new horizon for gestalt perception*. Fuzambo International. pp. 519-579.

Stevens, J. C. 1979 Thermal intensification of touch sensation: Further extensions of the Weber phenomenon. *Sensory Processes*, **3**, 240-248.

Sugita, Y., & Suzuki, Y. 2003 Audiovisual perception: Implicit estimation of sound-arrival time. *Nature*, **421**, 911.

Sur, M., Pallas, S. L., & Roe, A. W., 1990 Cross-modal plasticity in cortical development: Differentiation and specification of sensory neocortex. *Trends in Neuroscience*, **13**, 227-233.

Teramoto, W., Hidaka, S., & Sugita, Y. 2010 Sounds move a static object. *PLoS One*, **5**(8), e12255.

Vroomen, J., & de Gelder, B. 2000 Sound enhances visual perception: Cross-modal effects of auditory organization on visual perception. *Journal of Experimental Psychology: Human Perception and Performance*, **26**, 1583-1590.

和田有史 2008 五感を統合する力 発達, **116**, 23-29.

Wada, Y., Kitagawa, N., & Noguchi, K. 2003 Audio-visual integration in temporal perception. *International Journal of Psychophysiology*, **50**, 117-124.

Wada, Y., Shirai, N., Otsuka, Y., Midorikawa, A., Kanazawa, S., Dan, I., & Yamaguchi, M. K. 2009 Sound enhances detection of visual target in infancy:

A study using illusory contours. *Journal of Experimental Child Psychology*, **102**, 315-322.

Wada, Y., Tsuzuki, D., Kohyama, K., & Dan, I. 2008 Illusory thermal sensation effect on hardness perception. *Japanese Journal of Psychonomic Science*, **27**, 117-118.

Watanabe, K., & Shimojo, S. 2001 When sound affects vision : Effects of auditory grouping on visual motion perception. *Psychological Science*, **12**, 109-116.

Zampini, M., Shore, D. I., & Spence, C. 2003a Audiovisual temporal order judgments. *Experimental Brain Research*, **152**, 198-210.

Zampini, M., Shore, D. I., & Spence, C. 2003b Multisensory temporal order Judgments : The role of hemispheric redundancy. *International Journal of Psychophysiology*, **50**, 165-180.

Zampini, M., & Spence, C. 2004 The role of auditory cues in modulating the perceived crispness and staleness of potato chips. *Journal of Sensory Studies*, **19** (5), 347-363.

Zampini, M., & Spence, C. 2005 Modifying the multisensory perception of a carbonated beverage using auditory cues. *Food Quality and Preference*, **16** (7), 632-641.

# 12章　バーチャルリアリティ

- リアリティとは何か？
- 知覚心理学でリアリティを操れるか？

北崎充晃

　バーチャルリアリティと聞いて，なにを思い浮かべますか？　銀河の彼方の人が浮かび上がり話す立体映像通信，頭に大きなディスプレイをかぶり手足にさまざまな装置をつけて歩き回る異様な人たち，横たわるといつでも好きな夢が見られる装置，脳にたくさんの管を繋がれ溶液に浸って仮想世界の中で生きている未来人などではないでしょうか。これら小説や映画に取り上げられてきたテーマは，たしかにバーチャルリアリティに関連し，いくつかは素朴な形ですが実現されています。
　この章では，バーチャルリアリティとは何か，それが知覚心理学とどう関係しているか，バーチャルリアリティと知覚心理学が融合することでどのような問題が提起され，解決されてきたかを見ていきます。そして，あなた自身でバーチャルリアリティと知覚心理学の未来を考えて下さい。

## 1　バーチャルリアリティの本質

### (1)　リアリティとは何か

　「これはリアリティがある」とか「あまりにリアリティがない」という会話は，21世紀の世界においてそれほど不自然なものではない。しかし，私たちは現実の世界に住んでいて，実際に存在している相手と話している中で，いったい何を対象として「**リアリティ，現実感**」を問題にする必要があるのだろうか。多くの場合，私たちがリアリティを問題にするのは，人間が作りだした何かについてである。自分の体験談であったり，物語，歴史，マンガやドラマ，映画，

テレビのバラエティ番組，模型，人形やフィギュア，そして絵画や彫刻などがリアリティの評定の対象となる。これらにリアリティがない場合には，非現実的，うそっぽい，やらせ，似ていない，人工的などの評価がなされる。はたして，リアリティとは何だろうか。

一つの定義としては，現実・真実のものと同じ，そっくり，あるいはとても似ていることをリアルと呼ぶということがあるだろう。それは多くの場合，実際のモノを再現したり写し取ったりする際には，情報が失われ，視覚・聴覚などのさまざまな感覚情報の量，解像度や精度が落ちることに関係する。たとえば，図12-1は，左の高解像の写真から右に，解像度と明るさの階調を減少させた画像への変化を示している。左は右よりもよりリアルだと感じる。これは，物理的特性あるいは感覚入力の量によって定義されるリアリティと言えるだろう。

しかし，リアリティはそれだけではない。私たちは，線で描かれたマンガにもありありとしたリアリティを感じるし，少数のドットで描かれていた人工的な生き物を愛くるしく思ったこともある。つまり，リアリティは心理学的な問題でもあり得る。図12-2は，錯視である。ここでは，これらの錯視のメカニズムや機能ではなく，その「見えのリアリティ」に注目して欲しい。ヘルマン格子（Hermann's Grid）は，交差点に黒ずみが見える。物理的には黒ずみなどないと理解できても，どうしても見えてしまう。これは日常生活でも，タイル張りのお風呂掃除のときなどに体験することができる。一生懸命目地を磨いてきれいにしたのに，その隣を磨いていると先ほど磨いたばかりのところが黒ずんで見えて悲しい思いをする。しかし，実際にはすでにきれいになっている。明るさの対比では，背景の明るさによって囲まれた図形の明るさが違って見える。小さい灰色のパッチは全て同じ明るさだと教えられても，どうしてもそうは見えない。このとき，私たちにとってリアルなのは，「明るさは物理的には同じ」ということではなく，「明るさは違って見える」ということだろう。これを**知覚的リアリティ**という。図12-3も同様の錯視である。カフェウォール（Café Wall）錯視では，平行な水平線が斜めに見える。どうしても平行には見

12章　バーチャルリアリティ

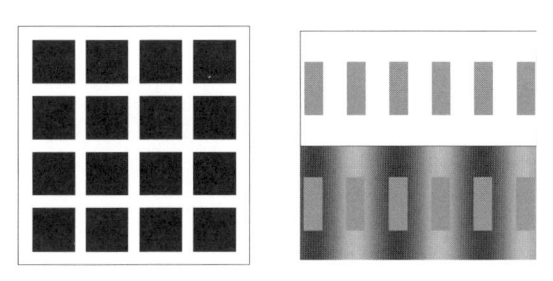

リアル ←――――――――――――→ リアルじゃない

図 12-1　物理的なリアリティの変化

Hermann's Grid　　　　　明るさの対比

図 12-2　知覚的リアリティとしての錯視（1）

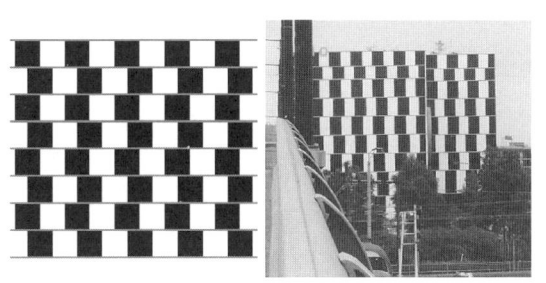

Café Wall 錯視　　　現実の Café Wall 錯視
　　　　　　　　　　（2008年6月撮影）

図 12-3　知覚的リアリティとしての錯視（2）

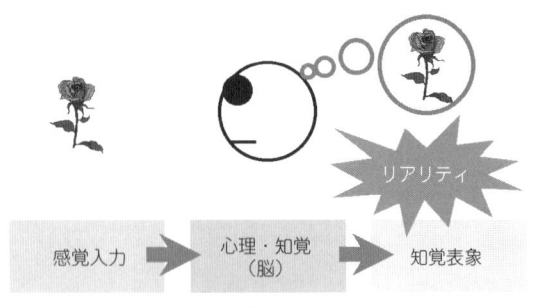

図12-4　知覚情報処理とリアリティの生起

えない。もともと煉瓦で作られたカフェの壁から発想されたという説があるが，オーストラリアのメルボルンには，この錯視をモチーフとした建築があった。図版の中ではなくて，目の前に存在する（手で触ることもできる）建物でも，むしろありありと錯視が知覚される。

　このように少なくとも**物理的に定義されるリアリティ**と**心理的・知覚的に体験されるリアリティ**がある。これは，目や耳などの感覚器官を通して外界の物理情報を感覚入力として受け取り，脳での処理の中で「リアリティ」が知覚表象とともに生じることが，私たちの知覚，つまり世界を体験することだからである（図12-4）。

（2）　バーチャルリアリティとは嘘の現実ではない

　それでは，バーチャルリアリティとは何だろうか。ときに，仮想現実と和訳されるから，仮に想定する現実と言えるかも知れない。では，嘘の現実なのか？　定義としては，「感覚入力を人工的に創り出し，あるいは操作して，あたかも現実であるかのように感じさせること」である。けっして，嘘の現実ではなく，知覚的にリアルな感覚である。運動知覚における**仮現運動**（apparent motion：5章参照）と類似した概念である。仮現運動は，物理刺激としては時空間的に分離した2つ（あるいは複数）の情報が，知覚的にはスムースな運動として知覚される現象である。私たちには，実際にスムースに運動しているのか仮現運動なのかの区別はつかず，知覚的には同じである。バーチャルリアリ

ティも，知覚的には区別のつかないリアリティを提供する技術を目指して誕生した。

　学術分野の始まりを規定するのは難しいが，物理学が500年の歴史を持ち，比較的新しい科学である心理学にも140年の歴史があるのに対して，情報科学は75年，そしてバーチャルリアリティの歴史はたったの35年である。バーチャルリアリティ（Virtual Reality, 以下 VR）という言葉の誕生は，1989年にラニア（Lanier, J.）が率いるベンチャー企業 VPL（Visual Programming Language あるいは Virtual Programming Language）Research 社が RB2（Reality Built for Two）システムを発表したときに遡る。RB2 は，2人の操作者がデータグローブ（Data Glove）とヘッド・マウント・ディスプレイ（頭部搭載型ディスプレイ；Head Mounted Display；以下 HMD）を用いて，バーチャルな世界を共有するものであった。興味深いのは，VR の誕生が何かの発見やキィ・テクノロジーの開発によるのではなく，データグローブや HMD といった個別装置を組み合わせた「システム」として誕生したことである。VR の本質は，テクノロジーそのものではなく，リアリティを感じさせることにある。

## （3）　バーチャルリアリティの本質としてのプレゼンス

　VR の本質について舘（1992）は，三次元の空間性，実時間の相互作用性，自己投射性を三大要素としている。廣瀬（2002）は，インタラクション，プレゼンス，複合モダリティを挙げている。また，ゼルツァー（Zeltzer, D., 1992）は，自律性，相互作用性，臨場性の3つをあげている（櫻井，1995も参照）。**プレゼンス**（presence，**臨場感**，**臨場性**）とは，「いま，ここにいる」という感覚のことであり，VR でもっとも重要な概念である。**自己投射性**は，生成されたVR 世界の中に自らのプレゼンスを感じ，環境の中にいる感じが自然に生じることである。**三次元の空間性**は，奥行きの知覚などにより知覚世界が自分の周りに広がって感じられることを示す。この点で，奥行きや自己運動に関する知覚心理学は初期から VR とのかかわりが深い。**相互作用性**は，自分の動きに対して，感覚入力や外界の事物が適切に変化・反応することを意味し，視覚・

図 12-5　実世界とバーチャルリアリティの外在化

運動協応の問題やコミュニケーションの問題と関係する。VRで求められる**複合モダリティ**は，ヒトが有しているさまざまな感覚に対して，同時にかつ整合的に情報を提示することであり，多感覚相互作用の研究と関連する。**自律性**は，相互作用性とも重なっている概念であり，VR世界自体が知的に反応する状態をさし，人工生命や知的エージェント，遠隔通信と関連する。

　では，プレゼンスのない状態とはどういうことなのか。小さなテレビ画面を見ているときに，その画面の中に自分がいるようには感じられない。つまり，自分を取り巻く「実世界」に対してはプレゼンスが生じているが，テレビの画面に示されている「映像世界」にはプレゼンスが生じていない。しかし，実世界の情報も網膜に投影されて，脳で処理されているだけではないのか。いわば，網膜というテレビを見ているのと変わらない。しかし，網膜に投影された情報は，網膜にも脳にも感じられずに，私たちの外側に拡がる実世界にあるように感じられる。このように外界から身体の感覚器官に与えられた刺激（近刺激）が外界にあるように感じられることを知覚心理学では，**遠隔帰属**（distal attribution）あるいは**外在化**（externalization）という。この知覚の外在化が，プレゼンスの基盤であると言える。バーチャルリアリティは，知覚の外在化を実世界についてではなく，人工的に生成した情報に対して成立させ，人工的な世界（VR世界）にプレゼンスを生じさせる技術だと言える（図12-5）。

## 2 バーチャルリアリティを支える知覚心理学

### (1) バーチャルリアリティの発展

前節でVRの歴史は35年と述べたが，前史的なものとして，ハイリグ（Heilig, M.）による視覚のみならず触覚や嗅覚までも提示する複合感覚提示シミュレータSensorama（1962年にアメリカ特許取得）や，サザランド（Sutherland, I.）が1965年に発表したHMDの原型であるUltimate Display（究極のディスプレイ）があり，VR誕生の背景としてはCG（Computer Graphics；コンピュータ・グラフィックス）やシミュレーション科学の成熟が必要であった。また，NASA Ames Research Centerでは，VIEWS（Virtual Interface Environment Workstation）と呼ばれるシステムの開発を1980年代後半から行っており，1991年には視線方向測定可能なセンサと連動した広視野立体視HMD，立体音響装置，手の位置とジェスチャが測定可能なデータグローブ，そして音声認識装置を備えた複合感覚インタフェースによるワークステーションを実現している。VRはこれらを発展させる方向では，**究極のインタフェース**を目指している（コラム参照）。

一方，ラニアのVPL Research社によるRB2は，データグローブとHMDを身にまとった異様な姿が現在まで続くVRそのものとして注目されるが，離れた場所にいる複数の操作者による空間共有という点でも先駆的であった。複合感覚，人と世界のインタラクション，そしてサイバースペースにおける人と人とのインタラクションを全て含んでいる点が，VRの始まりと言われるゆえんでもある。VRは，要素技術ではなく，システムとしての技術あるいは，リアリティを生み出すためのシステムの科学と工学と言える。

現実の世界をそっくりそのまま人工的に体験させることだけがVRではない。VRの価値は，現実にはない世界やあり得ない世界，諸々の理由で体験できない世界を生み出し，リアルに体験させることが可能な点にある。現実に，量子力学の可視化や火山被災地の遠隔工事などがVR技術を用いて実現され

ている。そういう意味では，リアリティの生成，そして操作と制御を目指している。また，複数の人がバーチャルな世界を共有することで，リアリティのある新しい社会（**サイバースペース**）を成立させうる能力を持っている。したがって，VRには個の中の感覚・知覚の問題から，社会における心理や集団心理の問題までもが関係している。

（2） 視覚ディスプレイと知覚心理学

　VRの象徴的な装置が，頭部に搭載するディスプレイ，HMDである。左右の眼の直前にそれぞれ小さなディスプレイを配置し，大きなゴーグルのような形をしている。HMDは，磁気や超音波による，あるいは光学式の位置方位センサと連動してその威力を発揮する。センサによって頭部の位置と方位，つまり視点と視線方向を取得し，適切な画像を随時提示することにより，観察者が周囲を見回せば，観察者を取り囲むすべての情報を一つの（左右眼で2つの）ディスプレイによって表示することができる。また，頭部運動と連動することにより**運動視差**による奥行き手がかりを提供し，左右眼用のディスプレイに適切な視差画像を提示することで，**両眼網膜像差**（**両眼視差**）による奥行き手がかりを提供する（6章参照）。

　HMDの対極には，視野全てを覆う十数メートルの幅や高さをもつ**大視野スクリーン**がある。HMDに比較して大勢の人が同時に体験できるという利点があるが，規模も大きく，高価である。一方，複数の中規模スクリーンを組み合わせて視野全体をカバーするのが，**大型没入ディスプレイ**（Immersive Projection Technology：以下 **IPT**）である。イリノイ大学シカゴ校が1992年に発表したCAVE（CAVE Automatic Virtual Environment）は，正方形のスクリーンを立方体の4面（前，左，右，下面）に配置し，下面以外は背面投射プロジェクタから映像を提示することにより，立方体の中に観察者が入り込み，ほぼすべての視野に情報を提示する装置である。日本で開発された東京大学のCABIN（Computer Augmented Booth for Image Navigation；図12‐6：口絵），岐阜県のCOSMOS（COsmic Scale Multimedia Of Six-screens）は，それぞれ5

面，6面のスクリーンからなり，すべてが背面投射プロジェクタによる立体視表示である。とくに，6面の COSMOS は，スクリーンでもある入り口を閉じてしまえば，観察者は入り口がどこかも分からなくなり，高い没入感が生じる。

　しかし，四角い箱のスクリーンでは，映像が壁に張り付いた部屋の中にいる知覚しか生じないのではないか，そこにはプレゼンスは生じないのではないかという疑問が生じる。立体視による奥行き知覚がこの問題をほぼ解決している。CAVE, CABIN, COSMOS では各スクリーンは，液晶シャッター眼鏡と連動した**フレーム・シーケンシャル方式立体視提示**を採用している。液晶シャッター眼鏡は，液晶の特性を利用して左・右眼レンズの透過・不透過を制御し，プロジェクタやモニタの画像提示と同期する。たとえば，モニタの奇数番目のフレームが提示されているときに左眼のシャッターのみを開き，偶数番目のフレームのときに右眼のシャッターのみを開くという動作を行うと，左右眼に，時系列で高速にそして交互に異なる画像を提示する（フレーム・シーケンシャル）ことができる。これを比較的高い時間周波数（100 Hz 程度以上）で行うと，視覚処理系にとっては，左右眼に同時に異なる画像が提示されているのとほぼ等価になり，左右眼用の画像を適切な両眼網膜像差を持ったものにすれば，立体動画が自然に知覚可能となる。そして，立体視表示時には，スクリーンのつなぎ目となる立方体の辺や角部分もあまり気にならず，提示された世界がスクリーンを越えて広がって，あるいはスクリーンよりも手前にも知覚される。つまり，世界がスクリーンに帰属せず，より自然に外在化して知覚されるためにプレゼンスが生じやすくなる。

### （3）マルチモーダルディスプレイ

　VR では，視覚に限らず，聴覚，触覚，嗅覚，歩行感覚などあらゆる感覚を提示することでリアリティを実現することを目的とする。これを**マルチモーダルディスプレイ**（multimodal display）という。認知神経科学や知覚心理学において，多感覚知覚や多感覚相互作用の研究は近年注目を浴びている。私たちの

知覚処理のかなり早い段階から，さまざまな感覚情報が相互作用し，環境に適応的に統合されていることが明らかになってきた（11章参照）。

聴覚の三次元音響ディスプレイとしては，スピーカを多数配置するスピーカアレイ方式と，両耳のヘッドフォンへのステレオ方式が一般的である。視覚で言えば，前者が IPT などと同様なプロジェクション方式，後者が HMD の頭部搭載方式に対応する。ヘッドフォンを用いる場合には，両耳強度差，両耳時間差の音響手がかりのみならず，**頭部伝達関数**を用いることでリアリティの高い音源定位を知覚させることが可能である。とくに，頭のやや後ろの音源の定位感覚は，圧倒的にリアルである。頭部伝達関数は，外界の音が，耳朶，頭部，身体の形状に影響を受けて聴覚器官に届く際の音の変化を伝達関数として表現したものであり，厳密には個人ごとに異なる。そこには，私たち一人ひとりの頭部や身体の形状（複雑な耳朶の形までも）や音の反射特性の情報が含まれており，私たちの聴覚情報処理はその情報を暗黙的に利用して複雑な音からその定位を復元していると言える。VR ではそれを用いて音環境を人工的に生成することで，リアルな音知覚を体験させる。

近年は，視聴覚に加えて，触覚や嗅覚のディスプレイも研究されている。嗅覚ディスプレイにも頭部搭載方式とプロジェクション方式がある。前者では，頭部の位置・方位をセンサで検出し，適切な位置で，背中に背負ったボンベから鼻孔に差し込んだチューブを介してにおいが放出される。また，後者の方式では，人の動きをカメラなどで検出し，適切な位置で，部屋の隅に配置した大砲のような香りプロジェクタからにおいのついた空気の塊を人に向けて発射する。最近では，味覚や食感（咀嚼感覚）などの VR 研究も始まっており，ますます知覚心理学の最先端の知見が要請されている。

## 3　バーチャルリアリティと知覚心理学の融合

### （1）　自己運動の知覚心理学

世界の中に自分がいるというプレゼンスは，世界の中で自分が移動している

と感じられるときに，いっそう確かになる．ヒトは，本来的に動き回る観察者であり，自己運動しながらの世界の知覚と自己運動感覚そのものの知覚は本質的である．VRは，人工的に感覚情報を提示することによりリアリティを生じさせるシステムであるから，物理的な移動範囲を広げるのではなく，人工的に，あるいは心理的に移動・運動感覚を生じさせることが望まれる．

**オプティカルフロー**（optical flow）は，観察者の視点が移動しているときの網膜に投影される運動情報であり，視点の移動速度，外環境の構造，奥行き等を反映する二次元速度場となる（5章参照）．ギブソン（Gibson, J. J.）は，とくに地面（ground）のテクスチャ（肌理）から生じるフローに注目し，オプティカルフローには外界の構造，奥行きの情報が含まれているだけではなく，**自己の運動情報**（ego-motion；self-motion）が含まれていることを指摘した．実際，電車や車に乗って発車を待っているとき，動き出したと感じたのに，じつは隣の電車や車が動き出しただけで，自分は止まっていたという経験を誰もが持っているだろう．これは，「列車の錯覚」などと呼ばれ，**視覚誘導性自己運動知覚**（**ベクション**，vection）の代表例である（概説として，Dichgans & Brandt, 1978）．

ベクションを生じさせる最重要要因は，**視野の広さ**である（図12-7）．一般には，視角30度以上の広さが必要と言われているが，自己身体の前進・後退時に生じるような放射状の拡大・縮小パタンでは，10度以下の視野でもベクションが知覚される．もちろん，視野を全て覆う運動が提示されるときに，圧倒的なベクションが生じる．ベクションは，視運動（網膜上の運動）に対して逆方向に生じる．これは，視運動が自己身体の運動に起因するという解釈が知覚処理系においてなされるために，視運動を担う要素が静止した世界として解釈され，自己身体がその逆方向に運動していると解釈されるからである．

また，網膜の中心窩近くよりも，**周辺視**（**高偏心度**）に運動が提示された方がベクションが生じやすいと報告されている．しかし，この説は，視野サイズの統制が成されておらず，周辺視条件の方が中心視条件よりも面積が大きいがゆえに生じたのではないかと反論されている．もう一つの強力な規定要因は，

広い視野　　周辺視野　　　奥

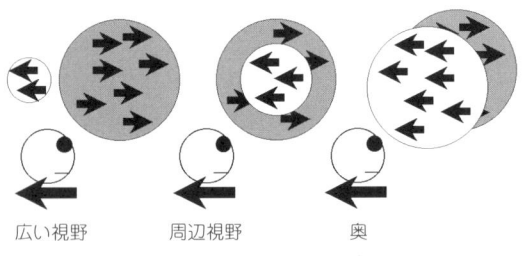

図12-7　ベクションの規定要因

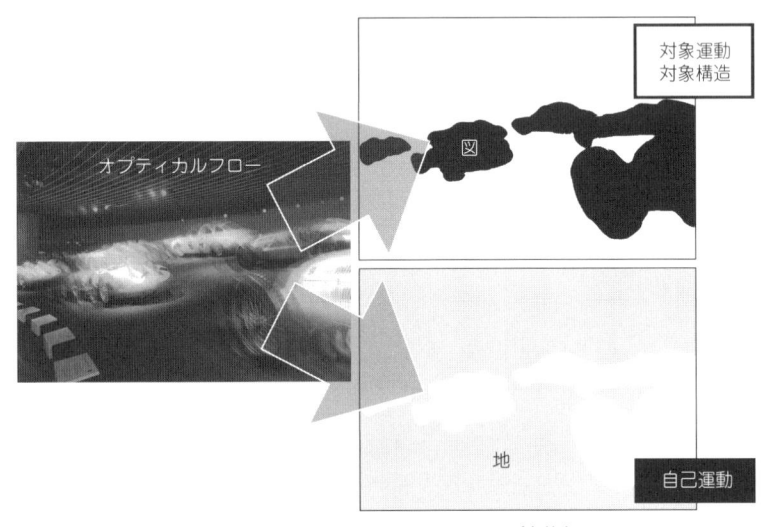

図12-8　オプティカルフローの図地分凝

**奥行き順序**である。手前と奥の2つの異なる奥行き面があるなら，奥の運動の方がベクションを誘導しやすく，また奥に静止表面があると手前に静止表面があるときに比べて格段にベクションが抑制される。

また，視野の広さや奥行き順序が同じであるなら，注意を向けていない運動と逆方向にベクションが知覚される現象がある。一般に，実世界では，運動する対象物体は移動しない背景・環境に対して小さく手前にあり，その背後にどこまでも広がる背景・環境がある確率が高い。ブラント（Brandt, T.）らは，一般的な意味での周辺（periphery）情報がベクションを誘発すると主張してい

る（Dichgans & Brandt, 1978）。注意の周辺とも言うべき「注意を向けない領域」がベクションを誘発することも合わせて考えると、「図地分凝における地」が自己運動の規定要因であると言えるだろう（Kitazaki & Sato, 2003）。実世界において、静止した環境は、広く外側に広がり、奥の背景となり、そしてあまり注意を引かない確率が高い。広い領域、奥の領域、そして注意を引かない領域は、一般的に地として知覚されやすく、網膜にその運動が提示された場合には自己運動に起因するものとして知覚される。一方、それ自身が運動する対象は、環境においてそれほど大きくなく、手前にあり、観察者の注意を引きやすい。それゆえ、図として知覚され、それ自身の形や運動（対象構造、対象運動）の知覚処理がなされるべきである。まとめると、図は運動する確率が高く、地は静止している確率が高いという仮定（自然制約条件）あるいは事前確率を知覚処理系は利用していると考えられる（図12-8）。VRでは、これらの要因を操作することで、望ましい自己運動感覚を与えることが可能となる。

### (2) 自己運動を感じさせるバーチャルリアリティ

視覚情報は自己運動知覚にとって重要であるが、それだけではない。耳の奥にある**前庭感覚器官**も姿勢制御や自己運動知覚に貢献している。縦縞が描かれたシリンダーの中に椅子を配置し、シリンダーと椅子を独立に回転させられる装置を用いて、シリンダーだけを回転させると、視覚運動のみを提示することになる。この場合には、数秒の潜時を経て、ベクションが知覚される。一方、シリンダーと椅子を同じ速度で同じ方向に回転させる（網膜には静止して映る）と、前庭情報のみが提示される。この場合には、回転開始直後から数秒間は自己運動が知覚されるが、しばらくするともう自己運動は感じられなくなり、静止している感覚と変わらなくなる。その後、椅子とシリンダーの回転速度を2つの速度を一致させたまま徐々に落とすと、実際の回転方向は変わっていないのに、被験者は逆回転の自己運動を報告する。つまり、前庭情報のみの場合には、速度そのものではなく、加速度が検出され、知覚に利用される。したがって、窓の小さい飛行機などに乗っているときには、等速で移動している間に自

己運動感覚はほとんど生じず，急に移動方向が変化したときや速度が変わったときのみ，自分が運動しているのが感じられる．これらのことから，前庭情報は，運動の開始と終了（変化）を担当し，視覚情報は，等速運動中の自己運動知覚を担当していると考えられている．

　VRでは，可動式椅子や振動床による**前庭感覚シミュレータ**と視覚ディスプレイを組み合わせることにより自己運動感覚のリアリティを創出する．つまり，原理的には，動き始めや停止などの速度の変化，方向転換，落下・上昇しはじめる瞬間などには，椅子を動かして前庭情報を与え，等速運動中は，視覚情報のみを与えれば持続的な自己運動感覚が生じる．ただし，椅子をある方向に動かすと，次に椅子を動かすときにはもとの位置と傾きに戻しておく必要が生じる．そこで，加速度情報を与えるために椅子を動かしたあとは，閾下の（気づかれない）速度でもとの位置に戻すのである．テーマパークなどにある**VRライド**と呼ばれる体験シミュレータは，このような知覚特性を基盤とした原理に基づいている．そして，自己運動がうまく体験できないVRライドは，視覚と前庭感覚への刺激の提示タイミングや強度の組合せがヒトの知覚特性に合っていないのである．

## （3）　新しい世界への入り込み

　リアリティの向上やプレゼンスの成立に欠かせない要素の一つは，「慣れ」である．VR世界や新しい人工環境でのリアリティは，その世界・環境への入り込みが徐々に生じて，増していく．

　VRで一般的なHMDは，表示装置の制限により解像度が低く，視野が狭い．とりわけ視野の狭さは，まさにゴーグルで世界をのぞいているような印象を与え，自分の周りに世界が広がっている印象を阻害する．そして，頭部・視線センサと映像との同期ずれが，センサの測定時間，ノイズ除去処理のための時間，映像更新時間などによって生じ，100ミリ秒以上遅れることも珍しくない．このような同期ずれは位置の恒常性を阻害し，シミュレートした世界は，観察者の周りに静止・安定して知覚されず，画面上で奇妙に動き，ぶれるように知覚

される。また，**VR 酔い・VE**（Virtual Environment）**酔い**と呼ばれる**動揺病**（motion sickness）の一種を引き起こす原因となっている。また，HMD 自体の重さや装着感も自然な知覚に影響を与え，リアリティを阻害することが指摘されている。しかし，これらの多くは，しばらく HMD を使用し続けることによってかなり改善される。

　**慣れによるリアリティ向上**，プレゼンス獲得の鍵となるのは，**視覚と運動**（**行為**，action）**との協応**である。このことは，とくにロボットや機械の遠隔操作において生じる**テレイグジスタンス**（**遠隔臨場感**，telexistance）の研究において検討されている。自然な遠隔操作を実現するには，自分が頭を左に向けると，同時にロボットの頭も左に向かなければならず，また，右手を挙げたら，ロボットの右手も挙がるといった具合に，ヒトの身体運動と知覚がすべてロボットの運動とセンサに即座に連動する必要がある。そして，ある提示操作に習熟し，ロボット操作がまるで自分の身体を動かすようにできるようになると，自分がまさにそのロボットになったような感覚，ロボットがいる場所にいるような感覚が生じる。そこにテレイグジスタンスあるいはテレプレゼンスが成立する。

　知覚心理学においては，視野変換への**順応**が関係深い。視野が数度から数十度ずれるプリズムに対する順応研究では，自分の手を動かす作業をプリズムを通して観察することで順応課題とすることが多い。その後，手が見えない状態で視覚指標まで手を動かすことで順応効果のテストを行うと，手の運動は変換後の視覚情報に引きずられ，半日から1日の順応で順応効果は飽和する。一方，視野が左右や上下に反転する反転眼鏡への順応は，より長期の順応が必要であり，最初は頭部運動や身体運動にともなう視野の（従来とは逆の）動きによって激しい酔いや気持ち悪さを感じる。数週間から1か月の順応を経て，自由に動き回ることが可能となり，キャッチボールもできるようになる。また，反転した視覚が，課題によっては身体を基準とした方位と一致して知覚体験されるようになる。これは，ヒトの知覚が，知覚・運動協応を介してすばらしい**可塑性**を有しており，変化する環境への高い適応性を持っていることを意味してい

### コラム　脳に直結するインタフェースへ

　VRは，人工的に感覚入力を生成・制御して，現実となんら変わらない，区別のつかない体験を創り出すことを目指している．その意味で，究極のヒューマン・インタフェースを目指してきた．しかし，21世紀になって，さらにそれを越える究極のインタフェース「**脳・機械インタフェース（Brain-Machine Interface，以下 BMI）**」が急速に台頭してきた．感覚入力も運動出力も，ヒトの感覚器官や四肢を介さずに，脳から直接に行う．具体的には，頭皮上電極や埋め込み電極などから信号を取り出して，ヒトの知覚や意図を推定して機械を制御し，カメラやマイクなどのセンサから取得した感覚情報を電気信号に変換して，感覚器官や皮質に直接刺激として入力する．プレゼンスに密接に関連する知覚・運動協応がヒトの可塑性によってすばらしい順応・適応性を見せるのと同様に，BMIでも学習・練習と脳の可塑性によってシステムのパフォーマンスが向上していく．VRの基礎は知覚心理学にあり，BMIの基礎は神経科学だという声もあるが，知覚心理学と神経科学は不可分のものであり，VRとBMIも協同することでより革新的なインタフェースになりうるだろう．たとえば，BMIとVRを組み合わせることで，私たちはまったく新しい身体をリアリティをもって獲得することができ，それを介してまったく新しいスタイルのコミュニケーションを行うようになる可能性がある．それが，**ヒトと共生する機械**というコンセプトの近未来のかたちであろう．

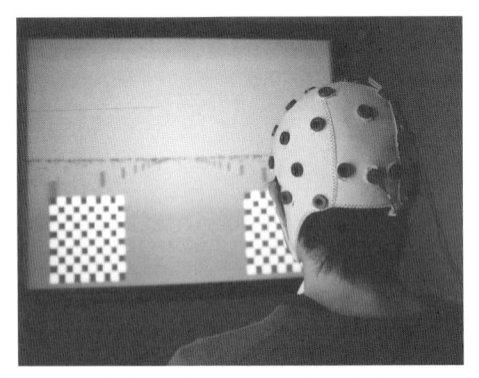

図12c-1　脳波で操作するドライビングシミュレータ

る。

　VRでは，視野のずれや反転のみならず，ありとあらゆる新しい世界を創造することも可能であり，知覚の可塑性研究のツールとしても利用可能である。実世界では，頭を右に60度回すと視野も60度回転する。しかし，頭を動かすという情報が知覚に利用されているために，視野は動いて知覚されずに静止した世界が知覚される（8章参照）。左右反転眼鏡をかけると，頭部運動と視野の運動の関係が正反対になるので，視野が激しく運動して知覚される（ゆえに酔うのだろう）。頭部運動を測定するセンサとHMDを用いて，頭部運動と視野運動の対応（ゲイン）を定量的に操作して，それに対する順応を調べることができる（図12-9：口絵）。たとえば，頭を左右に60度向けても，HMDに映る視覚情報（視野運動）は30度しか変化しないような状態（ゲイン0.5）をVR世界に作り，何度も頭を振りながらこのVR世界に順応する。つまり，実際の頭の回転に対してVR世界の頭（視点）がその半分しか回転しない世界を，頭を動かしながら体験する。もちろん，この状態では，VR世界が静止して知覚されず動いて知覚されてしまう。そして，しばらく後に，ゲインを自分で操作して，一番世界が安定していると知覚されるゲインを判定する。一般的には，ゲイン1.0，つまり頭を60度回せば視野も60度回る状態がもっとも安定して知覚されるが，このような順応を行うと，安定して知覚されるゲインが順応したVR世界のゲインの方向にある程度ずれる（たとえば，ゲイン0.5に順応すると，60度の頭部回転に対して50度程度の視野運動で安定した世界が知覚される）。驚くべきことに，この順応はたった数分程度でも生じる。したがって，ヒトの知覚は，新しい世界・環境に，柔軟かつ迅速に適応すると言える。

## 4　リアリティの測定と制御

　VRを研究する者の重要な関心の一つに，いかにしてリアリティを客観的かつ定量的に測定するかという問題がある。ときに，物理的なモデルの正確さ・精度の高さや解像度の高さが直接的にリアリティの高さと同義である（あるい

は，リアリティの向上につながる）と信じられていることもある。これは，最初の節で定義した「物理的に定義されうるリアリティの要素」についてはある程度当てはまる。しかし，リアリティの全ては物理特性の精度・解像度では測定できないし，それ以上のものとして知覚的リアリティがある。

　VRにおいて，「知覚的リアリティ」あるいは「プレゼンス」は，主観的な体験あるいは「感じ」であり客観的測定は不可能であるとも考えられている。しかし，知覚心理学や**心理物理学**（**精神物理学**）[1]が目指してきたものは，物理的特性と心理的特性の関係から，主観的体験や心の働きを定量化し，科学的に説明しようという態度である。そこで，「驚愕反応」がリアリティの指標として挙げられている（Held & Durlach, 1992）。VR空間で，崖から落ちそうになったとき，バットで殴られそうになったとき，人はどれくらい驚くのか。驚愕の程度は，アンケートによる主観的尺度だけでなく，心拍，皮膚電位反応，筋電，瞬目反応といった客観的驚愕反応として測定可能である。ただし，驚くかどうかがコンテンツのストーリーに依存する点が問題となる。また，下條 (1994) は，「知覚の恒常性」（1章参照）が客観的かつ知覚的（心理物理学的）なプレゼンスの指標となりうると説いている。これは，外在化の成立が，知覚的には恒常性の度合いとして観察されることに拠っている。たとえば，ある物体が奥行き距離にかかわらず等しい大きさに知覚されるとき（大きさの恒常性），網膜像にではなく観察者の周りに世界が広がり，外在化が成立しているといえる。もちろんこれらの指標は，さまざまなVR装置やソフトウェア，そしてコンテンツを用いて，主観的評価と同時に測定されなければ，指標としての妥当性は検討できない。

　リアリティが定量的に測定できれば，リアリティの制御もより適切になる。VRの臨床応用として，高所恐怖，蜘蛛恐怖，飛行機恐怖などの恐怖症や

---

➡ 1　心理物理学（精神物理学）：物理量（輝度，音圧など）を操作して心理量（知覚される明るさ・大きさ，それらの正答率など）を計測する実験方法，あるいはヒトの心理は物理量の関数として記述でき，物理学的に解明できるという立場の学問領域。

PTSD（Post-Traumatic Stress Disorder，心的外傷後ストレス障害）の暴露療法がある。恐怖やトラウマの対象となる事物・事象を最初はリアリティの低い状態で提示し，慣れさせ，徐々にリアリティを上げていくことで治療するものである。この方法には，リアリティの適切な定量的制御が望ましい。また，知覚的には，実世界の現実よりも高いリアリティ（ハイパー・リアリティ）を創り出すことも可能なはずである。そのようなハイパー・リアリティは，知覚心理学の研究ツールとしても有効であろうし，それによって新しい知覚心理学の問題が見えてくるだろう。

〈サマリー〉
　バーチャルリアリティは，「感覚入力を人工的に創り出し，あるいは操作して，あたかも現実であるかのように感じさせる」システムである。知覚的リアリティの成立には，外在化とプレゼンスが不可欠であり，空間の三次元性，多感覚情報，自己運動知覚，世界への順応と入り込みがその基盤をなしている。ゆえに，知覚心理学と深い関係にあり，リアリティの測定と制御，そしてリアリティの向上には知覚心理学のさらなる発展が必要である。また，バーチャルリアリティによって新しい知覚心理学の問題が現れ，身体，脳，そして世界（環境）との相互作用とその可塑性を研究していくことがその問題を解く手がかりとなるだろう。

〈もっと詳しく知りたい人のための文献紹介〉
舘暲　2002　バーチャルリアリティ入門　筑摩書房
　　⇨バーチャルリアリティの歴史から現状までをバランスよく紹介している。著者は，テレイグジスタンスという概念を最初に考案した研究者であり，ロボットの遠隔操作とテレイグジスタンスにはとくに詳しい。
日本バーチャルリアリティ学会　VR 心理学研究委員会（編）　2006　だまされる脳——バーチャルリアリティと知覚心理学入門　講談社ブルーバックス
　　⇨知覚心理学とバーチャルリアリティの関係を一般向けに紹介している。本章ではスペースの関係で紹介しきれなかった話題，より先端的な装置，臨床応用，作業応用などもカバーしている。

〈文　献〉

Dichgans, J., & Brandt, T. 1978 Visual-vestibular interactions: Effects on self-motion perception and postural control. In R. Held, H. W. Leibowitz & H. L. Teuber (Eds.), *Handbook of sensory physiology*, Vol. 8. Springer. pp. 755-804.

Held, R. M., & Durlach, N. I. 1992 Telepresence. *Presence: Teleoperators and Virtual Environments*, **1**(1), 109-112.

廣瀬通孝　2002　空間型コンピュータ──「脳」を超えて　岩波書店

Kitazaki, M., & Sato, T. 2003 Attentional modulation of self-motion perception. *Perception*, **32**, 475-484.

櫻井研三　1995　仮想現実感研究の概観　心理学研究，**66**(4), 296-309.

下條信輔　1994　「桶の中の脳」は未来の夢を見るか──さかさめがねからバーチャルリアリティへ　原島博・廣瀬通孝・下條信輔（編）　仮想現実学への序曲──バーチャルリアリティ ドリーム　共立出版　pp. 21-29.

舘暲　1992　人工現実感　日刊工業新聞社

Zeltzer, D. 1992 Autonomy, interaction and presence. *Presence: Teleoperators and Virtual Environments*, **1**(1), 127-132.

# 13章　時間と注意の知覚

- 同じ時間が長く感じられたり短く感じられたりするのはなぜか？
- 注意が知覚におよぼす影響にはどのようなものがあるか？

一川　誠

> この章では時間に関する知覚の特性について紹介します。たとえば，同じ長さの時間にわたって提示された刺激であっても，その刺激の物理的特徴や観察者の心身の状態によって，感じられた提示時間の長さは大きく変わります。そこで，この章の前半では，時間に関する知覚の特徴を理解するために，時間の長さやその他の時間に関する知覚に影響を及ぼす要因について解説します。
> 
> また，知覚の時間的特徴に影響を及ぼす要因の一つに注意があります。たとえば，注意が向けられた刺激についての処理は速められます。それに対し，注意を向けられなかった刺激については，その処理が遅くなったり，あるいは，そもそも認知されなかったりします。注意は知覚の成立に重要な役割を果たしていると考えられています。そこで，この章の後半では，注意が知覚に及ぼす効果やその特性についても紹介します。

## 1　時間と注意の心理学

本章では時間知覚と，知覚の時間的特性に影響をおよぼす要因について解説する。時間の長さや過去の出来事の順序の判断には，秒単位の時間から，数分間，数時間，数日，数か月，数年といったさまざまな長さの時間がかかわる。数分から数年といった比較的長い時間軸の中で起こった事柄に関する知覚認知

過程には，知覚的過程だけではなく記憶の過程が関与している。紙数の制限のため本章では知覚的過程の時間的特性を反映する数秒間までの比較的短い時間の長さに関する判断の特性を中心にまとめた。より長い時間に関する時間の知覚認知の特性についての詳細は他書（e.g., Draaisma, 2001/2009；松田ほか, 1996）を参照してほしい。

## 2　時間知覚の特殊性

　時間知覚は視覚，聴覚，触覚，嗅覚，味覚などの**知覚様相**（**感覚モダリティ**）とは異なる特性を持っている。たとえば，視覚，聴覚，触覚，嗅覚，味覚は，それぞれ物理的刺激を検出する**感覚器官**がある。他方，時間の知覚にはこのような外部刺激の受容器にあたる独自の感覚器官がない。時間知覚特有の適刺激となるような外部刺激もない。各知覚様相に与えられた刺激や異なる様相に提示された刺激について時間間隔や時間順序，同時性などの知覚が可能であることは，時間の知覚が複数の知覚様相にかかわっていることを示している。そこで，まず時間の長さの知覚の特性を紹介した後，視覚や聴覚などの知覚様相における時間的特性について説明する。

## 3　時間の長さについての知覚に影響する要因

　感じられる時間の長さはさまざまな要因によって変動する。これらの要因は，何らかの単独の共通原理を通して感じられる時間を決定しているのではなく，それぞれの要因が個別に時間の長さの知覚に影響を及ぼすものと考えられている（松田ほか，1996）。

### （1）　実際に経過した時間の長さ

　そうした要因のうち，まず重要なのは実際に経過した物理的時間である。他の要因が一定である場合，実際に経過した時間が長いほどより長い時間が体験

される。また，1秒程度までの時間に対する知覚と，十数秒程度までの時間に対する知覚，分単位以上の長さの時間に対する判断，時間，日，月，年といったより長い時間の単位に関する時間評価はそれぞれ特性が異なるため，異なる過程が基礎にあると考えられている。

## （2）身体の代謝

　身体の代謝は時間評価に大きな影響を及ぼすことが知られている。この特性は，身体内のどこかにあると考えられている内的時計と感じられる時間との関係によって説明されることが多い（e.g., Treisman, 1963）。単一の内的時計が時間感覚一般を決定しているという考え方は最近の研究ではあまり支持されていない（e.g., Eagleman, 2008）。しかしながら，内的時計は，代謝と感じられる時間の長さとの関係を理解する上で，仮説構成体としては有用である。

　内的時計も身体的過程の一部であるため，身体の代謝が昂進しているときは通常より速く進行すると考えられる。逆に，身体の代謝が低下しているときは内的時計の進行もゆっくりになると考えられる。したがって，代謝が昂進していれば，実際の時計で計測される時間の長さよりも感じられる時間の方が長くなり，時間がゆっくり過ぎるように感じられる。他方，代謝が落ちていれば，実際の時計で計測される時間よりも感じられる時間の方が短くなり，時間が思ったよりも速く経過するように感じられる。

　病気などで発熱した場合，身体の代謝は平熱時より激しくなる。このとき，内的時計は実際の時計よりも速く進行し，普段より時間がゆっくり進むように感じられる。たとえば，ホグランド（Hoagland, 1933）は，インフルエンザにかかった自分の妻に時間評価をさせ，体温が36.1度から39.5度まで上昇した際に，主観的に1分間と感じられる時間の長さが52.0秒から37.5秒まで短縮されたことを見出した。また，カフェインのような興奮剤を服用したときは感じられる時間は通常より長くなる（Frankenhaueuser, 1959）。

（3） 感情状態

　感情状態によって体験される時間の長さへの効果に関しては，強い恐怖が時間を過大に評価させることが知られている。たとえば，クモ恐怖症の人と，クモに対してとくに恐怖を感じない人に，クモと一緒の部屋で過ごした時間の長さを評価させた場合，クモ恐怖症の人は時間を長く感じる傾向がある（Watts & Sharrock, 1984）。また，バンジージャンプで約31メートルの高さから落下する時間は実際よりも36％過大評価された（Stetson et al., 2007）。なお，この際，観察者に手首につけたディスプレーに高速で明滅する文字を提示し，文字が読み取られる時間的解像度について調べたところ，知覚的処理速度の向上は認められなかった。この結果から，落下中の時間が過大評価されたのは，知覚的情報処理が速められたことによるのではなく，強い恐怖を感じた期間が長い時間として記憶されたことによると結論された。

（4） 他の知覚様相における刺激

　視覚や聴覚における刺激量も時間の長さの知覚に影響を及ぼす。視覚や聴覚における刺激によって時間の長さの知覚が影響を受けるということは，複数の知覚様相の間の交互作用と考えることができるだろう。
　たとえば，より大きな視覚刺激が提示された時間は小さな刺激が提示された時間よりも長く感じられる（Thomas & Cantor, 1975, 1976）。明るさや数字の示す量が大きいほど，その提示時間が長く感じられる（e.g., Terao et al., 2008 ; Xuan et al., 2007）。また，音刺激の提示頻度が高いほど，その間の時間の長さが長く感じられる（Matsuda, 1989）。つまり，視覚でも聴覚でも，刺激量が大きいほど，それが提示された時間は長く評価されやすい。大きさの錯視であるエビングハウス錯視（2章参照）を用いた実験では，刺激の物理的量は一定でも，知覚される大きさに対応して刺激の提示時間が伸長して知覚されることが見出されている（Ono & Kawahara, 2007）。この結果は，刺激の物理量ではなく知覚量のほうが，刺激提示時間の長さの知覚に影響することを示唆している。
　また，動画像の運動速度が速いほど，その画像観察の間に感じられる時間が

長く感じられる。この現象はランダムドットのような人工的画像においても認められるが（田山, 1996），自然画像を用いた場合により顕著になる（Eagleman, 2004）。動画像の変動の時間周波数が高くなると感じられる時間が長くなること（Kanai, Paffen et al., 2006）は，この現象が，次に述べる多くの出来事が起こった時間の方が長く感じられるという現象と共通の規則性に基づいて生じている可能性を示唆している。

（5）認識されるイベントの数

同じ時間の長さであっても，その間に認識されるイベントの数が多い時間の方が長く感じられる（Brown, 1995 ; Fraisse, 1984 ; Poynter, 1989）。この現象は，**充実時程錯覚**と呼ばれる。

同じ音声刺激や映像刺激であっても，それらを個々バラバラなものとして知覚した場合と，ひとまとまりのものとして知覚した場合とでは，後者の方が時間を短く感じる。たとえば，同じ文字数の単語を同じ時間の長さで音声提示した場合でも，ただバラバラの語を次々と提示した場合よりは，話の流れが理解できるような順序で提示した場合の方が時間を短く感じる（松田, 1965）。

（6）新奇な刺激

同じ刺激が繰り返し提示された場合，刺激の新規性によって時間の感じ方が異なる。たとえば，特定の刺激が最初に出たときよりも2度目に出たときの方が提示時間が短く感じられる（Kanai & Watanabe, 2006 ; Rose & Summers, 1995）。また，同じ刺激が何度も繰り返し提示された後で異なる刺激が提示された際には，物理的な提示時間は同じであったとしても，新規の刺激はより長く提示されていたように感じられる（Tse et al., 2004 ; Ulrich et al., 2006）。異なる刺激が連続して提示された場合でも，予期と異なる刺激が提示された場合ほど提示時間が長く感じられる（Pariyadath & Eagleman, 2007）。

☕ **コラム　精神テンポと行動のテンポ**

　心地よいと感じるテンポ，間合いには個人差がある。そのようなテンポに関する指標の一つに**精神テンポ**がある。精神テンポは年を経てもあまり変わらないため，比較的安定した個人の特性の一つと考えられている（Eysenck, 1947）。

　精神テンポは心地よいと感じられるテンポで机を指で繰り返し叩くような方法（タッピング）で測定されることが多い。1回あたりのタッピングはおおよそ400-900ミリ秒の範囲に入る人が多い（Rosenfeld, 1985）。

　タッピングで測定される精神テンポは歩くペースや会話における間合いなどと正の相関があることが知られている（e.g., Rimoldi, 1951）。ただし，行動のテンポは個人の特性としての精神テンポだけで決まるわけではないようである。歩行のテンポは居住している都市の人口規模に比例する（e.g., Bornstein, 1979）。また，さまざまな動作を行っている場面の画像を早回し再生したりスロー再生した場合には，その観察の後には観察者の動作が画像の再生速度に対応して速くなったり遅くなったりする（Watanabe, 2008）。これらの研究は，行動のテンポが環境や他者からの刺激の影響を受けて決定されていることを示唆している。

（7）　認知的課題

　作業の難易度もその間の時間の長さの感じ方に影響を及ぼす。計算（Wilsoncroft et al., 1978）やカード分類（Hicks et al., 1976）などの認知的課題を行う際，その課題が難しいほど時間が短く感じられる。これらの結果は，処理に要する負荷に対応した知覚される時間の長さの変動を想定する仮説（Eagleman, 2008）とも一致する。

（8）　注意

　時間経過に対して向けられる注意も時間の長さの知覚に影響を及ぼす。つまり，時間の経過に注意が向けられる頻度が高いほど時間がより長く感じられる（Fraisse, 1984）。

　注意には容量的制限があって，同時にはいくつもの対象や課題に取り組むこ

とができないと考えられている。注意を引きつける対象が何もない場合，あるいは，注意を必要としない作業に取り組む場合，時間の経過に自然に注意が向けられやすい。他方，目の前に強く注意を引きつけられる対象がある場合や注意を向ける必要がある課題に取り組む場合には，時間経過に対して注意を向ける頻度が減る。そのため，注意が時間経過以外のことに向けられやすい場合，時間が速く経過するように感じられる。

## 4 知覚の時間的特性

時間の知覚は，特定の持続時間の長さに対応して主観的な時間の長さを測ったり，複数の事象の間の時間的順序判断や，複数の事象が同時に知覚されるための条件を調べることを通して検討されてきた。一方，知覚の時間的な特性は，知覚過程の特性や機構を調べる上でも重要な情報源となるため，知覚の時間的な特性に関するさまざまな指標が用いられてきている。

### （1） 知覚の時間的特性に関するさまざまな指標

知覚の重要な時間的特性として検討される指標に，まずはその成立までに必要とする時間（**潜時**）を挙げることができる。感覚受容器が刺激されてから知覚が成立するまでの間に，かならず一定の時間が必要である。たとえば，視覚の場合，網膜に光刺激があてられてから大脳の視覚皮質が刺激されて初期の誘発電位が生じるまでには30-40ミリ秒程度かかる（Goff et al., 1977）。さらにその後，見えの体験を成立させるために皮質におけるさまざまな処理が必要と考えられる。

知覚の潜時に関する研究の多くは，刺激提示からその刺激に対応した知覚が成立したことを被験者が報告する反応（指を用いたボタン押しなど）までの時間を測定する**単純反応時間実験**として行われてきた。ペッペル（Pöppel, E., 1985/1995）は自らが被験者として参加した単純反応時間の測定において，聴覚刺激に対して130ミリ秒，視覚刺激に対して170ミリ秒という反応時間の平均

値を得た。この時間には知覚の処理時間だけではなく，キー押しのための指の運動に要する時間も含まれている。視覚刺激に対しても聴覚刺激に対しても同じキー押しをさせた場合，運動にかかわる時間はどちらの場合も同程度と考えられる。物理的には光は音よりも速く空間中で進行するが，聴覚の処理時間は視覚の処理時間よりも短いのである。また，同じペッペル（1995）の実験で触覚については，聴覚の処理よりは遅く，視覚の処理よりは若干速いことが示されている。

　このように，知覚様相によって，処理の時間が異なる。実際に，十分に知覚閾上の強度の光や音をそれぞれ同時に提示し，**時間的順序**を判断した場合，それらの間に実際には存在しない時間差があるように知覚される（e.g., Sugita & Suzuki, 2003）。

　ある時間の幅の中で提示された2つの刺激は同時に知覚される。このように複数の事象が同時に生じたように感じられる時間の幅を**同時性の窓**と呼ぶ（11章参照）。ペッペル（1995）は，同時性の窓の幅について視覚，聴覚，触覚を比較する実験も行い，同時性の窓の幅は，聴覚においては約4.5ミリ秒，触覚においては約10ミリ秒，視覚においては20-30ミリ秒であることを示した。同時性の窓の幅も視覚は聴覚や触覚と比べると緩慢な過程であることを示している。そのためか，時間的な特性に関する知覚認知においては，視覚と聴覚の情報が不一致のとき，聴覚の情報が優先されることが多い（Shimojo & Shams, 2001）。このような時間にかかわる知覚における聴覚の視覚に対する優位性は，空間的な知覚（たとえば音源位置の知覚）に関して**腹話術効果**や視覚捕捉（聴覚刺激の音源位置が視覚刺激の位置に近づけて知覚されること）に関する多くの研究（e.g., Jackson, 1953 ; Radeau, 1985）が示してきた聴覚に対する視覚の優位性とは対照的である（11章参照）。

　短い時間間隔の中で起こった出来事の**頻度**についての知覚においては聴覚が視覚に対して優位性を持つことを示す現象に**ダブルフラッシュ錯覚**がある（Shams et al., 2000：11章図11-4参照）。これは，1回の視覚的閃光刺激（フラッシュ）と同時に短い音を2回提示すると，光が2度点滅したように見える

という現象である。この錯覚が生じている際の**視覚誘発電位**の測定により，2つ目の聴覚刺激の提示によって，2回の視覚刺激を提示したのと同様の視覚皮質の活動が生じていることが示されている（Shams et al., 2001）。**仮現運動**（5章参照）における**速度**や**加速度**についての視覚的処理が音刺激の提示によって捕捉的に影響されることも示されている（Ichikawa & Masakura, 2006a ; Wada et al., 2003）。

　このように，視覚よりも聴覚の方が時間的精度が高いと考えられる。ただし，聴覚にも時間にかかわる錯覚がある。2秒の間隔で2つの短音を鳴らす場合，刺激提示は2秒にわたる。他方，1秒間隔で3つの短音が鳴らされた場合も刺激提示はやはり2秒にわたる。どちらも同じ2秒間の刺激提示であるが，提示された刺激の数が多い後者の方が長く感じられる（Nakajima, 1987）。また，2つの聴覚刺激を短い間隔で出す直前に別の聴覚刺激を提示すると，2音の間隔が短く感じられる。これは**時間縮小錯覚**と呼ばれている（Nakajima et al., 1992）。知覚様相によって時間的精度は異なるものの，各知覚様相に時間にかかわる錯覚があると考えられる。

## （2）　知覚の様相と属性

　処理時間に違いがあるのは知覚様相の間だけではなく。同じ知覚様相の中でも対象となる属性によって処理に要する時間が異なる。たとえば，視覚に関して運動と色彩の組合せを考えてみよう。格子刺激が運動方向を変えるのと同時に色を変化させた場合（たとえば，赤から緑へ），色の変化が運動方向の変化よりも先に生じたように見える（Moutoussis & Zeki, 1997）。運動方向の変化と色変化とが同時に生じたように知覚させるためには色よりも運動方向を速く変化させる必要があるのである。

　異なる色と形を組み合わせた文字刺激などを数十～数百ミリ秒ずつ次々と提示した場合（このような刺激提示を**高速系列提示**と呼ぶ）における**結合錯誤**も，属性による処理時間の違いを反映することがある。このような刺激提示においては，時系列の上では先に提示された形状と後から提示された色彩が組み合わ

され，実際には存在しない色と形の組み合わせが知覚される。複雑な形状ほど処理に時間がかかり，結合錯誤がおこりやすくなる（下村・横澤，1998）。

なお，知覚の様相や属性による処理時間に差があっても，ある程度の時間の幅の中では，目立つ変化やイベントが生じたタイミングを対応づけることで同期の知覚が成立していることが指摘されている（Nishida & Johnston, 2002）。同時性や時間順序の判断において刺激の目立つ特徴を時間軸上で対応づけるような処理を行っている場合，それぞれの知覚の様相や属性による処理時間の違い自体は知覚されるタイミングの決定要因ではないことになる。

知覚の様相や属性による処理時間の違いが同時性や時間順序の知覚の決定的要因でないことは，知覚様相間の同時性の知覚に可塑性があることによっても示唆されている。たとえば，視覚刺激と聴覚刺激との間に数十ミリ秒程度のズレを設けた場合，当初は視聴覚刺激の間にはズレが知覚される。ところが，その視聴覚刺激の組み合わせを数分程度のあいだ繰り返し観察すると知覚される視聴覚刺激の時間的ズレが縮小して知覚される（Fujisaki et al., 2004）。また，観察者がボタンを押してから100ミリ秒後に音が鳴る状況での観察を繰り返した後で，ボタンを押した瞬間に音を鳴らすと，ボタン押しより先に音が鳴ったように知覚される（Stetson et al., 2006）。同時性や時間順序についての知覚における**順応**的変化についてのこれらの研究は，異なる知覚様相間や動作と知覚との間の同時性が刺激の顕著な特性の対応関係についての経験に基づいて決定されることを示している。

## （3） 知覚の時間特性に影響を及ぼす刺激要因

知覚の時間特性は刺激の特性にも影響を受ける。この節では，知覚の時間特性に強く影響を及ぼす刺激要因を紹介する。

①刺激強度

まず取り上げるのは**刺激強度**である。知覚においては強い刺激ほど速く処理される。この特性は知覚の様相を選ばないので，知覚情報処理過程の一般的特性といえる。減光フィルターなどにより一方の眼を覆うとその眼の刺激強度が

13章　時間と注意の知覚

低下し，結果としてその眼の視覚情報処理が遅れることが左右眼の画像の空間的差異を生じ，本来は存在しない奥行が見えたり（**プルフリッヒ効果**），背景とのコントラストの違いによって運動刺激の見かけの運動速度が変動して見えることも指摘されている（**フットステップ錯視**）（Anstis, 2001）。

　刺激の提示位置も知覚の時間特性に影響を及ぼす。視覚の場合，同じ大きさの刺激であれば，周辺視野よりも中心視野の方が処理が速い。そのため，同じ大きさで同じ明るさの光点が中心視野と周辺視野に同時に提示された場合，中心視野の刺激の方が先に提示されたように見える（Carrasco et al., 2003；Mitrani et al., 1986）。この特性は，周辺視野よりも中心視野の方が刺激処理を行う過程の受容野が小さく，視覚的な情報処理の解像度が高くなることにも関係しているものと思われる。

②刺激の運動と連続的変化

　等速運動する視覚刺激のそばに別の刺激を瞬間的に提示した（フラッシュを提示した）とき，実際には2つの刺激が並んでいたとしても，運動する刺激が進行方向側にずれた位置にあるように見える。これは**フラッシュ・ラグ効果**と呼ばれる現象で（Nijhawan, 1994），知覚の時間的特性にかかわる錯視と考えられている。同様の錯覚は移動する聴覚刺激の位置判断（Alais & Burr, 2003）や筋運動感覚に基づく位置判断（Nijhawan & Kirschfeld, 2003），明るさや色彩，配置の変化（Sheth et al., 2000）でも生じ，変化する刺激の状態は，瞬間的に提示された刺激の状態よりも時間的に進んだ状態で知覚される。

　この現象の基礎にある過程についてのおもな仮説の一つは，連続的に変化する刺激に対しては視覚系が視覚の処理の不可避的な遅れを補償しているために生じるというものである（Nijhawan, 1994, 2002）。この章の前半でも紹介したように，視覚には刺激が提示されてから知覚が成立するまでには不可避的な遅れがある。この仮説では，定速運動する刺激については運動に関する情報によって，その遅れを補償するような処理がなされることを予想する。突然提示されるフラッシュについてはこのような補償的処理ができないので，2つの刺激の間に位置ズレが見えることになるというのがこの仮説によるフラッシュ・

ラグ効果の説明になる。

　知覚の遅れの補償がフラッシュ・ラグ効果の基礎にあることを想定する仮説は，どの時点で等速運動する刺激の傍にフラッシュを提示しても同じ程度のフラッシュ・ラグ効果が生じることを予測する。しかしながら，実際にはこの予測とは相容れない結果が多くの研究によって示されている。たとえば，フラッシュ提示の80ミリ秒以内に等速運動する刺激の運動方向を反転させた場合，フラッシュ・ラグ効果は減少する（Whitney & Murakami, 1998）。フラッシュと同時に運動刺激が停止したり消失した場合にはフラッシュ・ラグ効果が生じないのに，運動刺激が等速運動を始めた瞬間にフラッシュを提示した場合にはフラッシュ・ラグ効果が生じる（Nijhawan, 2002）。また，フラッシュ・ラグ効果の程度は，フラッシュ前の運動刺激の速度ではなく，フラッシュ後の運動刺激の速度に依存する（Brenner & Smeets, 2000）。フラッシュ・ラグ効果におけるこうした特性を説明するために，突然提示された刺激の処理よりも運動刺激に対する処理が速いことによってフラッシュ・ラグ効果が生じるとする仮説（Murakami, 2001；Whitney & Murakami, 1998），フラッシュ刺激が提示された際の運動刺激の位置を一定の時間間隔の中での空間的平均に基づいて得るためにフラッシュ・ラグ効果が生じるとする仮説（Brenner & Smeets, 2000；Eagleman & Sejnowski, 2000）が提案されている。

　観察者がフラッシュ提示のタイミングを決定できる場合（López-Moliner & Linares, 2006）や，観察者自身が運動刺激を能動的にコントロールできる場合（Ichikawa & Masakura, 2006b），フラッシュ・ラグ効果は低減される。また，フラッシュや運動刺激に注意を向けた場合にもフラッシュ・ラグ効果が低減される（Shioiri et al., 2002）。これらの研究は，刺激変化やフラッシュ提示に対する注意がフラッシュ・ラグ効果を生じる過程に影響を及ぼすことを示している。

　③注意

　視覚の時間的特性に基づいて生じる錯視であると考えられているフラッシュ・ラグ効果に注意が影響を及ぼすことを紹介した。実際，注意が視覚情報処理の時間的特性に影響を及ぼすことを多くの研究が見出してきた。

たとえば，標的刺激検出課題で，標的刺激が提示される直前に，注視点近傍に標的刺激の位置を示す手がかり刺激（矢印など）を提示すると，反応時間や正答率における課題の成績が向上する（e.g., Posner, 1980）。これは，手がかり刺激によって標的刺激の提示される領域の周辺に注意が向けられることにより視覚情報処理が促進されるために生じる現象と考えられている。他方，手がかり刺激が標的刺激とは異なる位置を指示した場合，課題の成績はむしろ低下する。

先行刺激が周辺視野に突然提示された場合，反射的に注意が先行刺激の周辺に向けられる。このように，先行刺激の突然の提示により反射的に引きつけられる注意は**刺激駆動的注意，外因的注意，無意識的注意**などと呼ばれる。こうして反射的に誘導した注意による処理過程の促進は，その近傍に提示された標的刺激の検出までの時間を短くし，その短縮の程度は先行刺激提示後約100-200ミリ秒程度でピークとなることが多い。それに対し，観察者が視野中の対象に意図的に向けた注意（**概念駆動的注意，内因的注意，意識的注意**）による視覚情報処理過程の促進も視覚情報処理を促進するために，標的刺激検出までの時間や弁別課題における正答率を向上させる（Prinzmetal et al., 2005）。反射的に引きつけられた注意を意図的に別の位置に向け直すには約400ミリ秒程度かかることが**線運動錯視**（先行刺激提示により視覚情報処理が促進されることにより先行刺激に近い位置から線分が描かれたように見える錯視）（Hikosaka et al., 1993a, b）を用いた研究によって示されている。

視覚的ターゲット刺激と同じ方向に聴覚的な刺激を先行して提示した場合も視覚情報処理は促進される（e.g., Farah et al., 1989 ; Ward, 1994）。ただし，聴覚的な先行刺激は視覚刺激の位置によらず視覚情報処理を促進する効果もある（Fernandez-Duque & Posner, 1997）。聴覚的先行刺激は視野全体にわたって視覚的処理の準備状態を高める警告的信号として機能しているものと考えられる。

注意による視覚情報処理の促進は先行刺激の提示された場所のみに生じるわけではない。輪郭で区切られた領域内に視覚的な先行刺激が提示された場合，その輪郭で囲まれた領域の内部では処理が速められる（Jordan & Tipper, 1998）。

この現象は，注意による促進が網膜位置に特異的に生じるのではなく，観察対象についての処理に基づいて生じていることを示している。

## 5　注意の諸機能

前の節では，注意が知覚の情報処理過程を促進することを紹介した。しかしながら，注意が視覚情報処理において果たしている機能は知覚情報処理の促進だけではなく，多様なものである。この節では注意のその他の機能と，注意に関係していると考えられているいくつかの重要な現象について解説しておく。

### （1）　注意と視覚的探索

多くの妨害刺激の中から一つの標的刺激を見出すような課題のことを**視覚的探索**と呼ぶ。この視覚的探索課題において，妨害刺激と標的刺激とが色や明るさ，大きさ，形などの単独の特徴次元で区別されているときは，とくに意識的努力をする必要もなく標的刺激がすぐに妨害刺激と区別される。そのため，妨害刺激の数にかかわらず，標的刺激はすぐに見出される。ところが，妨害刺激と標的刺激とが複数の特徴次元で区別されているとき，一つひとつの刺激に意識的に注意を向けなければ妨害刺激と標的刺激との区別がつかない。そのため，妨害刺激の数が増えるほど，標的刺激が見出されるまでの時間は長くなる。このように複数の特徴次元によって規定された標的刺激を妨害刺激の中から見つけ出すために必要な注意のことを**選択的注意**と呼ぶ。**特徴統合理論**ではこのような注意は，**位置マップ**の上で異なる特徴次元の情報を統合するために必要と考えられている（Treisman & Gelade, 1980）。標的についての知識に基づくトップダウン的処理を含む**誘導探索モデル**も提案されている（Wolfe, 1994）。

視覚的探索に関しては，特定の立体的特徴を持つ標的刺激が見つかりやすいという特性がある。たとえば，両眼網膜像差によって規定される奥行と色の組合せなどであれば，複数の特徴次元と組み合わされた場合でも，標的刺激がすぐに見出される（Nakayama & Silverman, 1986）。さまざまな特徴次元が同じよ

うに統合されることを想定しているモデルはこのような特性を説明できない。立体的な表面の知覚が視覚的探索課題において重要な役割を果たしていることがこのような特性の基礎にあるのかもしれない（Nakayama & He, 1994）。その他にも，視覚探索における奥行次元の特徴の特殊性に関連して，接近運動する刺激の方が後退運動する刺激より見出されやすいこと（Miura et al., 2002；Takeuchi, 1997），特定の奥行空間的位置にある標的刺激が速く検出されやすいこと（Previc & Blume, 1993）が報告されている。

なお，視覚的探索課題において刺激に注意を向けることはつねに知覚の処理時間を短縮するわけではない。特定の刺激に注意を向けてから数秒経つと，むしろその刺激の位置に注意が向けられにくくなる（Posner & Cohen, 1984）。この現象は**復帰抑制**と呼ばれる。いったん注意が向けられた位置に標的刺激を提示し直すと，その標的刺激はなかなか発見されないことになる。

### （2） 注意と見落とし現象

注意は対象における変化の検出にも寄与していると考えられている。近年の研究では，人間の知覚・認知過程の特性や制約を理解する上で，この変化の見落とし現象が注目を集めている。以下，注意に関連すると考えられている主な見落とし現象を紹介する。

#### ①**変化盲**（チェンジ・ブラインドネス）

一定の時間の範囲の中で起こった対象の変化は，初期的な変化検出過程によって検出されるために，努力の必要もなく簡単に見出すことができる。しかしながら，同じ変化が特定の時間的幅を超えて生じた場合，意識的に努力をして注意を変化した部位に向けないと，その変化が見えないことがある。

たとえば，変化がとても短い時間の間に起こった場合，その変化は見えない。たとえば，一般的に使われている60 Hzの蛍光灯は1秒間に120回の点滅を繰り返す。この時間周波数が人間の視覚系にとって変化を見出すには高すぎるため点滅は知覚できない。他方，映像の変化がとても長い時間にわたって生じた場合も，その変化が見えない。たとえば，ネムノキの葉のゆっくりとした開閉

は注意を向けない限りほとんど気づかれない。変化が初期的な変化検出過程にとってゆっくりすぎると，変化を見出すためには，意識的に努力して注意を視野中の各部位に向け，変化の前と後の視覚的情報を比較する必要がある。これは**漸次的変化**に基づく変化盲と呼ばれる現象である（Simons et al., 2000）。

変化前と変化後の静止画像の間に200-300ミリ秒程度のブランク画像を挿入することによっても変化盲が生じる（Rensink et al., 1997）。これは**フリッカー法**による変化盲と呼ばれる。ブランク画像が挿入されることにより像全体に変化が生じるために，初期的な変化検出過程が標的となる変化を見出すことができない。

強く注意を引きつける対象が提示されると，それと同時に生じた出来事が見落される。たとえば，映像の一部を変化させる場合，この変化と同時に強く注意を引きつけるような妨害刺激を提示すると，映像の変化が高頻度で見落される。これは**マッドスプラッシュ**（泥はね）による変化盲と呼ばれる（O'Regan et al., 1999）。

変化盲においては，もともと注意を引きにくい対象に変化を施した場合，変化は高い頻度で見落とされる（Rensink et al., 1997）。他方，絵の意味を規定する上で重要な箇所が変化したり，もともと注意を引きやすい対象に変化を施した場合には，変化は高い頻度で検出される。

②注意の瞬き

高速系列提示のような刺激提示において，2つの標的刺激が短い時間内で提示された場合，一つ目の標的刺激はほぼつねに検出される。ところが，約500ミリ秒以内に提示される2つ目の標的刺激は高い頻度で見落される。この2つ目の標的刺激の見落としとは，一つ目の標的刺激の検出によって2つ目の標的に注意が向きにくくなるために生じることと考えられており，**注意の瞬き**と呼ばれている（Raymond et al., 1992）。

2つの標的刺激が間をあけずに連続して提示された場合，この見落し現象は起こりにくい。また，課題に対する注意が散漫になるとこの現象は起こりにくくなる（Arend et al., 2006 ; Olivers & Nieuwenhuis, 2005）。こうした結果は課題

に注意を向けるほど見落とし現象が起こりやすいこともあることを示している。

③Motion Induced Blindness（運動によって引き起こされる見落とし現象）

それ自体では明確に見える視覚刺激（たとえば黒い背景の上の黄色い円）であっても，運動する刺激と空間的に重ねられ，その動いている刺激に注意を向けると，それ自体では明確に見えていた刺激（黄色い円）が見えなくなる（Bonneh et al., 2001）。この現象は **Motion Induced Blindness**（以下，**MIB** と略す）と呼ばれていて，動く対象による注意の捕捉が静止刺激の見落としに関与している可能性が指摘されている。たとえば，消失した標的刺激の周囲で刺激を点滅させると，その部位に注意が誘導され，標的刺激の見えが復活する（Kawabe et al., 2007）。これは運動刺激によって捕捉された注意を刺激駆動的に標的刺激の領域に向けさせることによって，消失した標的刺激の見えを復帰させることができることを示唆している。

(3) 注意の神経的基盤

視野の中の特定の部位に注意を向けることによって，その視野位置に対応した大脳のさまざまな領域の活動が影響を受けることが知られている。また，運動する刺激に注意を向けると，運動の処理にかかわると考えられている**第一次視覚野**（**V1**）（Watanabe et al., 1998）や MT（Beauchamp et al., 1997）の領域の活動が高められる。また，視野の特定部位に注意を向けることで，外側膝状体における細胞の活動が影響を受けることも報告されている（O'Connor et al., 2002）。こうした研究は，注意が初期から高次までのさまざまな中枢的過程における処理に影響をおよぼしていることを示唆している。

複数の運動刺激を追視する課題（Multiple Object Tracking 課題。以下，MOT 課題と略す）を遂行する場合，標的の数が増えるほど課題は難しくなるが，4つ程度までの標的刺激数であれば注意を向けてすべての標的刺激を追視することができる。このような追視課題を遂行しているとき，前頭領野，頭頂領野は視野の特定部位に注意を向けることで活性化される（Culham et al., 1998）。視覚刺激の提示前でも活動の昂進が認められることから，これらの部位は注意の

操作にかかわっているものと考えられる。

　なお，MOT課題を遂行する際，追視される標的刺激の可動範囲を左右の画面に分離する場合と上下に分離する場合とでは，前者の方が標的刺激の数を増やすことによる成績の低下が小さい（Alvarez & Cavanagh, 2005）。これは，左右の大脳半球それぞれに独立にMOT課題遂行に使用できる注意容量があることを示唆している。大脳半球間にあるさまざまな機能的差異を考えると，両半球固有の注意に何らかの機能的相違があるかもしれない。

## 6　時間知覚の神経的基礎

　最後に，時間の知覚に関する神経的基礎についても紹介しておく。

　知覚の時間的特性を検討するために，同時性，時間順序，時間の長さが指標として用いられてきた。単独の内的時計がこうした異なる指標における特性を決定することを想定する仮説もある（Treisman, 1963）。しかしながら，最近の研究成果に基づくと，知覚様相によって異なる過程が介在していることが示唆されている。たとえば，上述したように，強い恐怖を感じた際，その間の時間は長く感じられるが，その際に知覚の時間解像度は変化しない（Stetson et al., 2007）。サッカード（8章参照）中は視覚刺激の提示時間が過小評価される（Morrone et al., 2005）が，サッカード中に聴覚刺激を提示してもその提示時間が過小評価されることはない（Eagleman, 2005）。高速系列提示の手続きで同じ視覚刺激が繰り返し提示される中に新奇な刺激を提示するとその提示時間は長く感じられるが，その際，ピッチや時間周波数の知覚は影響を受けない（Pariyadath & Eagleman, 2007）。こうした研究は，単独の過程が時間に関する知覚を決定しているのではなく，知覚様相や時間に関する指標ごとに異なる基礎過程が介在していることを示唆している（Eagleman, 2008）。実際，時間順序や同時性の判断には，仮現運動のような初期視覚過程が介在することで，刺激の提示位置による偏倚が生じることも見出されている（Ichikawa, 2009；Kawahara et al., 1996）。

時間知覚に関する神経的基盤についても検討されている。時間的な計測やカウンティングを実施しているとき，**大脳基底核**の一部が通常より活性化されていることが fMRI を用いた脳機能研究によって示されている（Rao et al., 2001）。ただし，これ以外の中枢部位が時間に関する知覚情報処理にかかわっている可能性も依然残されている。また，知覚様相や実験課題によって異なる脳部位が関与していることを示唆する研究もある（Bueti et al., 2008）。脳機能研究においても**心理物理学**的研究（12章参照）においても，時間に関する知覚情報処理が，単独の過程ではなく複数の過程に基づくことが示されつつある。

〈サマリー〉

本章では時間に関する知覚の特性と，知覚の時間的特性に大きな影響を及ぼす注意の特性について解説した。同時性や時間順序，持続時間の長さなどに関連する知覚内容は刺激の物理的時間特性だけで決まるわけではなく，注意を含むさまざまな要因による影響を受ける。知覚の様相によっても時間的特性は異なる。また，同じ刺激に対する時間順序の判断と同時性判断とでは異なる特性が見られる。

こうした研究が示す時間の知覚の基礎にある過程は，単一の内的時計によって体験される時間が一律に決定されるような過程ではない。むしろ，知覚様相や課題内容に対応したさまざまな過程の処理結果の総合によって時間についての知覚内容が決定されるような過程である。時間の知覚の理解のためには，それぞれの知覚課題の結果に影響を及ぼす要因についての検討を通して，この総合的過程における規則性や基本的原理について具体的に明らかにしていくことが求められている。

〈もっと詳しく知りたい人のための文献紹介〉

一川誠　2009　時計の時間，心の時間　教育評論社
　　⇨時間に関わるさまざまな錯視，錯覚，人間の時間体験の特性の概要を解説している。一般の読者に向けた本であるため，時間についての知覚特性が現代の生活に及ぼす問題点なども紹介されている。

Nijawan R., & Khurana, B. (Eds.)　2010　*Space and time in perception and action.* Cambridge University Press.

⇨体験される時間と空間の特性に関する心理学的研究についての論文集である。時間に関わる錯覚や知覚の時間特性に関して網羅的に紹介されており，この時点での理解について概観することができる。具体的な研究方法についても理解することができる。

〈文　献〉

Alais, D., & Burr, D. 2003 The "Flash-Lag" effect occurs in audition and cross-modally. *Current Biology*, **13**, 59-63.

Alvarez, G. A., & Cavanagh, P. 2005 Independent resources for attentional tracking in the left and right visual hemifields. *Psychological Science*, **16**, 637-643.

Anstis, S. 2001 Footsteps and inchworms: Illusions show that contrast affects apparent speed. *Perception*, **30**, 785-794.

Arend, I., Johnston, S., & Shapiro, K. 2006 Task-irrelevant visual motion and flicker attenuate the attentional blink. *Psychonomic Bulleting & Review*, **13**, 600-607.

Beauchamp, M. S., Cox, R. W., & De Yoe, D. A. 1997 Graded effects of spatial and featural attention on human area MT and associate motion processing areas. *Journal of Neurophysiology*, **78**, 516-520.

Bonneh, Y. S., Cooperman, A., & Sagi, D. 2001 Motion-induced blindness in normal observers. *Nature*, **411**, 798-801.

Bornstein, M. H. 1979 The pace of life: revised. *International Journal of Psychology*, **14**, 83-90.

Brenner, E., & Smeets, J. B. 2000 Motion extrapolation is not responsible for the flash-lag effect. *Vision Research*, **40**, 1645-1648.

Brown, S. W. 1995 Time, change, and motion: The effects of stimulus movement on temporal perception. *Perception & Psychophysics*, **57**, 105-116.

Bueti, D., van Dongen, E. V., & Walsh, V. 2008 The role of superior temporal cortex in auditory timing. *PLos One*, **3**, e2481.

Carrasco, M., McElree, B., Denisova, K., & Giordano, A. M. 2003 Speed of visual processing increases with eccentricity. *Nature Neuroscience*, **6**, 699-700.

Culham, J. C., Brandt, S. A., Cavanagh, P., & Kanwisher, N. G. 1998 Cortical fMRI activation produced by attentive racking of moving targets. *Journal of Neurophysiology*, **80**, 2657-2670.

Draaisma, D. 2001 *Waarom het leven sneller gaat als je ouder wordt.* Historische uitgeverij.（鈴木晶（訳）　2009　なぜ年を取ると時間の経つのがはやくなるのか　講談社）

Eagleman, D. M. 2004 Time perception is distorted during slow motion sequences in movies. *Journal of Vision*, **4**, 491.

Eagleman, D. M. 2005 Distortions of time during rapid eye movements. *Nature Neuroscience*, **8**, 850-851.

Eagleman, D. M. 2008 Human time perception and its illusions. *Current Opinion in Neurobiology*, **18**, 131-136.

Eagleman, D. M., & Sejnowski, T. J. 2000 Motion integration and postdiction in visual awareness. *Science*, **287**, 2036-2038.

Eysenck, H. H. 1947 *Dimensions of personality.* Transaction Publishers.

Farah, M J., Wong, A. B., Monheit, M. A., & Morrow, L. A. 1989 Parietal lobe mechanism of spatial attention : Modality specific or supermodal ? *Neuropsychologia*, **27**, 461-470.

Fernandez-Duque, D., & Posner, M. L. 1997 Relating the mechanisms of orienting and alerting. *Neuropsychologia*, **35**, 477-486.

Fraisse, P. 1984 Perception and estimation of time. *Annual Review of Psychology*, **35**, 1-36.

Frankenhaueuser, M. 1959 *Estimation of time : An experimental study.* Almqvist & Weksell.

Fujisaki, W., Shimojo, S., Kashino, M., & Nishida, S. 2004 Recalibration of audio-visual simultaneity. *Nature Neuroscience*, **7**, 773-778.

Goff, G. A., Matsumiya, Y., Allison, T., & Goff, W. R. 1977 The scalp topography of human somatosensory and auditory evoked potentials. *Electro-encephalography & Clinical Neurophysiology*, **42**, 57-76.

Hicks, R. E., Miller, G. W., & Kinsbourne, M. 1976 Prospective and retrospective judgments of time as a function of amount of information processed. *American Journal of Psychology*, **89**, 719-730.

Hikosaka, O., Miyauchi, S., & Shimojo, S. 1993a Focal visual attention produces illusory temporal order and motion sensation. *Vision Research*, **33**, 1219-1240.

Hikosaka, O., Miyauchi, S., & Shimojo, S. 1993b Visual attention revealed by an illusion of motion. *Neuroscience Research*, **18**, 11-18.

Hoagland, H. 1933 The physiological control of judgments of duration: Evidence for a chemical clock. *Journal of General Psychology*, **9**, 260-287.

Ichikawa, M. 2009 Illusory temporal order for stimuli at different depth positions. *Attention, Perception & Psychophysics*, **71**, 578-593.

Ichikawa, M., & Masakura, Y. 2006a Auditory stimulation affects apparent motion. *Japanese Psychological Research*, **48**, 91-101.

Ichikawa, M., & Masakura, Y. 2006b Manual control of the visual stimulus reduces the flash-lag effect. *Vision Research*, **46**, 2192-2203.

Jackson, V. C. 1953 Visual factors in auditory localization. *Quarterly Journal of Experimental Psychology*, **5**, 52-65.

Jordan, H., & Tipper, S. P. 1998 Object-based inhibition of return in static display. *Psychonomic Bulletin & Review*, **5**, 504-509.

Kanai, R., Paffen, C. L., Hogendoorn, H., & Verstraten, F. A. 2006 Time dilation in dynamic visual display. *Journal of Vision*, **6**, 1421-1430.

Kanai, R., & Watanabe, M. 2006 Visual onset expands subjective time. *Perception & Psychophysics*, **68**, 1113-1123.

Kawabe, T., Yamada, Y., & Miura, K. 2007 How an abrupt onset cue can release motion-induced blindness. *Consciousness and Cognition*, **16**, 374-380.

Kawahara, J., Yokosawa, K., Nishida, S., & Sato, T. 1996 Illusory line motion in visual search: Attentional facilitation or apparent motion? *Perception*, **25**, 901-920.

López-Moliner, J., & Linares, D. 2006 The flash-lag effect is reduced when the flash is perceived as a sensory consequence of our action. *Vision Research*, **46**, 2122-2129.

松田文子 1965 時間評価の発達 II ―― 標準時間中の音の頻度の効果 心理学研究, **36**, 285-294.

Matsuda, F. 1989 A developmental study on a duration estimation: Effects of frequency of intermittent stimuli. *Japanese Psychological Research*, **31**, 190-198.

松田文子・調枝孝治・甲村和三・神宮英夫・山崎勝之・平伸二（編著） 1996 心理的時間 ―― その広くて深い謎 北大路書房

Mitrani, L., Shekerdjiiski, S., & Yakimoff, N. 1986 Mechanisms and asymmetries in visual perception of simultaneity and temporal order. *Biological Cybernetics*, **54**, 159-165.

Miura, T., Shinohara, K., & Kanda, K. 2002 Shift of attention in depth in semi-realistic setting. *Japanese Psychological Research*, **44**, 124-133.

Morrone, M. C., Ross, J., & Burr, D. 2005 Saccadic eye movements cause compression of time as well as space. *Nature Neuroscience*, **8**, 950-954.

Moutoussis, K., & Zeki, S. 1997 Functional segregation and temporal hierarchy of the visual perceptive systems. *Proceedings of The Royal Society of London, SeriesB: Biological Sciences*, **264**, 1407-1414.

Murakami, I. 2001 A flash-lag effect in random motion. *Vision Research*, **41**, 3101-3119.

Nakajima, Y. 1987 A model of empty duration perception. *Perception*, **16**, 485-520.

Nakajima, Y., ten Hoopen, G., Hilkhuysen, G., & Sasaki, T. 1992 Time-shrinking: A discontinuity in the perception of auditory temporal patterns. *Perception & Psychophysics*, **51**, 504-507.

Nakayama, K., & He, Z. J. 1994 Attention to surfaces: Beyond a Cartesian understandings of focal attention. In T. V. Papathomas, C. Chubb, A. Gorea & E. Kowler (Eds.), *Early vision and beyond*. MIT Press. pp. 181-188.

Nakayama, K., & Silverman, G. H. 1986 Serial and parallel processing of visual feature conjunctions. *Nature*, **320**, 264-265.

Nijhawan, R. 1994 Motion extrapolation in catching. *Nature*, **370**, 256-257.

Nijhawan, R. 2002 Neural delays, visual motion and the flash-lag effect. *Trends in Cognitive Sciences*, **6**, 387-393.

Nijhawan, R., & Kirschfeld, K. 2003 Analogous mechanisms compensate for neural delays in the sensory and the motor pathways: Evidence from motor flash-lag. *Current Biology*, **13**, 749-753.

Nishida, S. & Johnston, A. 2002 Marker correspondence, not processing latency, determines temporal binding of visual attributes. *Current Biology*, **12**, 359-368.

O'Connor, D. H., Fukui, M. M., Pinsk, M. A., & Kastner, S. 2002 Attention modulates responses in the human lateral geniculate nucleus. *Nature Neuroscience*, **5**, 1203-1209.

Olivers, C. N. L., & Nieuwenhuis, S. 2005 The beneficial effect of concurrent task-irrelevant mental activity on temporal attention. *Psychological Science*, **16**, 265-269.

Ono, F., & Kawahara, J. 2007 The subjective size of visual stimuli affects the perceived duration of their presentation. *Perception & Psychophysics*, **69**, 952-957.

O'Regan, J. K., Rensink, R. A., & Clark, J. J. 1999 Change-blindness as a result of 'mudsplashes'. *Nature*, **398**, 34.

Pariyadath, V., & Eagleman, D. M. 2007 The effect of predictability on subjective duration. *PLoS One*, **2**, e1264.

Pöppel, E. 1985 *Grenzen des Bewustseins: Uber Wirklichkeit und Welterfahrung.* Verlages-Anstalt GmbH. (田山忠行・尾形敬次（訳） 1995 意識の中の時間 岩波書店)

Posner, M. I. 1980 Orienting of attention. *Quarterly Journal of Experimental Psychology*, **32**, 3-25.

Posner, M. I., & Cohen, Y. 1984 Components of visual orienting. In H. Bouma & D. G. Bouwhuis (Eds.), *Attention and performance X*. Erlbaum. pp. 531-556.

Poynter, W. D. 1989 Judging the duration of time intervals: A process of remembering segments of experience. In I. Levin & D. Zakay (Eds.), *Time and human cognition: A life-span perspective.* Elsevier. pp. 305-321.

Previc, H. F., & Blume, J. L. 1993 Visual search asymmetries in three-dimensional space. *Vision Research*, **33**, 2697-2704.

Prinzmetal, W., McCool, C., & Park, S. 2005 Attention: Reaction time and accuracy reveal different mechanisms. *Journal of Experimental Psychology: General*, **134**, 73-92.

Radeau, M. 1985 Signal intensity, task context, and auditory-visual interactions. *Perception*, **14**, 571-577.

Rao, S. M., Mayer, A. R., & Harrington, D. I. 2001 The evolution of brain activation during temporal processing. *Nature Neuroscience*, **4**, 317-323.

Raymond, J. E., Shapiro, K. L., & Arnell, K. M. 1992 Temporary suppression of visual processing in an RSVP task: An attentional blink? *Journal of Experimental Psychology: Human Perception and Performance*, **18**, 849-860.

Rensink, R. A., O'Regan, J. K., & Clark, J. J. 1997 To see or not to see: The need for attention to perceive changes in scenes. *Psychological Science*, **8**, 368-373.

Rimoldi, H. H. A. 1951 Personal tempo. *Journal of Abnormal and Social Psychology*, **46**, 283-303.

Rose, D., & Summers, J. 1995 Duration illusions in a train of visual stimuli.

*Perception*, **24**, 1177-1187.

Rosenfeld, A. H. 1985 Music, the beautiful disturber. *Psychology Today*, **19**, 48-56.

Shams, L., Kamitani, Y., & Shimojo, S. 2000 What you see is what you hear. *Nature*, **408**, 788.

Shams, L., Kamitani, Y., Thompson, S., & Shimojo, S. 2001 Sound alters visual evoked potentials in humans. *Neuroreport*, **12**, 3849-3852.

Sheth, B. R., Nijhawan, R., & Shimojo, S. 2000 Changing objects lead briefly flashed ones. *Nature Neuroscience*, **3**, 489-495.

Shimojo, S., & Shams, L. 2001 Sensory modalities are not separate modalities : Plasticity and interactions. *Current Opinion in Neurobiology*, **11**, 505-509.

下村満子・横澤一彦 1998 高速提示された刺激の時間的結合錯誤――ターゲットの複雑性操作による効果 心理学研究, **68**, 449-456.

Shioiri, S., Yamamoto, K., & Yaguchi, H. 2002 Effect of attention on flash lagging. *Journal of Vision*, **2**, 27a.

Simons, D. J., Franconeri, S. L., & Reimer R. L. 2000 Change blindness in the absence of a visual disruption. *Perception*, **29**, 1143-1154.

Stetson, C., Cui, X., Montague, P. R., & Eagleman, D. M. 2006 Motor-sensory recalibration leads to an illusory reversal of action and sensation. *Neuron*, **51**, 651-659.

Stetson, C., Fiesta, M. P., & Eagleman, D. M. 2007 Does time really slow down during a frightening event ? *PLoS One*, **2**, e1295.

Sugita, Y., & Suzuki, Y. 2003 Audiovisual perception : Implicit estimation of sound-arrival time. *Nature*, **421**, 911.

Takeuchi, T. 1997 Visual search of expiation and contraction. *Vision Research*, **37**, 2083-2090.

田山忠行 1996 運動パターンの時間評価 松田文子・調枝孝治・甲村和三・神宮英夫・山崎勝之・平伸二(編著) 心理的時間――その広くて深い謎 北大路書房 pp. 101-116.

Terao, M., Watanabe, J., Yagi, A., & Nishida, S. 2008 Reduction of stimulus visibility compresses apparent time intervals. *Nature Neuroscience*, **11**, 541-542.

Thomas, E. A. C., & Cantor, N. E. 1975 On the duality of simultaneous time and size perception. *Perception & Psychophysics*, **18**, 44-48.

Thomas, E. A. C., & Cantor, N. E. 1976 Simultaneous time and size perception. *Perception & Psychophysics*, **19**, 353-360.

Treisman, A., & Gelade, G. 1980 A feature-integration theory of attention. *Cognitive Psychology*, **12**, 97-136.

Treisman, M. 1963 Temporal discrimination and the indifference interval: Implications for a model of the internal clock. *Psychological Monographs: General and Applied*, **77**, 1-33.

Tse, P. U., Intriligator, J., Rivest, J., & Cavanagh, P. 2004 Attention and the subjective expansion of time. *Perception & Psychophysics*, **66**, 1171-1189.

Ulrich, R., Nitschke, J., & Rammsayer, T. 2006 Perceived duration of expected and unexpected stimuli. *Psychological Research*, **70**, 77-87.

Wada, Y., Kitagawa, N., & Noguchi, K. 2003 Audio-visual integration in temporal perception. *International Journal of Psychophysiology*, **50**, 117-124.

Ward, L. M. 1994 Supermodal and modality-specific mechanisms for stimulus-driven shifts of auditory and visual attention. *Canadian Journal of Experimental Psychology*, **48**, 242-259.

Watanabe, K. 2008 Behavioral speed contagion: Automatic modulation of movement timing by observation of body movement. *Cognition*, **106**, 1514-1524.

Watanabe, T., Harner, A. M., Miyauchi, S., Sasaki, Y., Nielsen, M., Palomo, D., & Mukai, I. 1998 Task-dependent influences of attention on the activation of human primary visual cortex. *Proceedings of the National Academy of Sciences of the United States of America*, **95**, 11489-11492.

Watts, F. N., & Sharrock, R. 1984 Fear and time estimation. *Perceptual and Motor Skills*, **59**, 597-598.

Whitney, D., & Murakami, I. 1998 Latency difference, not spatial extrapolation. *Nature Neuroscience*, **1**, 656-657.

Wilsoncroft, W. E., Stone, J. D., & Bagrash, F. M. 1978 Temporal estimation as a function of difficulty of mental arithmetic. *Perceptual and Motor Skills*, **46**, 1311-1317.

Wolfe 1994 Guided search 2.0: A revised model of visual search. *Psychonomic Bulletin & Review*, **1**, 202-238.

Xuan, B., Zhan, D., He, S., & Chen, X. 2007 Larger stimuli are judged to last longer. *Journal of Vision*, **7**, 1-5.

# 14章　赤ちゃんの知覚

- 赤ちゃんはいつ頃からものが見えるのか？
- 生後3-4か月の不思議な知覚世界とは？

金沢　創

乳児の知覚を検討する方法として，60年ごろファンツ（Fantz, R）により，選好注視法の概念が確立されました。この方法は，70年代終わりにはテラー（Teller, D. Y.）により強制選択選好注視法（FPL：Forced-choice Preferential Looking method）として洗練されますが，乳児の視力やコントラスト感度を明らかにするなど，多くの成果をあげてきました。80年代に入ると，選好注視法を用いて運動視における速度閾やノイズ比などが明らかにされ，これらの発達が2-3か月頃の大脳皮質の発達に関連しているのではないかとの考え方が一般的となりました。この頃の乳児は，動きがあると形がわかりますが，静止しているとわからないといった興味深い事実が報告されています。4-5か月頃になると乳児は，両眼網膜像差（両眼視差）に基づく立体視の知覚能力を獲得します。章の最後では，5か月以降の乳児は，モノどうしの折り重なった世界がわかるようになるのではないか，との仮説を検討します。

## 1　赤ちゃんと心理学実験——「注視する」という行動を手がかりに

赤ちゃんは話すことができない。したがって，多くの心理学実験のように，言語的な教示によってその心的体験世界を語ることができない。のみならず，そもそも心理学課題を課すことが難しい。こうした事情から，ピアジェ（Piaget, J.）などを代表とする従来の発達心理学では，「乳児はほとんど目も

見えていないのかもしれない」と考えられていた。

　しかし50年代おわりから60年代のはじめごろにかけて，ある新しい方法が開発され，乳児の豊かな知覚世界が明らかとなってきた。それは，「**選好注視法**（preferential looking method）」と呼ばれる方法である（Fantz, 1958, 1961）。その発見のベースにあったのは，「乳児はある図形は好んでよく注視するが，別の図形はあまり注視しない」という性質だ。

　たとえばよく似た図形AとBがあり，仮に赤ちゃんが図形Bの方をAよりも好きであったとする。するとAとBを同時に左右に呈示されれば，赤ちゃんはBの図形をより長く注視するだろう。このとき，なぜBを注視したのか，その理由はさまざまに考えることができる。が，少なくとも「赤ちゃんは図形Aと図形Bを区別できた」ということだけは間違いがない。もちろん，2つの図形を呈示されたとき，その2つを本当は区別しているのであるが，あまりおもしろい図形ではないため，たまたまどちらか一方を偏って注視することはなかった，ということも十分に起こりえる。しかしその逆はありえない。好んで見るということは，区別することなしにはありえない。このように，選好を道具として利用することで「知覚発達研究」がスタートしたのである。

　この選好注視法はファンツ（Fantz, R.）によって最初に明確な概念となった。その研究成果の中でも，教科書などでもっともよく引用されるのが1961年の『サイエンティフィック・アメリカン』に載っている図だ（図14-1）。ここでは，顔，色，文字など，さまざまなパターンに対する選好注視の割合を調べた。結果を簡単にまとめれば，人の顔のようなパターンや複雑な図形は，乳児の注視を引き出すことができる。つまり，少なくとも，これらの図形どうしを乳児は区別できる，ということを意味している（7章も参照）。

　その後ファンツらは，図形のさまざまな属性に関して，どのような属性であれば乳児の注視を引き出すことができるのかを検討している。その結果，小さいものよりも大きいもの，数が少ないものよりも多いもの，白黒よりも色がついたもの，暗いものより明るいもの，止まっているものよりも動いているもの，などなどを，それぞれ好んで注視することを明らかにした。繰り返しになるが，

14章　赤ちゃんの知覚

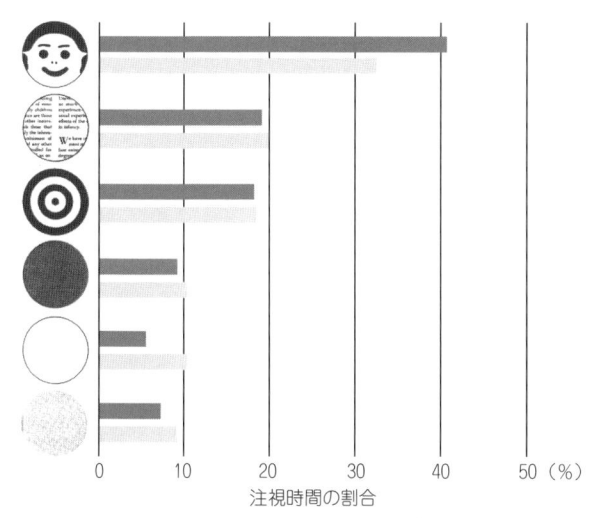

**図 14-1　ファンツの実験**
黒いバーは2-3か月児の結果，灰色のバーは3か月以上の赤ちゃんの結果。
（出所）　Fantz, 1961

　これらさまざまな属性をさまざまな月齢の赤ちゃんが好んで注視すること自体，不思議なことではある。が，ここで重要なのは，大きさ，数，色，明るさ，動き，などなどの次元にそった視覚刺激を，乳児が弁別するという点にある。本当に乳児が大きさ，数，明るさ，色，動きを認知しているか否かは慎重に検討せねばならないが，少なくとも区別していたことは示せるようになったのである。

## 2　選好注視法の成果——視力の事例

### （1）　乳児の視力を測る
　では，選好注視法により，どのような事実が明らかになったのだろうか。認知しているかどうかもわからない。しかもなぜ注視しているかも，あまり問わない。そうした，見方によっては消極的な方法論から，何か明らかになること

があるのだろうか。そう疑問に思う人がいるかもしれない。しかし，この選好注視法により，多くの人にとってよく知られている，ある知覚能力が明らかになった。それは「**視力**」である。

　視力といえば，多くのみなさんには，学校などで行う視力検査がなじみであろう。一定の距離から片目を隠し，さまざまな大きさの「Ｃ」の文字を見る。ご存知のように，この「Ｃ」の方向を答えることで視力は測定される。

　しかしより専門的には，一定の大きさの中に，どれぐらいの細かい縞模様を識別できるかを調べる，いわゆる「**縞視力**」が用いられる。たとえば黒と白の縞パターンを，細かくし，その細かさが視力の限界を超えると，白と黒が混じりあって灰色の一様なパターンに見える。この性質を利用し，乳児の前に白黒の縞パターンと灰色の一様なパターンを対呈示し，縞パターンへの選好注視を検討するのである（図14-2）。

　ファンツらの先行研究から，白黒の縞パターンは一様なパターンよりも，より強く乳児の注視行動を引き起こす刺激であることがわかっている。つまり，縞パターンが見えている限り，灰色の一様なパターンと対で呈示されれば，乳児は縞パターンをより長い時間注視する。しかし，縞模様をどんどん細かくすると，どこかで視力の限界を超え，縞パターンは一様な灰色に見えてしまう。すると，視力の限界の超えた縞パターンは，一様な灰色と区別できない。このとき，両者に対する乳児の注視時間を測定すると，両者の注視時間は等しくなる。この「注視時間が等しくなる縞パターンの細かさ」を求めることができれば，そこが乳児の縞パターンを識別できる限界の細かさ，すなわち「縞視力」ということになる。

　先行研究から，おおよそであるが，1歳以下の乳児の縞視力は，「月齢 cycle/deg[1]」の公式が成り立つことが知られている（Atkinson, 2000）。すなわち，1か月児の縞視力はおおよそ 1 cycle/deg であり，3か月児の縞視力はおおよそ 3 cycle/deg ということになる。

➡ 1　白黒の縞が視野角1度あたりに何本入っているかを表す単位。細かい縞模様ほど大きくなる。視力の単位などに用いられる。

14章 赤ちゃんの知覚

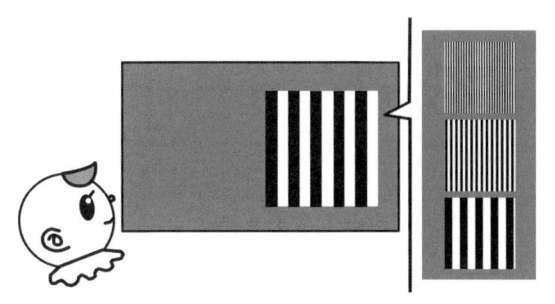

図14-2 縞パターンと一様なパターンの対呈示

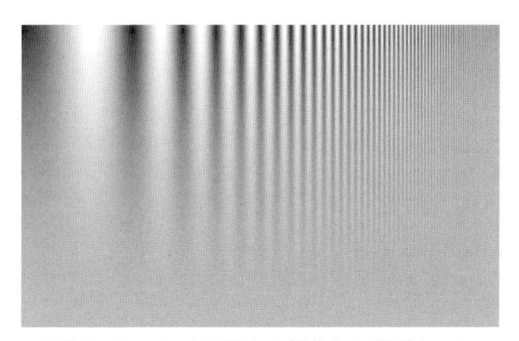

図14-3 コントラストを操作した縞パターン

　さらに，この白黒の縞パターンを，真っ白と真っ黒の縞（コントラスト100％）ではなく，少しだけ灰色に近い白や黒を用いてコントラストを落とし（図14-3），どのぐらいの細かい縞パターンが，どれぐらい淡いコントラストでも見えているのかを検討する，いわゆる「コントラスト感度関数」も，まったく同じ手続きで求めることができる。

　70年代より，脳波なども指標とし，乳児のコントラスト感度関数を含めた視力の検討が行われてきた（Atkinson et al., 1974；Atkinson et al., 1977a, 1977b；Banks & Salapatek, 1976, 1978）。その結果の詳細は他書に譲るが，簡単にまとめるなら，まず乳児のコントラスト感度は，低空間周波数領域（太い縞模様）において，1か月から2か月にかけて感度が上昇する。この頃の視力を縞視力から求めると，その値は0.1以下である。その後，コントラスト感度や視力は

徐々に発達し，6か月頃には，コントラスト感度関数のピークである「もっとも感度のよい周波数」が，大人と同じ4-5 cycle/deg 周辺へと発達していく。しかしその縞視力（100％の白黒が見える，限界の細かさ）は，6 cycle/deg 程度であり，視力になおせばせいぜい0.2程度である。6か月児の基礎的視覚能力は，コントラスト感度のピークについては大人と同じではあるが，全体的に細かいものは見えておらず，まだまだ未熟な段階にあるといえるだろう。なお，コントラスト感度まで含めた視力ということでいうと，大人と同じ程度に発達するのは，おおよそ4，5歳ごろであると考えられている。

(2) 強制選択選好注視法

　選好注視法をより洗練された形で定式化したものが，テラー（Teller, D. Y.）による**強制選択選好注視法**（FPL：Forced-choice Preferential Looking method）である（Teller, 1979）。FPLの基本は選好注視法であるが，そこではより客観的な手続きが使われる。具体的には，視線や顔の向き，あるいは目の見開きなど，被験者のあらゆる行動を手がかりに，刺激の種類や位置に関してなんら事前の知識をもたない観察者が，「乳児は左右の2つのどちらの刺激により注意を払っているのか」を強制選択で選ぶという方法がとられる。要は，乳児の行動からどうやって「選好」を知るのか，と問うのではなく，「乳児＋観察者」を一つのブラック・ボックスとしてとらえ，独立変数としての目標刺激の位置を推定していこうという発想である。目標刺激の位置が有意に正しく推定できるのであれば，乳児の行動のどこかに「弁別」の手がかりが隠されているはずである，と考えるのである。

　しばしば，選好注視法を用いた乳児の知覚認知実験は，「選好をどう客観的に決めるのか」が問題となるが，FPLにより，乳児の刺激の弁別をよりフェアーに判定できるようになった。その結果，80年代以降，両眼立体視の研究や色の知覚など，多くの知覚認知実験による成果が得られることとなったのである。

## 3 選好注視法による運動視の検討

では縞視力などの基礎的な能力からもう一歩踏み込んだ知覚についてはどうだろう。ここでは動きが見えているかどうか，つまり**運動視**（5章参照）の発達について，選好注視による研究を概観してみよう。

### (1) 最低速度閾

乳児における運動視の研究は，まずは動いているものに対する選好注視を利用して検討が始まった。これは直感的にも理解しやすいが，大人であっても動いているものと止まっているものがあれば，動いているものに注意が向くことは簡単に予想できる。同じことは乳児にもあてはまる。たとえば，まったく同じものを2つ用意し，一方を動かし，他方を静止した状態で呈示する。仮にある乳児が，動いているほうを注視したとすれば，それは運動情報をなんらかの形で利用していることを意味している。これだけでも，運動情報を知覚している強い証拠になるが，さらに一歩踏み込んで，速度を操作することを考えてみる。つまり，動きへの注視がみられたのであれば，その速度を徐々に落としていくことで，乳児の注視を引き出すことができる「もっとも遅い速度」を調べることができるだろう。こうして乳児における速度の下限の閾値，すなわち**最低速度閾**（$V_{min}$）の検討が行われた（Aslin & Shea, 1990；Kaufmann et al., 1985；Dannemiller & Freedland, 1989, 1993；Bertenthal & Bradbury, 1992）。

たとえば静止しているチェッカーボードと動いているチェッカーボードを乳児に対呈示し，動いている刺激への選好注視が検討された。その結果，最低速度閾は，10週齢をすぎた頃から急速に発達（下降）し，20週齢頃まで発達が続いていくことが判明した。具体的には，生後6週齢では選好を引き出すのに秒速10度程度の速さが必要であったが，14週齢では秒速3度程度の速度でも乳児はチェッカーボードを注視したのである。

## （2） 最大速度閾とノイズ比の閾値

　同じく選好注視法を用いたやり方ではあるが，少し違う刺激パターンを用いることで，今度は**最大速度閾**（$V_{max}$）を調べることができる。それは，左右に動くランダムドットを，いわば縞状の右運動と左運動を互い違いに配置した，いわゆる**剪断運動**（shear motion）への選好注視を利用したやり方である。

　乳児は，全体が一様に左右に動くランダムドットよりも，左右に互い違いに「縞状」になっているパターンを，より強く好んで注視する傾向にある。いわば，縞視力を測る際と同じように，「縞」になっていることが重要なのである。ただし，その縞を構成しているのは，実際の輪郭ではなく，動きの情報という点が異なっている。この剪断運動への選好も，おおよそ8週から10週齢頃に顕著になる。

　ロンドン大学のワッタン－ベル（Wattam-Bell, J.）は，ランダムドットによる剪断運動と一様運動を対呈示し，ドットの速度やドットのノイズ比（ランダムな動きをするドットの割合）などを操作し，どこまで選好注視が維持されるのかを検討することで，速度やノイズ比などの閾値の測定を行った（Wattam-Bell, 1992, 1994, 1996a, 1996b, 1996c）。その結果，たとえばドットの速度に関していえば，注視が維持される最大速度（最大速度閾：$V_{max}$）は，10週齢，12週齢，15週齢と急速に発達することがわかっている（Wattam-Bell, 1994）。さらに，ランダムな動きをするドットの割合（ノイズ比）をどの程度増やしても注視維持されるかを検討してみると，12週齢で40％，16週齢で60％程度のノイズに耐えうることを確認している。ちなみに，同じパラダイムで大人を被験者とした実験を行うと，その値は，おおよそ90％程度である。

　これらの結果は，先の最低速度閾の発達と符合している。というのも，最大速度閾にせよ，ノイズ比の閾値にせよ，その値にはっきりとした発達がみられるのは，おおよそ2‐3か月頃だからである。つまり，ランダムドットによる運動やチェッカーボードを動かすなどのごくシンプルな動きの情報処理に関しては，おおよそ2か月から3か月頃に発達してくる，ということがいえる。

14章　赤ちゃんの知覚

## （3）　拡大縮小運動と防御反応

　当時，我々の研究グループにいた白井（現・新潟大学）らは，ランダムドットや縞パターンを用いて，2か月以上の乳児における**拡大縮小運動**の知覚発達を検討した（Shirai et al., 2004a, 2004b, 2005, 2006）。各研究論文では，ランダムドットを用いた拡大（縮小）刺激もあり，また白黒パターンを視覚的探索課題（13章参照）のように配置した拡大（縮小）刺激もあったが，いずれも拡大運動と縮小運動を用いて乳児の選好注視を指標に，その知覚発達を調べたものである。その結果，①多くの場合，乳児は，拡大刺激のほうが縮小刺激よりも感度がいい，②これらの感度の違いが明らかになるのは3か月以上になってから，などの点が明らかとなった。ここでも，選好注視法を用いた運動視の検討により，3か月頃から，知覚発達が顕著になるという結果が得られた。

　これら3か月頃に発達してくる運動視の能力は，1か月頃に観察される拡大パターンに対する**防御反応**と，明確な対照をなしている（Bower et al., 1971; Yonas et al., 1977; Nanez, 1988）。初期のバウワー（Bower, T. G. R.）に対する批判を経て，現在では，生後2週間程度の乳児において，明るい背景に暗いパターンが，視角100度以上にわたって拡大してくる場合に限り，頭を後ろにそらしたり，瞬きを頻繁にしたりする，いわゆる「防御反応」が見られることが知られている。この結果は，解釈によっては生後1か月以下の乳児が，運動情報を処理している証拠とも考えられる。しかし，この時期の乳児の運動視は，大脳皮質による制御ではなく皮質下の制御によるものである，と現在では考えられている。つまり新生児から2か月にかけての運動視の発達を，皮質が皮質下から制御を取り戻す過程であると考えるのである（Atkinson, 2000）。

　この考えは，初期の防御反応と，速度閾の改善などに代表される2，3か月頃の運動視の発達データを，矛盾なく説明するのに都合がよい。実際，ハッテンロッカー（Huttenlocher, P. R.）らによる17野のシナプス数やニューロン体積の発達データを見てみると，3か月から4か月頃，急速なシナプスの増加が観察されている（Huttenlocher et al., 1982）。おそらく3か月頃，**第一次視覚野**（**V1**）などの低次な皮質やMT野などのもう少し高次な皮質などが発達し，そ

れまでの皮質下制御であった運動視のシステムが，皮質制御に切り替わるものと考えられる。

## 4　選好注視法に関する注意点

　選好注視法は，運動視に関するさまざまな閾値などについても明らかにしてきた。選好注視法は，とくに何かを用意するわけでもなく，たんに赤ちゃんに刺激を呈示することで測定が可能であるため，データを得るにはたいへん便利な方法である。しかしながら，この方法がもつ限界についてもよくよく理解していなければならない。もっとも注意すべき点は，選好は月齢が進むと消えることもある，という点である。

　乳児の知覚実験などでデータをグラフにすると，その縦軸はターゲットへの選好注視の割合になる。この選好の度合いを，単純に刺激に対する反応の強さや弁別のよさと考えがちであるが，この解釈には注意が必要である。たとえば，5か月児にとっておもしろく興味深い刺激であっても，8か月児にとってみれば，つまらない刺激であるかもしれない。実際に，ランダムドットなどは，4，5か月ぐらいまではよく注視するが，8か月ぐらいになると単純すぎてつまらないのか，あまり注視を引き出しにいくい印象がある。

　この月齢による選好の変化を，系統的に調べたのがファンツとヤー（Fantz & Yeh, 1979）の実験である。たとえば図14-4，5をご覧いただきたい。ここでは，さまざまな月齢の乳児に対して対呈示された刺激セットと，その刺激セットに対する選好注視の割合が示されている。グラフの縦軸は，各刺激セットのうち，左側のものをより長く注視した割合を示してある。

　この図を概観してわかることは，月齢を通じて安定して選好を引き出している刺激はむしろ少ないという点である。ある月齢で好んで注視された刺激が，別の月齢では注視されなくなったり，逆に注視されなかった刺激が，発達につれて選好がみられるようになる，といった刺激セットが多数存在している。

　この「不安定さ」のみに注目するのであれば，選好注視行動から弁別を探る

14章　赤ちゃんの知覚

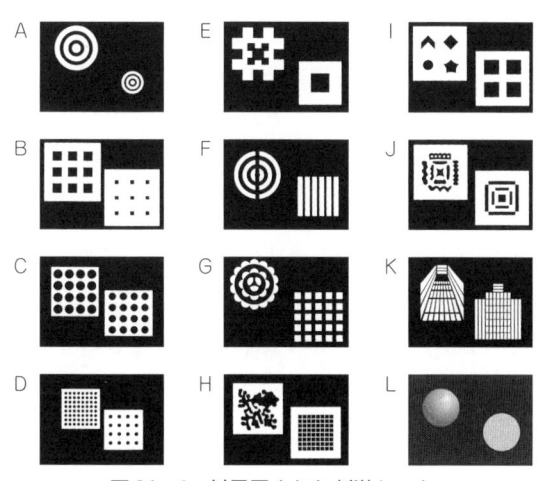

図 14-4　対呈示された刺激セット
（出所）　Fantz & Yeh, 1979

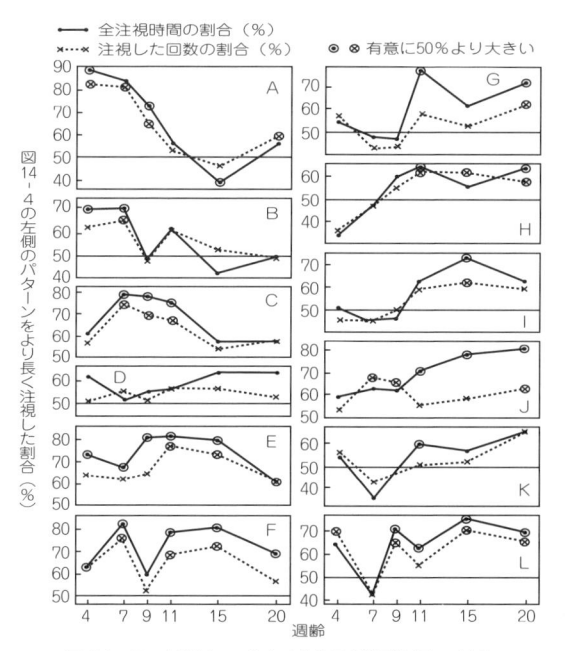

図 14-5　刺激セットに対する選好注視の割合
（出所）　Fantz & Yeh, 1979

257

ことが難しいという判断も可能かもしれない。どのような方法論を用いれば，こうした「不安定さ」を超えて，選好注視を指標に乳児の知覚を推定することができるだろうか。その際，どのような点に留意すればいいのだろうか。

たとえば，図14-4の刺激Aをみてみよう。この刺激セットの場合，「大きい刺激が好き」という選好を利用して，大きい円と小さい円を呈示し，大きい円への選好を検討している。しかし，その選好は，4週齢，7週齢，9週齢と週齢が進むとともに減少していき，11週齢には消えていく。

この結果を文字通りにとらえるのであれば，「大きさの弁別は11週齢にはできなくなる」と解釈することもできるかもしれない。しかし，先に示したような視力の発達や運動視の発達など，他の刺激を用いた実験データを考慮するのであれば，「大きさの知覚」だけが11週齢で弁別できなくなるということは考えにくい。おそらく，11週齢の乳児にとって，大きさの弁別は可能であるが，「大きい」という刺激属性は単純すぎる情報であるため，興味を引かなくなるのだろうと推測できる。逆にいえば，「大きい」という属性は，4週齢や7週齢の乳児にはちょうどよい複雑さであり，興味深い情報なのだろう。

このように，選好注視を弁別の指標として用いるには，どのような週齢・月齢の乳児であれば，どのような刺激に対して興味を引くのかを考え，各発達段階における情報処理の複雑さを想定しながら，複数の実験データを慎重に用いなければならない。そのためには，単一実験データにおける乳児の選好を考えればよいのでなく，他の実験データを用いた複数の実験結果を念頭に，ある週齢・月齢の乳児の知覚処理が，どのような段階にあるのかを総合的に考えていかねばならないのである。

## 5　馴化法やその他の方法

### （1）馴化法

先に述べたように，選好がないことと弁別できないことは等しいわけではない。ある月齢の乳児にとって，ある刺激が単純すぎたり魅力がなかったりする

可能性があるからである。そこで，乳児の自発的な選好に頼ることなく2つの刺激の弁別を検討するやり方として，馴化法(じゅんか)と呼ばれる方法が用いられることがある（Fantz, 1964；Caron & Caron, 1968）。

　乳児は一般に，見慣れたものよりも見慣れない新しい刺激を好む。この「新奇選好」という性質を用い，試行と試行の間に，人工的な「馴れ」の状態を作り出すのである。刺激に馴れたかどうかは，刺激への注視時間の減少により判断する。たとえば，あらかじめ試行数などを決めておくのではなく，乳児の行動に応じて試行数を決めていく「**乳児制御法**（infant control procedure）」などと呼ばれる方法が用いられる。この方法では，注視時間がある基準以下になるまで，刺激が繰り返し呈示されることになる。たとえば，最初に刺激を呈示した時点での注視時間に比べて，現在の注視時間が「半分以下にまで減少した」といった基準などが用いられる。あるいは，あらかじめ決まった試行の数だけ刺激を繰り返し呈示し，試行数全体の前半と後半の注視時間を比較し，その違いが統計的に有意であることをもって，「人工的な慣れ」が成立したとみなす方法もある。

　こうして「刺激に飽きた」状態を人工的に作り出す「馴化期」の後，調べたい刺激を呈示する「テスト期」が実施される。仮にこのテスト期に呈示される刺激が乳児にとって新しいものと見なされるなら，「新奇選好」により注視時間は増加するだろうし，逆に乳児にとって同じものに見えていれば，「もう見飽きた」ということで，注視時間はさらに減少するだろう。こうして，馴化期に呈示された刺激と，テスト期に呈示された新しい刺激との弁別を検討する方法が，馴化法と呼ばれるやり方である。

　伝統的な方法では，モニターに一つの刺激を呈示するという方法がよく知られているが，馴化期に同じものを2つ呈示し（たとえばAとA），テスト期に馴化期に呈示したものと調べたいものを対呈示する（たとえばAとB）やり方もよく用いられる。あるいは，その変形版として，事前に2つの刺激を対呈示してその間に選好がないことを確認しておき（たとえばBとC），馴化刺激として左右に同じ刺激を呈示し（たとえばAとA），馴化した後に先に選好がな

かった刺激のペア（BとC）に選好が生じるかどうかを調べるようなやり方も可能である。この後者の方法論では，刺激Aが，刺激BとCのどちらと似ているものとして見えているかを調べることができる。

（2）　眼球の動きなどを用いる方法

さまざまなバリエーションを持つ馴化法ではあるが，この方法も選好注視法と同様に「注視する」という行動を観察することにより，乳児の刺激弁別を検討する研究法である。しかし，注視行動を指標とせず，乳児の知覚世界を調べる方法もある。その一つに，眼球の動きを手がかりにしたものがある。

代表的なものが，視運動性眼振，いわゆる **OKN**（OptoKinetic Nystagmus）と呼ばれる眼球運動を用いた方法だ。OKN 反応とは，右もしくは左方向に一定の運動をおこなっている視覚パターンを見ている際に，運動を追従するゆっくりとした眼球運動と，刺激が見えなくなった際に急速にもとの位置に眼球を戻す速い眼球運動の，2つの相を交互に繰り返すような，眼球の動きのことである。たとえば電車に乗っている際などに，外の景色を眺めていると，このような眼球の動きが生まれやすい（8章参照）。

この OKN 反応は，おもに1，2か月前後の乳児を対象に，運動視の知覚を調べる際に用いられる（Atkinson & Braddick, 1981；Naegele & Held, 1982）。たとえば，一定の方向へ運動しているようなパターンを乳児の前に呈示し，乳児の眼球の動きの情報だけを手がかりに，乳児が運動刺激と同じ方向に OKN 反応を生み出しているのかどうかを，先の FPL と同じように，強制選択で判断するのである。その判断と，実際の運動方向が一致していることは，乳児にとって運動が見えていることの強い証拠となる。

さらに頭をそらす動き，手の運動，瞬きなど，眼ではなく体の動きに注目する方法もある。その一つが，先にも簡単に触れた防御反応を用いる方法だ（Bower et al., 1971；Yonas et al., 1977；Nanez, 1988）。具体的には，体を後ろにそらす反応であったり，瞬きの回数の増加などが指標として用いられる。また，おもに7か月頃の乳児に用いられる，いわゆるリーチング反応を指標とした研

## コラム　乳児の脳研究

　選好注視法や馴化法などとは別に，古くから脳活動に関連した指標も，たとえば運動視（Wattam-Bell, 1991 ; Norcia et al., 1991）や，あるいは顔の認知（Nelson, 1993）などの分野において重要な役割を果たしてきた。その代表的なものが，いわゆる**視覚誘発電位**（VEP：Visual Evoked Potential）と呼ばれる脳波を用いた研究である。

　近年では，島津製作所や日立製作所が開発した，脳の血流反応を観測できる**近赤外線分光法**（NIRS：Near Infrared Spectroscopy）を用いて，視覚パターンへの反応，社会的な行為とその認知，顔の認知，などの乳児の能力が検討されている。NIRSは，fMRIのように，完全な頭部の静止を必要としないので，乳児などの脳機能を調べることに適している。この技術は日本発のテクノロジーでもあるため，日本においてさかんに研究されている（Taga et al., 2003 ; Shimada & Hiraki, 2006 ; Minagawa-Kawai et al., 2007）。われわれの研究室でも，おもに乳児の顔認知に関して，反転顔を用いて右側頭領域の重要性を指摘したり（Otsuka et al., 2007），横顔と正面顔との比較で脳活動の発達が8か月ごろに顕著になることを明らかにするなど，一定の成果をあげている（Nakato et al., 2009）。

　NIRSやVEPといった方法は，「乳児の脳」を測定しているということで，脳活動こそが客観的データであると信じている人々にはわかりやすい指標かもしれない。しかし真の問題は脳の活動の有無にあるのではなく，刺激とその呈示方法，そしてそのデータから推定される乳児の知覚世界の説明モデルである。選好注視の注意点として述べたように，ある刺激が，乳児にとって意味のあるものであるのかどうかは，複数の実験の組み合わせにより推測していくしかない。ある月齢にとって意味のある刺激が，別の月齢にとっては単純で無意味であるといった場合もあるだろう。どのような月齢にとって，どのような刺激が，意味のある脳の反応を引き出しているかは，その月齢を対象とした，あるいは同じ刺激を別の月齢において検討した，他の実験を参考にすることではじめて明らかとなってくるのである。

究もある（Granrud et al., 1985）。乳児は，2つのつかむことができそうな物体を呈示されると，興味が強いほうに手を伸ばしつかもうとする。その萌芽は5か月頃から観察されるが，7か月頃になると明確につかもうとする動作があら

われる。これも選好注視の論理と同様，仮に乳児が一貫して一方の刺激にのみ手を伸ばすのであれば，乳児は2つの刺激を弁別していることになる。

近年は，乳児の眼球の位置を比較的簡便に測定することを可能にした装置が開発されるなどして，刺激の特定の位置を注目するかどうかを指標とし，乳児の予測的な眼球運動が検討されたり（Johnson et al., 2003），刺激の矛盾した部分を認知しているかどうかが調べられたりしている（Shuwairi et al., 2007）。今後も工夫次第で，さまざまな行動指標から乳児の刺激弁別を検討することができるものと思われる。

ただしわれわれにとって注意しなければならないのは，ここで検討していることはすべて「2つの刺激の区別の能力」であって，「見えている」「わかっている」といった知覚・認知に対する言及は，そのデータをもとにした推測にすぎないという点だろう。もちろん推測にすぎないのは，大人を対象とした心理学実験についても同じなのではあるが，言葉をしゃべれない被験者の主観を推定していく作業は，より慎重に進めていかねばならない。動物実験などと同様，乳児の実験では，複数の実験をうまく用意し，複数の刺激セットの弁別データをもとに，より巧妙に知覚・認知過程について言及することが求められている。

## 6　3-4か月児の視知覚には「動き」が大事

すでに述べたように，統一的に動くドットとノイズを区別したり，ゆっくりとした動きにも気づくことができたりするなど，2，3か月齢頃の乳児はさまざまな動きの情報を知覚していると考えられる。この点だけを捉えるのであれば，たとえば3か月頃の乳児の知覚世界は，質的には我々に似たような世界に暮らしていると考えたくなるかもしれない。しかし，5か月までの乳児は，いくつかの点で，我々大人とは質的に違った世界を知覚しているようである。

その代表的な事例が，動きと形の知覚発達のズレである。よく知られているのは，ケルマン（Kellman, P. J.）とスパルキ（Spelke, E. S.）による遮蔽された棒の**補完知覚**（1章参照）に関する研究である（Kellman & Spelke, 1983）。彼ら

14章　赤ちゃんの知覚

馴化刺激

（a）

テスト刺激

（b）　　（c）

図14-6　補完知覚に関する実験
（出所）　Kellman & Spelke, 1983

VS.

（A）　　（B）

VS.

（C）　　（D）

図14-7　主観的輪郭図形に関する研究
（出所）　Otsuka & Yamaguchi, 2003

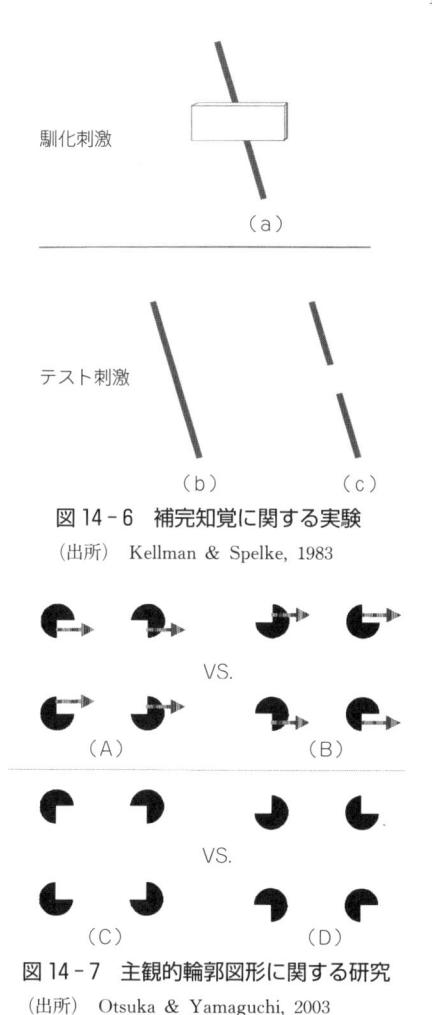

は，図14-6のような図形を用意し，乳児を対象に馴化法を用いて，棒が一つに見えているか，あるいは遮蔽の上下で分離されて見えているかを検討した。その結果，3-4か月児は棒を動かしたときのみ，棒を一本のものとして補完して知覚したのである。つまり，3-4か月児に限って言えば，止まっているときは2本に分かれていた棒が，動いていると1本に見えていた，ということ

263

を示唆している。

　また，我々の研究グループの大塚らは，図14-7のような**主観的輪郭図形**（1章参照）を乳児が知覚できるかどうかを検討したが，ここでも似たような結果が得られた。すなわち，静止した条件では7-8か月児にしか知覚できなかった主観的輪郭図形も，動かした場合は3-4か月児にも知覚できたのである（Otsuka & Yamaguchi, 2003）。

　なぜ動いていると補完できたり形が見えたりするのに，それが止まっているときは見えなくなるのだろうか。この説明の一つに，「動かすことで注意をひきつけるから」というものがある。つまり，覚醒水準の低い乳児の知覚世界では，止まっている図形ははっきり知覚されていないが，動かすことで注視を喚起し，知覚できるようになる，との説明である。この説明と完全に排他的なものではないが，より突っ込んだ説明として，2-3か月頃の乳児の知覚世界では，動いているものははっきりとその形を捉えることができるが，止まっている際には背景に埋め込まれて消えているとするものだ。たとえば我々大人であっても，ランダムドットの背景に，ランダムドットのみで構成された図形を配置されると，その輪郭線は背景に埋もれて消えてしまうが，動きだすとその輪郭ははっきりと見えるだろう。2-3か月の乳児の知覚世界はこのような状態と同じではないかと考えるのである。

　いずれが正しいのかを，現在のデータだけから決めることは難しい。とはいえ，考えてみれば，視野に存在するさまざまな物は，ある場所からみれば互いにオーバーラップしあい，遠くのものは近くのものに遮蔽されてその一部は見えていない。このような視野の世界の中で，3か月頃の乳児には，すべての物の遮蔽関係が知覚されておらず，1枚の書割の板のように知覚されているのかもしれない。この作業仮説で今後の研究を進めることは意義あることだと思われる。

## 7 生後5か月頃に獲得されるもの——重なりのある世界

　3，4か月児にとって難しかった「静止した状態での棒の補完や主観的輪郭の知覚」も，データが示すところによれば，6-7か月頃になると獲得されるようである。では，3-4か月を超えて，6-7か月へいたる発達過程の中で，どのような能力が獲得されるのだろうか。5か月周辺に，乳児にどのような発達が生じるのであろうか。

　5か月へむけた知覚発達に関してもっとも基本的な能力の一つが，**両眼立体視**（6章参照）の発達である（Birch et al., 1982; Birch, 1993）。バーツ（Birch, E. E.）らは，左右に3本づつの縦棒を呈示し，一方のみ，真ん中の棒が飛び出してみえるよう視差（右眼と左眼の網膜像の差）をつけた。もし，乳児が視差の情報を利用し立体を見ることができれば，飛び出して見える図形を注視するはずである。この仮説に基づき，彼女らは，視差なし画像と視差つき画像を左右に対提示し，視差つき画像への選好注視を測定したのである。その結果，3か月齢の乳児は3割程度しか視差つき画像を注視しなかったが，4か月になるとその割合は8割を超えるということが明らかとなった（Birch et al., 1985）。さらに，個々の赤ちゃんの立体視の能力を検討したアトキンソン（Atkinson, J.）によれば，この視差に対する感受性は，徐々に生じるというよりも，1週間程度の非常に短い期間に急速に発達するというのである（Atkinson, 2000）。この事実は，立体視を可能にするなんらかのシステムが，脳の発達などの要因により，スイッチが入るように機能しはじめるのではないか，との仮説を想起させる。そう考えるのであれば，立体視の能力により，複数の物体が折り重なることにより遠近感を作り出す，私たちの視野の世界を構成することが可能になるとの説明が可能となる。

　我々のグループは，この「折り重なっているモノ」の知覚を検討する目的で，いわゆる**「運動透明視」**の知覚発達も検討した（Kanazawa et al., 2006, 2007）。運動透明視とは，2つの異なる方向に動くランダムドットの集団を作ることで，

動きの情報のみによって「重なり」を構成する運動刺激である（5章参照）。われわれは，運動透明視が作り出す「重なり」が，乳児の強い選好注視を引き出すことを発見した。この性質を利用し，3か月から5か月までの乳児の運動透明視への選好注視を，運動透明視を作り出すランダムドットをさまざまな形で操作することで測定したのである。その結果，5か月になると，明確に運動透明視への選好がみられ，その見えの程度は4か月頃から生じて5か月へと急速に発達し，5か月頃には大人とほぼ同程度の感度であることなどが明らかとなった。ここでも，乳児の「動きが作り出す重なりの知覚」は5か月頃に獲得され，急速に大人と同じ程度にまで発達するとの結果が得られたのである。

　先の立体視の結果とあわせて考えれば，おそらく5か月頃，乳児の視覚世界は三次元的な奥行きを獲得し，動きや重なりといった情報も統合できるようになると推測される。まだ仮説の段階ではあるが，おそらくその能力の背後には，MT野やMST野といった，動きの知覚に関するより高次な脳の発達がかかわっているものと考えられる。

　この仮説は，5か月頃から乳児はモノに手を伸ばし始め，7か月頃になると近くにある物体をつかむようになる，という事実とあわせると興味深い。モノをつかむ，などの動作が可能となるためには，手の動きや動作を可能とする身体の能力はもちろんのこと，立体感を感じる視知覚の能力も，不可欠である。おそらく手をのばし，モノをつかむ行為を一つの動作ユニットとするなら，そのユニットの完成へむけて，そのサブシステムである視知覚の能力が，まず機能し始めるのであろう。少なくともこの事例についていえば，知覚は運動に先行し発達する，といえる。

　もちろん5か月で発達は終わりではない。その後，乳児は立ちあがり，移動を始める。その意味では，ここがまた，発達のスタートポイントともいえる。しかし，我々が感じている通常の視野のもっとも基本的部分は，おそらく5か月頃にいったん獲得されるものと私は考えている。身体運動能力を含めたその後の総合的な知覚発達については他書に譲るとし，ここでは5か月頃に成立する「基礎的知覚世界」を確認することで，本章を閉じることにしよう。

14章　赤ちゃんの知覚

〈サマリー〉
　本章ではまず，1歳以下の乳児を対象として，その視知覚過程を実験的に検討する方法論について解説を行った。そこでは，ファンツの選好注視法を中心に，乳児の注視行動の特徴を議論した。また，選好注視法を用いて明らかにされる乳児の知覚発達の事例として，いわゆる「縞視力」の事例を紹介し，選好注視法を発展させた「強制選択選好注視法」についても言及した。運動視の能力を検討したいくつかの研究も紹介することで，選好注視法のもつ有効性も確認した。また，選好注視法がもつ限界とその限界を克服する方法である，馴化法についても説明がなされた。
　知覚発達の最大の特徴は，3-4か月頃に見られる運動刺激への感度の上昇である。本章の最後には，止まっている際に弁別できなかった図形が，動かすことで弁別できるようになった事例を紹介し，3-4か月齢の乳児においては，遮蔽関係の認知が運動情報の付加により可能となっているのではないかとの議論を行った。最終的には，5か月頃に発達する両眼立体視の能力と，遮蔽関係の認知の関係について検討を行った。

〈もっと詳しく知りたい人のための文献紹介〉

山口真美・金沢創　2008　赤ちゃんの視覚と心の発達　東京大学出版会
　　⇨視知覚の発達全般について書かれた教科書。顔認知や脳の発達，色の知覚，運動視など，多様な分野の視知覚に関して，おもに1歳以下の乳児でどのように発達してくるかを解説した。この分野をささえる多くの文献を引用しているので，ぜひ参考にしてほしい。
アトキンソン，J.　山口真美・金沢創（監訳）　2005　視覚脳が生まれる　北大路書房
　　⇨視覚発達研究の開拓者であり，リーダーであるアトキンソンの著書。初期の脳波を用いたVEPの研究やウィリアムズ症候群の子どもたちを対象にした形態視と運動視の研究，あるいは斜視の赤ちゃんを対象にした大規模なスクリーニングテストなど，視覚科学，神経科学，小児眼科学にまたがる幅広い領域を扱っている。

〈文　献〉

Aslin, R. N., & Shea, S. L. 1990 Velocity thresholds in human infants: Implications for the perception of motion. *Developmental Psychology*, **26** (4), 589-598.

Atkinson, J. 2000 *Developing visual brain*. Oxford University Press. （金沢創・山口真美（監訳）　2005　視覚脳が生まれる　北大路書房）

Atkinson, J., & Braddick, O. J. 1981 Development of optokinetic nystagmus in infants: An indicator of cortical binocularity? In D. F. Fisher, R. A. Monty & J. W. Senders, (Eds.), *Eye movements: Cognition and visual perception*. Erlbaum.

Atkinson, J., Braddick, O., & Braddick, F. 1974 Acuity and contrast sensitivity of infant vision. *Nature*, **247**, 403-404.

Atkinson, J., Braddick, O., & Moar, K. 1977a Development of contrast sensitivity over the first 3 months of life in the human infant. *Vision Research*, **17**, 1037-1044.

Atkinson, J., Braddick, O., & Moar, K. 1977b Contrast sensitivity of the human infant for moving and static patterns. *Vision Research*, **17**, 1045-1047.

Banks, M. S., & Salapatek, P. 1976 Contrast sensitivity function of the infant visual system. *Vision Research*, **16**, 867-869.

Banks, M. S., & Salapatek, P. 1978 Acuity and contrast sensitivity in 1-, 2-, and 3-month-old human infants. *Investigative Ophthalmology and Visual Science*, **17**, 361-365.

Bertenthal, B. I., & Bradbury, A. 1992 Infants' detection of shearing motion in random-dot display. *Developmental Psychology*, **28**, 1056-1066.

Birch, E. E. 1993 Stereopsis in infants and its developmental relation to visual acuity. In K. Simons (Eds.), *Early visual development, normal and abnormal*. Oxford University Press.

Birch, E. E., Gwiazda, J., & Held, R. 1982 Stereoacuity development for crossed and uncrossed disparities in human infants. *Vision Research*, **22** (5), 507-513.

Birch, E. E., Shimojo, S., & Held, R. 1985 Preferential-looking assessment of fusion and stereopsis in infants aged 1-6 months. *Investigative Ophthalmology and Visual Science*, **26**, 366-370.

Bower, T. G. R., Broughton, J. M., & Moore, M. K. 1971 Infant responses to approaching objects: An indicator of response to distal variables. *Perception and Psychophysics*, **9**, 193-196.

Caron, R. F., & Caron, A. J. 1968 The effect of repeated exposure and stimulus complexity on visual fixation in infants. *Psychonomic Science*, **10**, 207-208.

Dannemiller, J. L., & Freedland, R. L. 1989 The detection of slow stimulus movement in 2- to 5-month-olds. *Journal of Experimental Child Psychology*, **47**, 337-355.

Dannemiller, J., & Freedland, R. L. 1993 Motion-based detection by 14-week-old infants. *Vision Research*, **33**, 657-664.

Fantz, R. L. 1958 Pattern vision in young infants. *Psychological Record*, **8**, 43-47.

Fantz, R. L. 1961 The origin of form perception. *Scientific American*, **204**, 66-72.

Fantz, R. L. 1963 Pattern vision in newborn infants. *Science*, **140**, 296-297.

Fantz, R. L. 1964 Visual experience in infants: Decreased attention to familiar patterns relative to novel one. *Science*, **146**, 668-670.

Fantz, R. L., & Yeh, J. 1979 Configuration selectivities: Critical for visual perception and attention. *Canadian Journal of Psychology*, **33**, 277-287.

Granrud, C. E., Yonas, A., & Opland, E. A. 1985 Infants' sensitivity to the depth cue of shading. *Perception & Psychophysics*, **37**, 415-419.

Huttenlocher, P. R., de Courten, C., Garey, L. J., & Van der Loos, H. 1982 Synaptogenesis in human visual cortex-evidence for synapse elimination during normal development. *Neuroscience Letters*, **33**(3), 247-252.

Johnson, S. P., Amso, D., & Slemmer, J. A. 2003 Development of object concepts in infancy: Evidence for early learning in an eye tracking paradigm. *Proceedings of the National Academy of Sciences*, **100**(18), 10568-10573.

Kanazawa, S., Shirai, N., Otsuka, Y., & Yamaguchi, M. K. 2006 Perception of opposite-moving dots in 3- to 5-month-old infants. *Vision Research*, **46**(3), 346-356.

Kanazawa, S., Shirai, N., Otsuka, Y., & Yamaguchi, M. K. 2007 Perception of motion transparency in 5-month-old infants. *Perception*, **36**(1), 145-156.

Kaufmann, F., Stucki, M., & Kaufmann-Hayoz, R. 1985 Development of infants' sensitivity for slow and rapid motions. *Infant Behavior & Development*, **8**(1), 89-98.

Kellman, P. J., & Spelke, E. S. 1983 Perception of pertly occluded objects in infancy. *Cognitive Psychology*, **15**, 483-524.

Minagawa-Kawai, Y., Mori, K., Naoi, N., & Kojima, S. 2007 Neural attunement processes in infants during the acquisition of a language-specific phonemic contrast. *Journal of Neuroscience*, **27** (2), 315-321.

Naegele, J. R., & Held, R. 1982 The postnatal development of monocular optokinetic nystagmus in infants. *Vision Research*, **22** (3), 341-346.

Nakato, E., Otsuka, Y., Kanazawa, S., Yamaguchi, M.K., Watanabe, S., & Kakigi, R. 2009 When do infants differentiate profile face from frontal face? A near-infrared spectroscopic study. *Human Brain Mapping*, **30** (2), 462-472.

Nanez, J. E. 1988 Perception of impending collision in 3-to 6-week-old human infants. *Infant Behavior & Development*, **11**, 447-463.

Nelson, C. A. 1993 The recognition of facial expressions in infancy: Behavioral and electrophysiological evidence. In B. de Boysson-Bardies et al. (Eds.), *Developmental neurocognition: Speech and face processing in the first year of life*. Kluwer Academic Publishers.

Norcia, A. M., Garcia, H., Humphry, R., Holmes, A., Hamer, R. D., & Orel-Bixler, D. 1991 Anomalous motion VEPs in infants and infantile esotropia. *Investigative Ophthalmology & Visual Science*, **32**, 436-439.

Otsuka, Y., Nakato, E., Kanazawa, S., Yamaguchi, M. K., Watanabe, S., & Kakigi, R. 2007 Neural activation to upright and inverted faces in infants measured by near infrared spectroscopy. *NeuroImage*, **34** (1), 399-406.

Otsuka, Y., & Yamaguchi, M. K. 2003 Infants' perception of illusory contours in static and moving figures. *Journal of Experimental Child Psychology*, **86** (3), 244-251.

Shimada, S., & Hiraki, K. 2006 Infant's brain responses to live and televised action. *NeuroImage*, **32** (2), 930-939.

Shirai, N., Kanazawa, S., & Yamaguchi, M. K. 2004a Asymmetry for the perception of expansion/contraction in infancy. *Infant Behavior & Development*, **27** (3), 315-322.

Shirai, N., Kanazawa, S., & Yamaguchi, M. K. 2004b Sensitivity to linear-speed-gradient of radial expansion flow in infancy. *Vision Research*, **44**, 3111-3118.

Shirai, N., Kanazawa, S., & Yamaguchi, M. K. 2005 Young infants' sensitivity to shading stimuli with radial motion. *Japanese Psychological Research*, **47** (4), 286-291.

Shirai, N., Kanazawa, S., & Yamaguchi, M. K. 2006 Anisotropic motion coherence sensitivities to expansion/contraction motion in early infancy. *Infant Behavior and Development*, **29**, 204-209.

Shuwairi, S. M., Albert, M., & Johnson, S. P. 2007 Discrimination of possible and impossible objects in infancy. *Psychological Science*, **18**, 303-307.

Taga, G., Asakawa, K., Maki, A., Konishi, Y., & Koizumi, H. 2003 Brain imaging in awake infants by near-infrared optical topography. *Proceedings of the National Academy of Sciences*, **100** (19), 10722-10727.

Teller, D. Y. 1979 The forced-choice preferential looking procedure : A psychophysical technique for use with human infants. *Infant Behavior and Development*, **2**, 135-158.

Wattam-Bell, J. 1991 Development of motion-specific cortical responses in infancy. *Vision Research*, **31** (2), 287-297.

Wattam-Bell, J. 1992 The development of maximum displacement limits for discrimination of motion direction in infancy. *Vision Research*, **32** (4), 621-630.

Wattam-Bell, J. 1994 Coherence thresholds for discrimination of motion direction in infants. *Vision Research*, **34** (7), 877-883.

Wattam-Bell, J. 1996a Visual motion processing in one-month-old infants : preferential looking experiments. *Vision Research*, **36** (11), 1671-1677.

Wattam-Bell, J. 1996b Visual motion processing in one-month-old infants : Habituation experiments. *Vision Research*, **36** (11), 1679-1685.

Wattam-Bell, J. 1996c The development of visual motion processing. In F. Vital-Durand, O. Braddick & J. Atkinson (Eds.), *Infant vision*. Oxford University Press. pp. 79-94.

Yonas, A., Bechtold, A. G., Frankel, D., Gordon, F. R., McRoberts, G., Norcia, A., & Sternfels, S. 1977 Development of sensitivity to information for impending collision. *Perception & Psychophysics*, **21** (2), 97-104.

# 15章　美の知覚

- 美の知覚はどのように研究すればよいか？
- 芸術は知覚心理学から理解できるか？

川畑秀明

　フェルメールやダ・ビンチといった有名な芸術家の展覧会が美術館で開かれると，入場まで1時間も列で待つほど人が集まります。そこまでしても，私たちは美しいものを見るのが大好きです。経済的なことが許されれば，着飾ったり，部屋をコーディネートすることも皆好きでしょう。美しさを感じることや，美しくする行為は人の営みの重要な側面です。今や，芸術（アート）は特別なことではありません。では，人はなぜ芸術を愛するのでしょうか。また，人はなぜ美しいと思い感動するのでしょうか。そして，何に美しさを感じるのでしょうか。豊かな感情や道徳，経済などと同様に，芸術や美の営みは他の動物に類のない豊かな人間性を支えるものの一つなのです。哲学の長い歴史の中でも「芸術とは何か」，「どのように美しさを感じるのか」という問題は繰り返し論じられてきました。本章では，心理学や脳機能の側面から美の知覚について考えてみましょう。

## 1　美の知覚研究の歴史的展開

### (1)　哲学的美学と実験美学

　「人はなぜ，美しいと思い，感動するのだろうか」という問いは，古代ギリシャ哲学からヨーロッパの近代哲学を経て現代に至る芸術哲学（美学）の中心問題である。古代ギリシャ哲学のプラトンを起源としても2,300年以上にわたる美の哲学の歴史がある。しかも美のとらえ方は哲学者によってさまざまであ

り，彼らの思想や仮説を一つひとつ実証することは不可能に近い。ドイツ観念論の代表的哲学者であるヘーゲル（Hegel, G. W. F.）は，美を感覚的現象の中に現れでた理念であるとし，理念が抽象的存在から経験をとりいれて具体化してゆく過程における絶対精神の中に，芸術を位置づけていこうとする形而上学的立場をとった思想を興している。

しかし，このような経験に基づかない理念の論理としての美学に反対運動が起こった。それは，ウェーバー・フェヒナーの法則で有名な**精神物理学（心理物理学**：12章参照）の創始者フェヒナー（Fechner, G. T.）によるものであった。ヘーゲルを頂点とする形而上学的アプローチを「上からの美学（Ästhetik von oben)」と批判し，経験主義としての美学の科学的客観化を図ろうと「下からの美学（Ästhetik von unten)」として，実験的に美の法則を求める**実験美学**（Experimental esthetics (aethetics) または Empirical esthetics (aethetics)）を立ち上げた（Fechner, 1876）。フェヒナーは視覚美における黄金比（1：1.618となる比率）の妥当性などについて，心理学的実験によって他者の芸術経験の観察を行い，感覚刺激が快感（美的体験）となるための以下の6つの原理美意識の法則を作り上げた（川野，1984；厳密にはその他にいくつかの派生原理がある）。①一定の閾値を超える必要があること，②単独では快感を引き起こしえない感覚刺激も複数が集まって協調することにより新しい快感を作り得ること，③感覚刺激は多様でかつ統一性をもつこと，④感覚刺激は直観的明瞭さを保つこと，⑤感覚刺激は相互に矛盾を含まないこと，⑥感覚刺激プラス連想，が重要とされる。フェヒナーのこのような仮説が実証されているとは言い難いが，実験美学はフェヒナーの意思を継ぎ，美的判断と知覚判断の関係を明らかにする美学と心理学の融合領域となっている。

### （2） ゲシュタルト心理学における美の知覚

フェヒナー以降の心理学での美の知覚研究では，**ゲシュタルト心理学**（1章参照）において美や感性の知覚過程の分析が行われた。ゲシュタルト心理学は，人間が外界の対象に対して感じる感性的特性について研究するにあたり，人間

の感情の内的過程を対象とするのではなく，感性の対象となる形態特性そのものを研究対象として扱うことをすでに提唱していた（メッツガー，1968）。ゲシュタルト心理学における美の知覚の基本原理の一つとして，全体としてもっとも単純でもっとも規則的で安定した秩序ある形にまとまろうとする傾向「**プレグナンツ**」（簡潔であるという意味）を挙げることができ，プレグナンツをもつ形態は「よい形」とされる。また，図形の回転や左右の入れ替えによる変換で生み出されるパタンの数が少ないほど，どの視点から見ても安定した知覚を与えることになる**よいパタン**（pattern goodness）になることが定量的に示され（Garner & Clement, 1963），対称性の構造もよいパタンになるとされること（コフカ，1998），視覚的なバランスが絵画の印象を規定すること（Arnheim, 1974）など，ゲシュタルト心理学では，美の知覚においても，個別の刺激特徴や要素ではなく全体性や構造，まとまりが重視される（詳しくは，野口，2007を参照）。このように，これまでに提案されている「何が美しいのか」の仮説の多くはゲシュタルト心理学によるものと言える。

## （3） 神経美学

1990年代以降，機能的磁気共鳴画像法（functional Magnetic Resonance Imaging; fMRI）などの装置の開発によって人の脳研究が盛んになるにつれて，神経科学の視点から美や芸術へアプローチがなされるようになってきた。このアプローチは**神経美学**（neuroesthetics）とよばれる。fMRI等による美の知覚研究が始まる以前に，芸術作品の神経科学的分析としてゼキとラム（Zeki & Lamb, 1994）によるキネティックアート研究が発表され，大脳新皮質の後頭葉視覚野の機能と照応しながら，芸術作品に対して生じる知覚が視覚野のさまざまな領域の機能特化された処理を反映したものとして論じられた。

さらに，2000年以降，芸術作品の知覚や美の知覚に関する実証的な研究がfMRI等の脳画像技術を用いて行われるようになった。これらの研究では，共通して絵画や図形などの視覚刺激に対する視覚的美しさの知覚や選好と関連した脳の活動が調べられた。また，美を，芸術作品や自然などの対象に対して快

く感じられたり，感嘆の念を感じられたりするような評価や価値の高い状態（体験）としてとらえ，前頭葉や大脳辺縁系の脳のさまざまな部位が美の知覚と関係していることが分かるようになってきた。

## 2　美の知覚はどのように研究すればよいか？

　美の知覚の研究には，美を研究する目的や，機能，対象，方法，の側面に分けて考えるとよい（図15-1）。そうすることで，哲学，心理学，神経科学などの領域を超えたアプローチが可能になる。

### （1）　目的論（美をとらえる視点）
　まず，美の知覚において何を明らかにするのか，その目的（問題意識）を明確にする必要がある。問題意識は大きく，哲学的問題，心理学・神経科学的問題，動物行動学的問題，の3つに分けて考えることができる。哲学的な美の問いは，①美とは何か（**美の本質**），②どのようなものが美しいのか（**美の基準**），③美は何のためにあるのか（**美の価値**），という3つの問題に大きく分類することができる。

　心理学や神経科学では，ヒトは，あるいはヒトにとって，という主語の上で①どのように美を感じるのか（How 問題），②何が美しいのか（What 問題），③なぜ美を感じるのか（Why 問題）の3つへの関心が高い。さらにティンバーゲン（Tinbergen, N.）が提唱する動物行動学の問題解決方略に沿って美の知覚の問題を整理してみると（Tinbergen, 1963），①どのように美を感じるのか（至近要因：特定の行動が引き起こされる直接のメカニズム），②なぜ美を感じる必要があるのか（究極要因：特定の行動およびそのメカニズムが発現する理由），③美を感じる仕組みがどのように進化したか（系統進化要因：特定の行動の進化過程），④美を感じる仕組みがどのように発達するか（発達要因：特定の行動や認知の発達過程），の4つに分類できる。

　しかし，さすがに数千年にもわたって哲学者が追究してきた問題だけに，哲

| | 目的（問題意識） | 対象 | 方法・パラダイム |
|---|---|---|---|
| 哲学や美学における課題 | 美とは何か（美の本質の問題）<br>どのようなものが美しいのか（美の基準の問題）<br>美は何のためにあるのか（美の価値の問題） | 研究対象者<br><br>鑑賞者<br><br>創作者（芸術家） | 心理学・認知神経科学的方法 | 主観的評価法（内省報告、等）<br>比較判断法（一対比較法、等）<br>印象評価法（SD法、等）<br>心理物理学<br>画像統計学<br>機能的脳画像計測<br>　機能的磁気共鳴画像法（fMRI）<br>　脳磁図（MEG）<br>　脳波（EEG）、近赤外分光法（NIRS）<br>神経心理学・脳損傷研究 |
| 心理学や神経科学における課題 | どのように美を感じるのか（How問題）<br>何が美しいのか（What問題）<br>なぜ美を感じるのか（Why問題） | 研究対象物・環境<br><br>有形物および無形物<br>（ただし、その境界がはっきりしない芸術領域も多い）<br><br>自然、絵画、彫刻、建築、現代視覚芸術、詩歌、小説、書、料理、民芸、工芸品、錯視図形、人物顔、音楽、舞台芸術、歌舞伎、バレエ、祭事、宗教（物）、考古資料<br>……　等 | | |
| 動物行動学をもとにした課題 | どのように美を感じるのか（至近要因の問題）<br>なぜ美を感じる必要があるのか（究極要因の問題）<br>どのように進化的に形成されたのか（系統進化要因の問題）<br>どのように発達的に形成されるのか（発達要因の問題） | | 心理学、認知神経科学以外の手法 | 作品分析<br>テキスト分析、インタビュー<br>心の哲学<br>認知考古学、心の考古学<br>　　　　　　　　　　　等 |

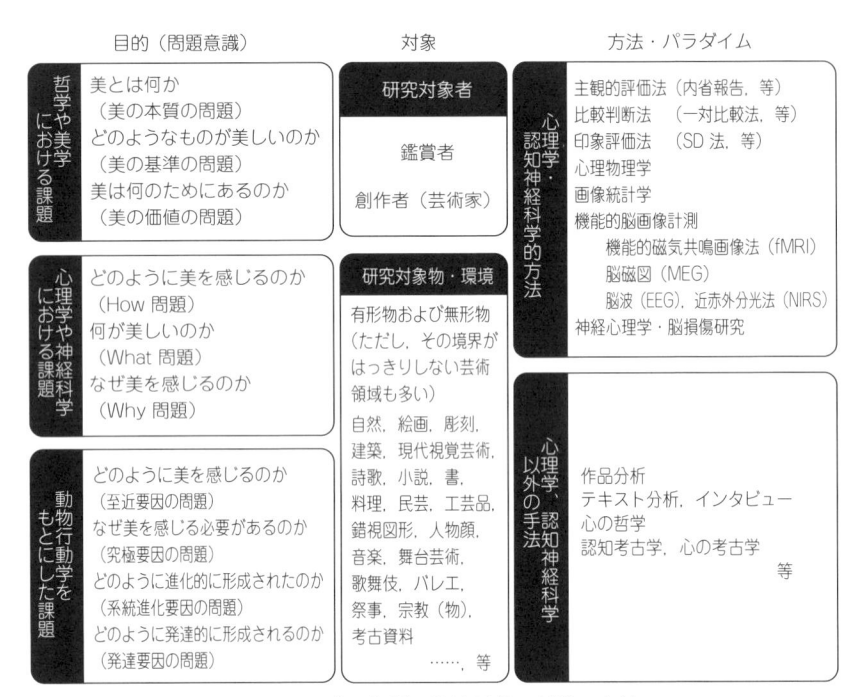

図15-1　美の知覚の研究目的・対象・方法

学的問題は，心理学でも動物行動学でも同様のこととして問題にされてきたといえよう。

### （2）機能論（注目したい美の機能や側面）

　美や芸術のもつ機能や認知的側面を明らかにしたいと考える人も多いだろう。すでに本書においても紹介されているように，視覚研究においては，運動や色，奥行き感といった視覚の機能が，どのような条件で見えに影響するかなどが研究されているが，視覚は美や芸術についても同様に重要な機能や側面を抱えていると言えよう（多くは視覚以外のさまざまなモダリティの知覚の機能と関連していると考えられる）。

　神経美学の創始者であるゼキ（Zeki, S.）は，美術の機能として注目すべき要

素として，**恒常性**（constancy；1章参照）と**抽象性**（abstraction）の2つを大きく取りあげている。芸術家は，いかにして視覚世界におけるつねに変化する情報の中から永遠かつ本質的な特徴のみを取り出すかという恒常性の問題に直面しているといわれる（ゼキ，2002）。近代絵画の父とよばれるセザンヌは100年ほど前に「自然を円筒形と球形と円錐形によって扱い，すべてを遠近法の中に入れなさい」と友人の画家にアドバイスをしており（リウォルド，1982），そのことを自らの作品で実践しているが，同時に一つの作品の中に複数の視点位置を作る取り組みをするなど，恒常性や抽象性の問題に取り組んできた画家であるといえる。

　また，多くの芸術家は，作品の表現形態を模索する中で，知覚の仕組みや神経系の活動を強調したものにシフトする傾向がみられ，そこにも美や芸術の機能をみてとることができる。たとえば，ピカソやブラックらはキュビズム（立体構成主義）を通して立体視や形態の強調を行っているし，モンドリアンは視覚の**第一次視覚野**（V1）のエッジ（輪郭線）検出・方向選択性の活動を最大化するように垂直・水平線による面の分割を行っている。さらにマティスなどのフォービズムは，第四次視覚野（V4）の色への応答特性，とくに色の恒常性に反した着色をあえて行っているといえよう。現在の知覚研究で問題になっている視覚機能について，芸術家は古くから問題意識を持って創作に取り組んできた。ゼキは，近年の知覚心理学や神経科学の知見を踏まえずとも優れた芸術家は脳が行う知覚世界の処理を潜在的に理解しているのだという（ゼキ，2002）。

　このように，たとえば絵画においては，多くの視覚研究が捉えようとしている機能をそのまま絵画の表現や美の知覚の研究の課題として当てはめることもできそうだ。そして，美の知覚研究では，検討したい美や芸術の機能や側面についての作業仮説を立てることが必要とされよう。

### （3）　方法論（美をとらえる方法）

　美の知覚研究の方法は，脳を知ることを通じて芸術や美の本質を深く知ろう

とするものと，芸術作品や美の知覚の理解を通して脳やその主体である人間について知ろうとするもの，の2つに大きく分けることができる。また研究の対象は，知覚の主体である鑑賞者と，知覚を生み出そうとする創作者（芸術家）の2つに分けられる。さらに，芸術対象として，絵画や彫刻などの有形物を対象にするのか，音楽や祭事などの無形物を対象にするのかという切り分けも必要になる。そして問題意識や研究対象に応じて，研究の手法を選択する必要がある。たとえば，美を感じる対象についての評価者の内省報告の分析や，複数の刺激対象から美しいものを選択・順位付けしたり，対象の美しさを評定するなどの主観的評価法や，評価対象の刺激群から2つずつ提示してどちらがより美しいかを比較判断させる一対比較法，作品鑑賞時の眼球運動を調べるなど，心理学の方法はさまざまである。また，fMRIや脳磁図（MEG），脳波（EEG）などの脳計測装置を用いて美しいと感じているときの脳の活動を調べることもできる。さらには，脳損傷患者を対象にした神経心理学的アプローチなどの方法もある。いずれにしても，美のどのような側面を明らかにしたいかによって，手法はさまざまに採用することが可能である。

このように，簡単ではあるが，美の知覚を研究するための目的，方法，機能について述べてきた。どのような切り口からでも美の知覚研究は可能だということがわかるであろう。しかし，どのような問題意識から（目的）どのような手法を用いて，美や芸術のどのような側面を調べたいのかを明確にして取り組まなければならない。

## 3　知覚研究から美は理解できるか？

はたして知覚研究からどの程度まで美は理解できるのであろうか。たとえば，視覚的な美しさについて，多くの人は美に影響を及ぼす諸要因について検討しようとするだろう。たしかにこれまで，色彩における美しさの研究をはじめとして多くの知覚研究がなされているのは事実である（たとえば，日本色彩学会等の大会プログラムを参照）。しかし，美とは，色や形などの特徴次元だけに現

れるものではなく（1節のゲシュタルト心理学を参照），美の統一理論や法則が導き出されることが望まれよう。

その例の一つとして，神経学者のラマチャンドラン（Ramachandran, V. S.）は，美がもつ普遍的な法則として以下の10個を挙げている（ラマチャンドラン，2005）。①ピークシフト，②グループ化，③コントラスト，④孤立，⑤知覚の問題解決，⑥対称性，⑦偶然の一致を嫌う／包括的観点，⑧反復・リズム・秩序性，⑨バランス，⑩メタファー，の10個である。これらは，実証的研究によって検証された法則ではない。しかし，美がもつ普遍的要因の仮説として，ここで取り上げる意味は大きいと考えられる。ここでは①・②・⑤の法則についてのみ説明する。

(1) 美の知覚におけるピークシフト法則

ラマチャンドラン（2005）は，ある特定のカテゴリの平均的な姿からの偏りを強調することでその特定のものの特徴が誇張されるようになり，それが美しさにつながると主張している。その例としては，古代インドのチョーラ朝におけるシヴァ神の神妃のパールヴァティ像がある（図15-2）。ラマチャンドランは，インド人から見るとこの女神は究極の女性の官能性や優美さ，落着き…といった女性の美点をすべて備えた像であると述べている。この像は，女性の姿態の平均をとって，そこから男性の姿態の平均を引き，残った大きな胸と大きな腰と細いウエストを増幅することによってできあがったものであるとラマチャンドランは説明する。この像がとる姿勢についても同様に，女性にしかできない姿勢のみを強調した結果だとされる。このような特徴の極端な誇張表現が**ピークシフト**とよばれるものである。似顔絵での表現ではしばしば見受けられる手法である。この法則は，ティンバーゲンが発見した鳥のヒナが母親を認識する方法とも一致した反応であるという。ヒナは母鳥の「赤い斑点のついた長くて黄色いくちばし」だけでなく，さらに単純化された「赤い線が三本ついた長いもの」でさえ，母親の特徴として認識していることが示されている（ティンバーゲン，1975）。このことは，特定の認識を際立たせるデフォルメさ

**図 15-2 パールヴァティ像(複製)**
(出所) ラマチャンドラン(2005)より掲載

れた特徴が生体にとって意味ある刺激として認知されることを意味している。

　ピークシフトの法則は多くの優れた視覚芸術に当てはまる。すでに2節で述べたように，優れた芸術家は脳の処理を潜在的に理解し，脳の特定のメカニズムが最大限に活動するような表現手法を取り入れてきた。モンドリアンの抽象画が垂直・水平線によってのみ構成されているのは，V1の方位選択性細胞の数は斜めのものより垂直・水平のものの方が多く（Li et al., 2003），垂直・水平線のほうが視覚により強い効果を与えることを強調したものとも解釈できる。ピークシフトの法則と強いデフォルメとの共通性でみると，ダリなどのシュールレアリズム作品においても多くが当てはまるであろう。

　ピークシフトの法則は，多くの錯視図形においても同じだと考えられる。錯視はそれが錯視現象であることが理解されてはじめて強い印象や驚きを感じさせるものである。そしておそらく，錯視量が大きければ大きいほど，錯視は美しいといえるであろう（2章，とくに図2-21「蛇の回転錯視」（口絵）を参照）。実際，同一幾何学的図形（ジャストロー錯視）に対して錯視と美的判断を求め

15章　美の知覚

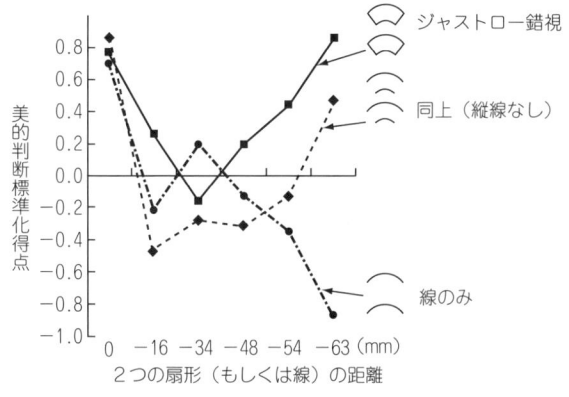

**図15-3　ジャストロー錯視の効果と美的判断の関係**
距離が0のとき，2つの扇形（もしくは線）は重なっている。距離が−16〜−34 mm よりひらくと，ひらくほど錯視量が増え，それにつれて得点も高くなる。
（出所）吉野・野口，2007

た実験では，錯視量がまったく観察されない場合よりも，極度に錯視量が大きくなる場合において美的判断の値が高くなることが示されている（図15-3；Noguchi & Rentschler, 1999）。

（2）　美の知覚におけるグループ化と問題解決の法則

さらに，第2の法則である**グループ化**についても見てみよう。図15-4を見て何が見えるだろうか。一見ただのまだら模様にしか見えないものが，次第に黒い点がグループ化されて地面に顔を寄せているダルメシアン犬が見えてくるのではないだろうか。しかも，一度ダルメシアン犬を知覚できると，その後は容易に見つけ出すことができ，もはや発見できるまえの知覚に戻ることができなくなってしまう。このようなグループ化は知覚の問題解決の例の一つとして取り上げることができると同時に，視知覚の**ボトムアップ処理**と**トップダウン処理**の両方をうまく説明することが可能である。また，このような発見は**チェンジ・ブラインドネス**（**変化盲**：変化の見落とし）においても当てはまる。ある静止画像とその一部分を変化（別の物体による置き換えや削除，色や形の変化

図15-4　Ron James 撮影によるダルメシアン犬

など)させた画像を200ミリ秒程度の短い時間のブランク画面を挟んでフリッカー(点滅)させると，どこが変化しているのかがわからなくなってしまう現象である(13章参照)。しかし，じっと数分も見ていると，変化に気づくようになる。そして一度気づくと変化する場所から目が離せなくなってしまう。このような発見や気づきは，覚醒や注意を高めることになる(ラマチャンドランはそれを「アハ！」体験という)。

芸術にも同様のことが当てはめられる。よく，現代アートは意味がわからないという声を耳にすることがある。しかし，制作者の意図，作られた時代や文化的背景を理解しながら鑑賞すると，問題解決がなされ，作品のよさを発見することができるものである。美術館で現代アートの展覧会を見る場合は，ただ鑑賞するだけでなく，オーディオ案内を聞きながら見ることで，より問題解決も進むと考えられる。

(3)　芸術における曖昧さ

単純すぎる情報や刺激には快を感じないが，複雑すぎるものには不快を感じ，その中間に快感を最大にする**覚醒ポテンシャル**(arousal potential)が存在するということが知られている(Berlyne, 1970；図15-5)。つまり，刺激の単純さ・複雑さが適度であるときに，快は最大化されるということである。このような美(快)の知覚における刺激の中庸性の効果について，動物行動学者のア

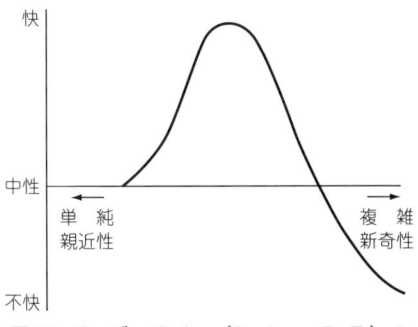

図15-5　バーライン（Berlyne, D. E.）の
　　　　覚醒ポテンシャルの模式図
（出所）　近江，1984；三浦，2007より引用

　イブル - アイブスフェルト（Eible-Eibesfeld, I.）は「観察者にとって秩序を見いだすのがあまりにもやさしかったり，あるいは規則的な関係を見いだすことができないと，その対象は美的な魅力を欠く。したがって，美的対象は，複雑すぎず，また単純すぎない程度の秩序をもつものでなければならない」と述べている（アイブル - アイブスフェルト，2000）。

　また同様のことがフェルメールの美術作品の分析においてもしばしば言及されている。フェルメール作品は，とくに重要な意味があるようには思われない平凡な日常の出来事を題材としている。フェルメールの絵画の鑑賞者は，絵に描かれている部屋の中に入ることを許されないため，あたかも鍵穴から中をのぞいているような感覚におちいり，描かれている人々が何をし，何を言い，何を考えているのかがはっきりしないまま絵を眺めることになる。フェルメールの作品は，**曖昧さ**の芸術だといわれる。しかし，その曖昧さという言葉は「同一のカンバス上に一つの真実ではなく複数の同等に有効な真実を同時に表現する能力」という意味で用いられ，作品に深みを与えている（ゼキ，2002）。この曖昧さは見る者のイメージを駆り立て，さらにはラマチャンドランのいう「知覚の問題解決」の動機づけとなる。同様の曖昧さはミケランジェロの彫刻の多くにも当てはまるとゼキは述べている。

　さて，本節は「知覚研究から美は理解できるか」という問題を取り扱ったも

のであった。その答えは「できる」と断言しておこう。しかし，個別の問題についてではなく，ラマチャンドランやゼキがそうであるように，さまざまな芸術作品に共通して言及できるキーワードを見つけ出すことで芸術における普遍性を探求することが重要であろう。

## 4　美を脳の活動から測ることは可能か？

### （1）脳の機能特化

　脳においては，ある特定の脳部位が特定の刺激に対して，しかもその刺激の状態によって異なる感受性をもつ。このような**機能特化**（functional specialization）は，視覚研究では盛んに調べられている。たとえば，色という刺激特徴は，V1においても感受性があるが，より高次な皮質であるV4ではさまざまな波長に応じた応答性をもち，さらに，物体の色が蛍光灯の下でも曇った空の下でも同様に見えるという色の恒常性の基盤となっている。また，動きの複雑な刺激に対しては，第五次視覚野（V5/MT）が感受性が高いことが知られている。顔の認知には紡錘状回の中に感受性が高い部位があるが，特定の表情認知に応じて感受性のある脳部位はまた別である。さらには，側頭葉には視線や口の動きに高い感受性を示す部位もある。

　それらの部位が損傷や障害を受けると，その視覚機能は失われることが知られている。たとえば，V4が障害を受けると皮質性色覚異常になり，V5が障害を受けると運動視が障害される（動きが見えず，コマ送りに見える）。色鮮やかな作品を描いていた画家が外傷性脳損傷を負い皮質性色覚異常になることで，作品に色をうまく表現できなくなる症例も報告されている（サックス，2001）。このような機能特化は，特定の刺激とその特徴（属性）に応じた神経の活動としてとらえられている。

### （2）絵画観察時の脳の活動

　では芸術作品を見ているときには脳はどのように活動するのであろうか。絵

画の場合でも，表現されている題材や表現の方法によって，さまざまな色や輪郭線，奥行きや動きの表現など多様な視覚情報を含んでいる。それらの情報を脳は細かに分析し，意識化していく。絵画の場合，風景画，静物画，肖像画などの題材があるが，それらのカテゴリの絵画を観察しているときの脳活動をfMRIで調べると，それらのカテゴリごとに特定の脳部位の顕著な活動を明らかにすることができる (Kawabata & Zeki, 2004)。風景画では海馬近傍にある特定の部位が活動する。この部位は「場所領野」として知られており，風景や場所を認知するときに強い活動が見られることで知られている。静物画では後頭葉の視覚野にある第三次視覚野（V3）を中心とした視覚野から側頭葉にかけての活動が強く見られる。つまり，「もの（オブジェクト）」の知覚的処理を行っている場所が強く活動する。さらに，肖像画では，紡錘状回にある特定の部位が強い活動を示す。この部位は顔領域として知られている。さらに大脳辺縁系にある扁桃核とよばれる部位の活動が高く見られるが，この部位は情動と関連が高い。これらの，ある特定の絵画のカテゴリに対して活動を示す脳部位は，その他のカテゴリに対する活動量はさほど大きくない（V3は「もの」を処理するので，すべての絵画において多少活動がある）。

　このように，芸術作品のもつ，ある特定のカテゴリカルな刺激特性に応じた脳の活動を脳部位のレベルで調べることはさほど難しいことではないし，すでに分かっていることの方が多い。むしろ今後は，作風の違いが脳の活動の違いとして現れるかどうかなど，芸術の知覚に特化した研究を進める必要がある。

## （3）　美の知覚に脳の機能特化はあるのか

　本章の最後の話題として，美の知覚においても，ある脳の特定の部位が機能特化して，処理や表象を担当しているのであろうかという問題についてみてみよう。このことについては，2004年にほぼ同時に発表された3つの研究で調べられているが，それぞれ別の脳部位の活動を示している。まず，カワバタ（筆者）とゼキ (Kawabata & Zeki, 2004) とヴァルタニアンとゴエル (Vartanian, O., & Goel, V., 2004) ではfMRIを用いて，セラ‐コンデら (Cela-Conde, C. J.

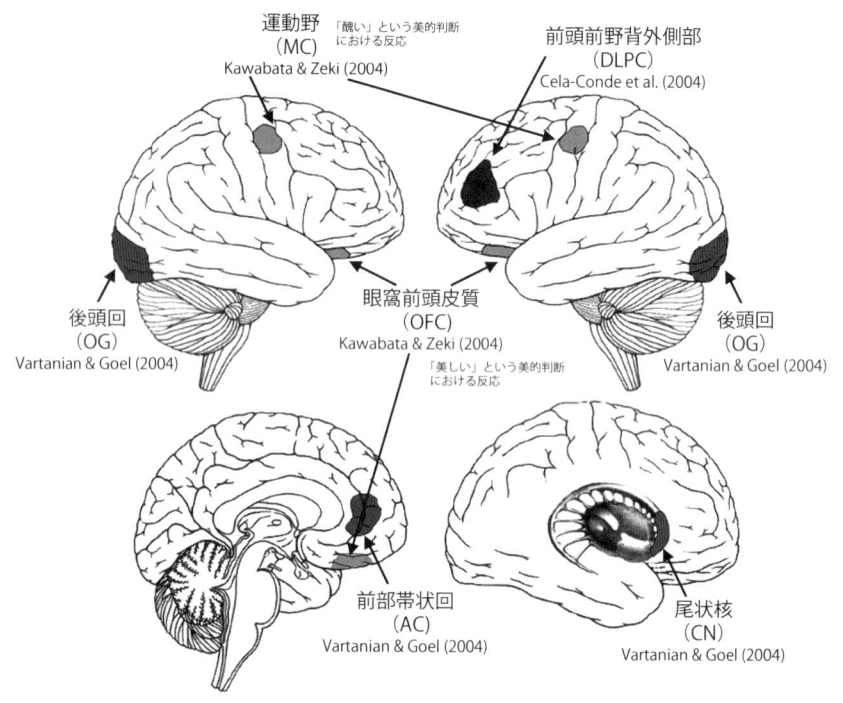

**図15-6 2004年に発表された3つの脳機能研究から得られた脳活動部位**
（出所）Nadel et al., 2008 をもとに改変

et al., 2004）では脳磁図（MEG）を用いたという手法上の違いがある。また，カワバタとゼキが「美しい」，「どちらでもない」，「醜い」という3段階での評定と関連した脳活動を測定しているのに対して，ヴァルタニアンとゴエルでは美的選好（好み）に相関した脳活動を測定しており，さらにセラ-コンデらでは美しい（beautiful）と美しいと判断しない（non-beautiful）との違いから明らかになる脳活動を測定している。その結果，カワバタとゼキでは美しさと関連して眼窩前頭皮質（OFC）の，醜さと関連して運動野（MC）の活動が高まることが示され，ヴァルタニアンとゴエルでは左側の前部帯状回（AC）と両側の外後頭回（OG）が好みの強さと関連して，尾状核（CN）が好みの低さと関連して活動を見せることが明らかになっている。さらにセラ-コンデらでは，

## コラム　美に挑む認知考古学

　筆者はおもに，知覚や脳機能の側面から美や芸術について研究を行っているが，それと関連して「認知考古学」という分野の研究も行っている。認知考古学とは，考古学的資料（歴史的人工物）の分析を通して，人の認知構造や機能について明らかにする研究分野である。美の知覚の問題でいうと，考古資料をもとに，ある特定の時代（たとえば旧石器時代や縄文時代）の美的意識を明らかにしようとする試みがそうであろう。

　今後，認知考古学は美の知覚の研究に大きな影響を与えると筆者は考えている。とくに，そもそもなぜ人は美しさを感じる必要があるのだろうか，という問題については知覚心理学や神経科学だけではその答えを明らかにすることができない。その謎を明らかにするには，美しさを感じる機能がどのように形成されてきたかという進化の問題に取り組む必要がある。認知考古学では，すでにその問題に対して仮説が唱えられている。今から150万年前の直立猿人や60万年前の原人が作製した石器は左右対称の美しい形をしている。切る・削るなどの機能を必要以上に超えて，精緻な作業を行ったものだ。認知考古学では，大きく美しい石器を作ること自体が，製作者の生産力や能力のアピールとして十分な権威の誇示となったと考えられている。つまり，美しいものを作ることは，他者の心を理解すること（心の理論）やコミュニケーションが基盤になっているという考え方もできるのである。

---

美的判断と非美的判断との比較において400ミリ秒から1秒という遅い潜時で左側の前頭前野背外側部（DLPC）が活動を高めることを示している（図15-6）。このように，「どのような問題について」，「どのような方法（手法）を用いて」調べるかによって，結果として現れる脳の活動部位に違いが見られている。しかし，それぞれの結果自体は他の関連知見と併せて考えたときには十分に妥当性はあるものとなっている。

　このように，脳のレベルから美の知覚をとらえることは可能だ。ただし，問題意識や方法によって，見えてくる脳の活動も異なるし，その脳の部位の機能や部位同士のネットワーク全体をとらえる試みが必要となる。

〈サマリー〉

　本章で見てきたように，美の知覚研究は，古くて新しい問題だ。とくに脳からのアプローチは始まったばかりであり，今後急速に増えていくことであろう。どのような方法や手法を用いて美の知覚について研究をしようとも，これまでの長い美の哲学の議論や，さらには進化的な意味についても深く理解しておく必要がある。もちろん，美の知覚に影響を及ぼす要因について，色や動きや形といった側面からコツコツと知見を蓄えていくことも重要な視点であるが，芸術一般の見方・感じ方に共通した枠組みや法則を与えることを最終的な目標にしなければ陳腐な研究となってしまうであろう。やはり，長い歴史をもつ美の問題をとらえるには明確な問題意識が必要だ。とくに美の知覚の脳科学の研究においては，ゼキやラマチャンドラン，さらにはソルソ（Solso, R.）やダマジオ（Damasio, A.）といった超一流の研究者たちがこの分野に関心を寄せている。今ならば，彼らと同じ時期に同じ土俵で仕事を始められる。ぜひ挑戦してもらいたい。

〈もっと詳しく知りたい人のための文献紹介〉

　　ゼキ，S. 河内十郎（監訳）　2002　脳は美をいかに感じるか　日本経済新聞社
　　　⇨神経美学のバイブルといえる本。視覚機能の神経解剖学から絵画の神経科学的解釈を，カラー写真やイラストをたくさん交えて説明する。一般向けに書かれているものなので，読みやすい本である。その続編としては2009年に刊行された，*Splendours and miseries of the brain: Love, creativity and the quest for human happiness.*（Wiley-Blackwell 刊。日本語版は未定）がある。それにも挑戦してほしい。

〈文　献〉

Arnheim, R. 1974 *Art and visual perception: A psychology of the creative eye. (the new version.)* University of California Press.

Berlyne, D. E. 1970 Novelty, complexity, and hedonic value. *Perception & Psychophysics,* **8**, 279-286.

Cela-Conde, C. J., Marty, G., Maestú, F., Ortiz, T., Munar, E., Fernández, A., Roca, M., Rosselló, J., & Quesney, F. 2004 Activation of the prefrontal cortex in the human visual aesthetic perception. *Proceedings of the National Academy of Sciences of the United States of America*, **101**, 6321-6325.

アイブル‐アイブスフェルド，I. 2000 美の生物学的基礎 I. レンチュラー・B. ヘルツバーガー・D. エプスタイン（編）野口薫・苧阪直行（監訳）美を脳から考える――芸術への生物学的探検　新曜社　pp. 1-48.

Fechner, G. T. 1876 *Vorschule der aesthetik*. Breitkoff & Hartel.

Garner, W. R., & Clement, D. E. 1963 Goodness of pattern and pattern uncertainty. *Journal of Verbal Learning and Verbal Behavior*, **2**, 111-115.

Kawabata, H., & Zeki, S. 2004 Neural correlates of beauty. *Journal of Neurophysiology*, **91**, 1699-1705.

川野洋　1984　実験美学　今道友信（編）講座　美学　第3巻　美学の方法　東京大学出版会　pp. 143-175.

コフカ，K.　鈴木正弥（訳）1998　ゲシュタルト心理学の原理　福村出版

Li, B. W., Peterson, M. R., & Freeman, R. D. 2003 Oblique effect: A neural basis in the visual cortex. *Journal of Neurophysiology*, **90**, 204-217.

メッツガー，W.　盛永四郎（訳）1968　視覚の法則　岩波書店

三浦佳世　2007　知覚と感性の心理学　岩波書店

Nadel, M., Munar, E., Capo, M. A., Rossello, J., & Cela-Conde, C. J. 2008 Towards a framework for the study of the neural correlates of aesthetic preference. *Spatial Vision*, **21**, 379-396.

野口薫（編）2007　美と感性の心理学――ゲシュタルト知覚の新しい地平　日本大学文理学部叢書

Noguchi, K., & Rentschler, I. 1999 Comparison between geometrical illusion and aesthetic preference. *Journal of Faculty of Engineering Chiba University*, **50**(2), 29-33.

近江源太郎　1984　造形心理学　福村出版

ラマチャンドラン，V. S.　山下篤子（訳）2005　脳の中の幽霊，ふたたび――見えてきた心のしくみ　角川書店

リウォルド，J.（編）池上忠治（訳）1982　セザンヌの手紙　美術公論社

サックス，O.　吉田利子（訳）2001　火星の人類学者　早川書房

Tinbergen, N. 1963 On aims and methods in ethology. *Zeitschrift für Tierpsychologie*, **20**, 410-433.

ティンバーゲン，N.　安部直哉・斉藤隆史（訳）1975　セグロカモメの世界　思

索社
Vartanian, O., & Goel, V. 2004 Neuroanatomical correlates of aesthetic preference for paintings. *Neuroreport*, **15**, 893-897.
吉野大輔・野口薫　2007　錯視と美的判断　野口薫（編）　美と感性の心理学——ゲシュタルト知覚の新しい地平　日本大学文理学部叢書　pp. 168-176.
ゼキ，S.　河内十郎（監訳）　2002　脳は美をいかに感じるか　日本経済新聞社
Zeki, S., & Lamb, M. 1994 The neurology of kinetic art. *Brain*, **117**, 607-636.

# 索　引

## あ行

アイカメラ　116
曖昧さ　283
アウベルト＝フライシル現象　137
明るさの恒常性（lightness constancy）　7
明るさの錯視　28
明るさの対比（simultaneous brightness contrast）　7, 28
明るさの同化（brightness assimilation）　31
アニマシー（animacy）　91
アモーダル補完（amodal completion）　11
暗順応（dark adaptation）　63
暗所視（scotopic vision）　63
　──分光視感効率　66
意識的注意　233
異常3色覚者　50
位相固定（phase locking）　155
一次運動（first-order motion）　81
位置の恒常性（position constancy）　9, 134
位置マップ　234
遺伝子　50
色空間　41
色残像（after image）　47, 58
色順応　47
色（の）恒常性（color constancy）　6, 70
色の錯視　28
色（の）対比（color contrast）　6, 28, 49
色（の）同化（color assimilation）　31, 49
色の見え　47
色立体視　105
陰影　96
韻律情報　157
渦巻き錯視　26
運動エネルギーモデル　80
運動残効（motion aftereffect）　31, 76, 186
運動視　253

運動視差　97, 208
運動性奥行効果　98
運動対比（motion contrast）　86
運動同化（motion assimilation）　86
運動透明視（motion transparency）　19, 86, 265
運動捕捉（motion capture）　86
エイムズの部屋　7
S−(L+M)チャネル　43
S錐体　43
X接合部（X-junction）　17
X染色体　50
M錐体　43
MT野　87
L錐体　43
L+Mチャネル　43
L−Mチャネル　43
遠隔帰属（distal attribution）　206
遠刺激　2
遠心性コピー　134
オオウチ錯視（Ouchi illusion）　31
OFR（追従眼球運動）　137
大型没入ディスプレイ（Immersive Projection Technology：IPT）　208
大きさ─距離不変仮説（size-distance invariance hypothesis）　2
大きさの恒常性（size constancy）　2
大きさの錯視（size illusion）　21
OKN（OptoKinetic Nystagmus：視運動性眼振）　137, 260
　──抑制　139
奥行き順序　212
奥行の手がかり　96
オプティカルフロー（optical flow；オプティックフロー，optic flow）　79, 211
音圧レベル　146
音源定位　181
音声（speech）　146

音素修復（phonemic restoration）　146

**か行**
外因的注意　233
外在化（externalization）　206
外節　40
外側膝状体　44
概念駆動的注意　233
快不快　170
顔領域　122
蝸牛　153
学習的要因　171
覚醒ポテンシャル（arousal potential）　282
拡大縮小運動　255
仮現運動（apparent motion）　76, 186, 204, 229
加速度　229
可塑性　215
形の恒常性（shape constancy）　5
傾きの錯視（tilt illusion）　25
滑動性の追跡眼球運動　133
カテゴリー　45
カニッツァの三角形（Kanizsa triangle）　10
感覚間冗長性　193
感覚器官　222
感覚モダリティ　180, 222
眼球旋回錯視　139
顔空間モデル　111
桿体（かんたい）　40, 59, 63
記憶色　51
幾何学的錯視（geometrical illusion）　20
基底膜　153
輝度　43, 67
機能特化（functional Specialization）　284
基本周波数　151
嗅覚イメージ　174
究極のインタフェース　207
嗅球　166
嗅上皮　166
強制選択選好注視法（FPL：Forced-choice Preferential Looking method）　252
強度　167
近刺激　2
近赤外線分光法（NIRS：Near Infared Spectroscopy）　122, 261
近接の要因　18
空間加重（空間積分）　59
空間分解能（視力）　60
偶然の一致を嫌う／包括的観点　279
グループ化　279, 281
クレイク・オブライエン・コーンスイート効果（Craik-O'Brien-Cornsweet effect）　12, 62
継時色対比（successive color contrast）　58
ゲシュタルト心理学　17, 77, 273
結合錯誤　229
幻肢　189
現実感　201
原始的な感覚　165
交差―反発錯覚　187
交差―反発知覚　89
恒常性（constancy）　1, 277
高速系列提示　229
拘束線の交点（Intersection Of Constraint：IOC）　84
広帯域　146
勾配法　80
固視　132
　――微動　140
個人差　170
konio 細胞層（K 経路）　44
コフカの環（Koffka ring）　28
孤立　279
コルテの法則　76
コントラスト　279

**さ行**
最大速度閾　254
最低速度閾　253
最適重みづけ仮説　193

彩度 42
再認記憶 174
サイバースペース 208
錯視（visual illusion） 20
雑音 146
サッカード 131
　——抑制 136
サッチャー錯視 118
残効 47
三刺激値 42
三次元の空間性 205
参照温度錯覚 192
3色説 41
地（ground） 14
CIE（Commission Internationale de l'Éclairage, 国際照明委員会） 41, 66
CIE$xy$色度図 41
子音 149
視運動性眼振（OKN） 137, 260
シェパード錯視（Shepard illusion） 21
視覚的探索 234
視覚的補完（visual completion） 9, 10
視覚と運動（行為，action）との協応 215
視覚背側経路 87
視覚誘導性自己運動知覚（ベクション，vection） 211
視覚誘発電位（VEP：Visual Evoked Potential） 229, 261
時間加重（時間積分） 55
時間縮小錯覚 229
時間的順序 228
時間的腹話術効果 184
時間分解能（時間解像度, temporal resolution） 57
色覚異常 50
色覚検査 50
色相 43
色度図 41
時空間傾き検出 80
時空間図 80

刺激強度 230
刺激駆動的注意 233
自己投射性 205
自己の運動情報（ego-motion；self-motion） 211
視神経 59
ジター錯視 142
実験美学（Experimental esthetics (aethetics), empirical esthetics (aethetics)） 273
実際運動（real motion） 76
実体鏡 101
自動運動 141
視物質 40
自閉症児 115
視方向の恒常性（visual direction constancy） 9
縞視力 250
斜塔錯視（Leaning Tower illusion） 26
視野の広さ 211
遮蔽 96
シャルパンティエ効果 189
11基本色 45
充実時程錯覚 225
周波数分析 151
周辺視（高偏心度） 211
主観的輪郭（subjective contour） 10
　——図形 264
受容野（receptive field） 59
シュレーダーの階段 34
純音 147
馴化法（馴化・脱馴化法） 119, 259
順応（adaptation） 58, 168, 215
上側頭溝（STS） 122
照度 69
自律性 206
視力 60, 250
白黒コントラスト 115
神経節細胞 43, 59
神経美学（neuroesthetics） 274
人種効果 112

振幅変調（amplitude modulation：AM） 81
心理計測明度（psychometric lightness） 69
心理的・知覚的に体験されるリアリティ 204
心理物理学（精神物理学） 218, 239, 273
図（figure） 14
水彩錯視（watercolor illusion） 12
錐体 40, 59, 63
スーパーアディティブ 193
図地反転図形 14
スティーブンスのべき乗則（Steven's law） 69
ステレオグラム 4
スペクトル 40, 151
静止画が動いて見える錯視 31
静止網膜像 140
正常3色覚者 50
精神テンポ 226
精神物理学（心理物理学） 218, 239, 273
声帯 149
声道 149
生得的反応 171
セリエント 181, 187
線運動錯視 233
線遠近法 96
選好注視法（preferential looking method） 114, 248
潜時 227
漸次的変化 236
全体処理 118
選択的注意 234
剪断運動（shear motion） 254
前庭感覚器官 213
前庭感覚シミュレータ 214
前庭動眼反射（VOR） 137
相関法 80
双極細胞 59
相互作用性 205
相対的な大きさ 96

相貌失認 122
測光量（photometric quantities） 66
速度 229
側抑制（lateral inhibition） 28, 61

た行

大域的運動（global motion） 86
帯域フィルタ 155
第一次視覚野（visual area 1：V1） 26, 46, 80, 193, 237, 255, 277
大気遠近法 96
大視野スクリーン 208
対称性 279
大脳 44
——基底核 239
タイプIプラッド（type I plaid） 84
タイプIIプラッド（type II plaid） 84
多義図形（ambiguous figure） 34
滝の錯視 76, 186
ダブルフラッシュ錯覚 184, 228
だまし絵 33
短距離運動（short-range motion） 78
単純反応時間実験 227
チェックツール 50
チェンジ・ブラインドネス（変化盲） 235, 281
知覚学習 170
知覚的リアリティ 202
知覚の問題解決 279
知覚様相（感覚モダリティ） 222
注意による追跡（attentive tracking） 83
注意の瞬き 236
抽象性（abstraction） 277
中枢 43
聴覚情景分析（auditory scene analysis） 153
聴覚フィルタ（auditory filter） 155
聴神経 153
調節 100
追従眼球運動（OFR） 137
ツェルナー錯視（Zöllner illusion） 25

突き飛ばし効果（launching effect）91
月の錯視（moon illusion）4
T接合部（T-junction）14
テクスチャ 191
テクスチャ（肌理）の勾配 96
テレイグジスタンス（遠隔臨場感, telexistance）215
瞳孔 63
同時色対比（simultaneous color contrast）61
同時性の窓 180, 228
同時明暗対比（simultaneous brightness contrast）61
等色関数 42
頭部伝達関数 210
透明視（perceptual transparency, transparency）16
動揺病（motion sickness）215
倒立効果 118
特徴統合理論 234
床屋のポールの錯視（barberpole illusion）31, 85
トップダウン 165
　　──処理 281
ドリフト 140
トレマー 140
トロクスラー効果（Troxler effect, Troxler's effect, Troxler's fading）12, 58, 140
トロンプルイユ（trompe l'oeil）33

な行
内因的注意 233
慣れによるリアリティ向上 215
におい受容体 166
2色覚者 50
二分視野 41
乳児制御法（infant control procedure）259
ネオン色拡散（neon color spreading）12
ネッカーの立方体 34

脳・機械インターフェース（Brain-Machine Interface：BMI）216
ノッチ雑音法（notch-noise method）155

は行
バーチャルリアリティ（virtual reality）33
parvo 細胞層（P経路）44
バイオロジカル・モーション（biological motion）88
倍音 151
配置情報 115, 116
薄明視（mesopic vision）63
波長 38
発火率 153
速さの恒常性（velocity constancy）2
バランス 279
反対色 45
　　──レベル 45
反転図形（reversible figure）34
反復・リズム・秩序性 279
ピークシフト 279
比較相殺説（cancellation theory）9
光受容器 40
ピッチ（pitch）157
ヒトと共生する機械 216
美の価値 275
美の基準 275
美の本質 275
標準分光視感効率（標準比視感度, standard relative luminous efficiency function）66
頻度 228
ファミリアリティ 96
VR（Virtual Reality）酔い 215
VR ライド 214
VE（Virtual Environment）酔い 215
VOR（前庭動眼反射）137
　　──抑制 139
フィリング・イン（filling-in）10
フィレーネ錯視 136

295

フーリエ変換 151
フォン・クリース仮説 48
不可能図形 (impossible figure) 34
複合モダリティ 206
輻輳 134
　　——角 100
腹話術効果 181, 228
復帰抑制 235
フックスの図形 17
フットステップ錯視 231
物理的に定義されるリアリティ 204
不変項 79
フラッシュ・ラグ効果 188, 231
フリッカー法 236
プルースト現象 173
プルキンエ効果 (Purkinje effect) 66
プルフリッヒ効果 231
プルフリッヒの振り子 104
フレーザー・ウィルコックス錯視 33
フレーム・シーケンシャル方式立体視提示 209
プレグナンツ 274
プレゼンス (presence, 臨場感, 臨場性) 205
ブローカ・ザルツァ効果 (Broca-Sulzer effect) 57
ブロックの法則 (ブロッホの法則) (Bloch's law) 56
分光 38
　　——感度 (spectral sensitivity) 64
ブンゼン・ロスコーの法則 (Bunsen-Roscoe's law) 56
$\beta$ 運動 77
ベナリの十字 (Benary's cross) 28
「蛇の回転」 33
　　——錯視 143
変化盲 (チェンジ・ブラインドネス) 235, 281
ペンローズの三角形 34
母音 149
防御反応 255

放射量 (radiometric quantities) 66
紡錘状回 (fusiform gyrus) 122
補完 9
　　——知覚 262
母国語の習得 112
補色 45
ポッゲンドルフ錯視 (Poggendorff illusion) 24
ボトムアップ処理 281

ま行
マイクロサッカード 140
マガーク効果 186
magno 細胞層 (M経路) 44
マスキング (masking) 147
　　——可能性の法則 148
末梢 43
マッドスプラッシュ 236
窓枠問題 (窓問題, aperture problem) 31, 83
マルチモーダルディスプレイ (multimodal display) 209
ミッシング・ファンダメンタル 159
ミュラー＝リヤー錯視 (Müller-Lyer illusion) 21
無意識的注意 233
ムンカー錯視 49
明暗順応 (light adaptation/dark adaptation) 9
明順応 (light adaptation) 63
明所視 (photopic vision) 63
　　——分光視感効率 66
明度恒常性 (lightness constancy) 7, 70
メタファー 279
メタメリズム (条件等色) 40
メツリの図形 17
Motion Induced Blindness (MIB) 237
モーダル補完 (modal completion) 11

や行
誘導運動 (induced motion) 86, 139

誘導探索モデル 234
ユニーク色 44
ユニバリアンスの原理 41
よいパタン（pattern goodness） 274
よい連続の要因 17
4色説 44

ら・わ行
裸眼立体視 4, 101
ラバーハンド錯覚 190
ラベル情報 171
ランダムドット・キネマトグラム（random dot kinematogram：RDK） 78
ランダムドット・ステレオグラム 101

リアリティ 201
リコーの法則（Ricco's law） 56
リバース・ファイ 80
両眼網膜像差（両眼視差） 4, 100, 208
両眼立体視（binocular stereopsis） 4, 99, 265
臨界時間（critical duration） 57
類同の要因 18
ルビンの盃 14
レチネックス理論（retinex theory） 48, 70
連続聴効果（auditory continuity illusion, auditory induction） 146
ワラストンの錯視図形 120

《執筆者紹介》（執筆順）

北岡明佳（きたおか　あきよし）編者，はしがき，1章，2章
　　立命館大学総合心理学部　教授

栗木一郎（くりき　いちろう）3章
　　埼玉大学大学院理工学研究科　教授

篠田博之（しのだ　ひろゆき）4章
　　立命館大学情報理工学部　教授／立命館アジア太平洋大学　副学長

蘆田　宏（あしだ　ひろし）5章
　　京都大学大学院文学研究科　教授

伊藤裕之（いとう　ひろゆき）6章
　　九州大学大学院芸術工学研究院　教授

山口真美（やまぐち　まさみ）7章
　　中央大学文学部　教授

村上郁也（むらかみ　いくや）8章
　　東京大学大学院人文社会系研究科　教授

柏野牧夫（かしの　まきお）9章
　　日本電信電話株式会社コミュニケーション科学基礎研究所　NTTフェロー

綾部早穂（あやべ　さほ）10章
　　筑波大学人間系　教授

和田有史（わだ　ゆうじ）11章
　　立命館大学食マネジメント学部　教授

北崎充晃（きたざき　みちてる）12章
　　豊橋技術科学大学大学院工学研究科　教授

一川　誠（いちかわ　まこと）13章
　　千葉大学文学部　教授

金沢　創（かなざわ　そう）14章
　　日本女子大学人間社会学部　教授／日本女子大学　副学長

川畑秀明（かわばた　ひであき）15章
　　慶應義塾大学文学部　教授

《編著者紹介》

北岡明佳（きたおか・あきよし）

　　筑波大学大学院博士課程心理学研究科修了　教育学博士
　現　在　立命館大学総合心理学部　教授
　主　著　『錯視入門』朝倉書店，2010年
　　　　　『人はなぜ錯視にだまされるのか？――トリック・アイズ メカニズム』カンゼン，
　　　　　2008年
　　　　　『Newton別冊 脳はなぜだまされるのか？　錯視 完全図解』（監修）ニュートン
　　　　　プレス，2007年
　　　　　『だまされる視覚――錯視の楽しみ方』化学同人，2007年
　http://www.ritsumei.ac.jp/~akitaoka/（北岡明佳の錯視のページ）

いちばんはじめに読む心理学の本⑤
知覚心理学
――心の入り口を科学する――

2011年4月20日　初版第1刷発行　　〈検印省略〉
2025年2月10日　初版第7刷発行
　　　　　　　　　　　　　　　　　定価はカバーに
　　　　　　　　　　　　　　　　　表示しています

| 編著者 | 北　岡　明　佳 |
| 発行者 | 杉　田　啓　三 |
| 印刷者 | 坂　本　喜　杏 |

発行所　株式会社　ミネルヴァ書房
　　　　607-8494 京都市山科区日ノ岡堤谷町1
　　　　電話代表　(075)581-5191番
　　　　振替口座　01020-0-8076番

Ⓒ 北岡明佳 他，2011　　冨山房インターナショナル・新生製本

ISBN 978-4-623-05769-6
Printed in Japan

―――― いちばんはじめに読む心理学の本 ――――

## 臨床心理学
―― 全体的存在として人間を理解する

伊藤良子　編著

A 5 判　256頁
本体2500円

## 社会心理学
―― 社会で生きる人のいとなみを探る

遠藤由美　編著

A 5 判　260頁
本体2500円

## 発達心理学 ［第2版］
―― 周りの世界とかかわりながら人はいかに育つか

藤村宣之　編著

A 5 判　274頁
本体2500円

## 認知心理学
―― 心のメカニズムを解き明かす

仲 真紀子　編著

A 5 判　264頁
本体2500円

## 知覚心理学
―― 心の入り口を科学する

北岡明佳　編著

A 5 判　312頁
本体2800円

## 教育心理学
―― 「学ぶ」と「教える」のいとなみを探る

藤江康彦　編著

A 5 判　250頁（予定）
本体2500円（予価）
未刊

――――― ミネルヴァ書房 ―――――
https://www.minervashobo.co.jp/